浙江省普通高校"十三五"新形态教材

浙江省优势专业建设财会类系列教材

U0647516

基础会计学

主 编 张 航 汪 慧

副主编 宫 贺 周冉冉 陈柏成 张丹月

BASIC ACCOUNTING

ZHEJIANG UNIVERSITY PRESS

浙江大学出版社

图书在版编目(CIP)数据

基础会计学 / 张航，汪慧主编. — 杭州 ：浙江大
学出版社，2021.8(2025.1重印)
ISBN 978-7-308-21350-9

Ⅰ. ①基… Ⅱ. ①张… ②汪… Ⅲ. ①会计学－高等
学校－教材 Ⅳ. ①F230

中国版本图书馆 CIP 数据核字(2021)第 084866 号

基础会计学

主　编　张　航　汪　慧
副主编　宫　贺　周冉冉　陈柏成　张丹月

策划编辑　朱　玲
责任编辑　朱　玲
责任校对　高士吟
封面设计　春天书装
出版发行　浙江大学出版社
　　　　　（杭州市天目山路 148 号　邮政编码 310007）
　　　　　（网址：http://www.zjupress.com）
排　　版　杭州朝曦图文设计有限公司
印　　刷　杭州钱江彩色印务有限公司
开　　本　787mm×1092mm　1/16
印　　张　12.5
字　　数　312 千
版 印 次　2021 年 8 月第 1 版　2025 年 1 月第 2 次印刷
书　　号　ISBN 978-7-308-21350-9
定　　价　49.00 元

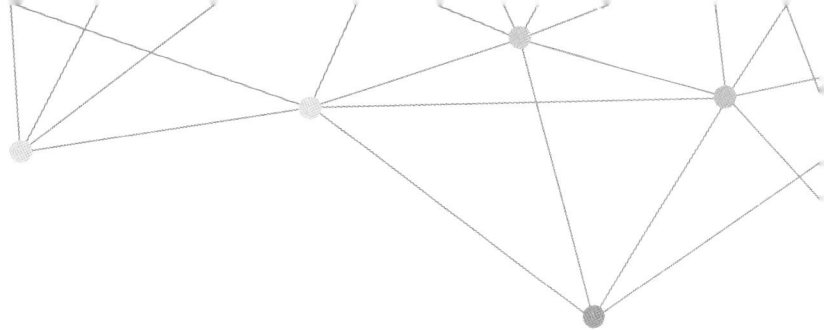

PREFACE 前　言

　　"基础会计学"是会计专业的基础课程,是后续学习中高级会计课程的入门课程。本课程以基本原理和基础练习为主,不拘泥于一时的制度,从学生的学习规律出发,按照教学的基本规律,讲述最基本的会计基本循环原理,同时进行模拟实训练习,讲练结合,从练习中让学生自己体会会计的原理、方法和技能。

　　通过本课程的学习,学生能够比较全面地了解、掌握会计的基本原理、基本方法和基本技能,并具备进行会计核算的初步能力,为后续专业课程的学习打下基础。

　　党的二十大报告提出要构建高水平社会主义市场经济体制,建设现代化产业体系。基础会计学教学面向经济主战场,必将大有可为。结合当前经济新常态的时代背景,本教材的编写在思路上力求体现会计理论和会计实践的最新成果,增加会计实务应用内容,以期加强财会专业应用型人才的培养。具体来说,在会计基本理论方面,充分注意国际与国内会计研究的新内容,并将其吸收到会计的基本理论中,使学生既掌握新会计准则环境下的基本理论,也能接触会计研究的前沿问题;在会计实务方面,增加实务案例和系统的会计实务手工训练,以工业企业经济活动为基础,由浅入深地达到会计核算的新准则要求。教材所体现的编写特点如下:

　　(1)内容紧扣教学要求,难易程度适中,可适用于本科会计专业学生的学习,同时也适用于其他财经类专业学生考证、学习的需要。

　　(2)突出教材的应用型特点,注重会计实务,强调从事会计工作所

— 1 —

需的基本知识和技能,重视会计基础知识的介绍和业务处理能力的培养。

(3)按照教学规律的要求,为满足学生更多需求,融入现代会计资格证书相关内容,为学生考取相关的证书提供一些帮助。

(4)表述简明扼要,深入浅出,通俗易懂,且每章的知识点都配以微视频进行讲解,便于学生更好地理解。

本书共十一章,第一至四章由宫贺编写,第五章由张航、汪慧编写,第六章和第七章由陈柏成编写,第八至十章由周冉冉、汪慧编写,第十一章由张丹月、汪慧编写。由于时间仓促,加之编者水平所限,在编写过程中难免出现疏漏、错误之处,恳请广大读者及会计界专家批评指正。

编者

2025 年 1 月修改

CONTENTS 目 录

第一章

总 论

■■■ 学习目标

通过本章的学习,要求了解企业的组织形式及其经济活动;了解会计发展的主要阶段;掌握会计的定义和会计的职能定位;掌握会计信息的种类及其特征;掌握会计信息的载体;了解会计核算的基本前提和方法体系;熟悉会计学科的结构;了解会计职业。

■■■ 关键知识点

会计的产生与发展、会计的含义、会计的职能、会计的对象、会计信息质量要求、会计要素计量属性、会计核算的基本前提和核算方法。

■■■ 案例导入

高考前夕,甲、乙、丙、丁四名同学在讨论填报志愿时,对什么是会计这个问题各执己见。

甲:什么是会计? 这还不简单,会计就是指一个人,比如,我爸爸公司的刘会计,是公司的会计人员。会计不是指人那又是什么?

乙:不对,会计不是指人,会计是指一项工作。比如,我们常常这样问一个人:你在公司做什么? 他说,我在公司当会计。会计当然是指会计工作了。

丙:会计不是指一项工作,也不是指一个人,而是指一个部门、一个机构,即会计机构,你们看,每个公司都有一个会计部或者会计处什么的,这里的会计就是指会计部门,显然会计是一个机构。

丁:你们都错了,会计既不是一个人,也不是一项工作,更不是一个机构,而是一门学科,我哥哥就是学会计的,他当然是去学一门学科了。

结果,他们谁也说服不了谁。

■■■ 思 考

如果让你来谈谈什么是会计,你会怎么说呢?

第一节　企业的组织形式与经济活动

一、企业的组织形式

企业的组织形式主要有三种：独资企业、合伙企业和有限公司。其中，独资企业和合伙企业属于非公司制企业，而有限公司属于公司制企业。

（一）非公司制企业

1. 独资企业

独资企业是由单一所有者投资创办的企业。独资企业是人类历史上出现最早的企业形式，其投资者（也称业主）拥有企业的全部财产和所有利润（其利润构成了投资者个人收入的一部分，只需交纳个人所得税），享有生产决策和经营管理的全部权利，并对企业债务承担无限责任，即以自己的全部财产对企业债务承担责任。在法律上，独资企业是一种自然人企业。

2. 合伙企业

合伙企业是由两个或两个以上出资者共同出资设立，共同经营，对企业债务负无限连带责任的企业。合伙企业的出资人即为合伙人，其特征是：合伙人对企业负有出资责任，享有经营决策和利润分配的权利。每个合伙人都承担清偿企业全部债务的责任。由于合伙企业的出资人、收益享有者及经营者是两人或多人，所以，在成立合伙企业时，合伙人必须首先签订共同经营协议，以确定各出资者的出资方式、数额等所承担的责任及损益分配方式等所享有的权利；合伙人之间的契约关系建立在人际关系基础之上，当人际关系变更时，合伙制也就终止。在法律上，合伙企业也是一种自然人企业。

（二）公司制企业

与非公司制企业相比，公司制企业具有以下特征：公司具有法人资格，在法律上是享有民事权利、承担民事责任的企业法人，可以不依赖于其股东而独立享有法人财产权；投资者以其出资额对公司债务承担有限责任，公司以其全部资产对债务承担责任；公司严格按照相关法律规定设立，公司的登记注册、股权转让、资本变更、分立、合并等，都必须遵守相关法律的规定。

公司制企业主要包括有限责任公司和股份有限公司。

1. 有限责任公司

有限责任公司是指股东以其认缴的出资额为限对公司承担责任，公司以其全部资产对公司的债务承担责任的企业法人。股东按其出资份额享有权利，承担义务。

2. 股份有限公司

股份有限公司是指将全部注册资本划分为等额股份，股东以其认购的股份为限对公司承担责任，公司以其全部资产对公司债务承担责任的企业法人。

股份有限公司是唯一可以发行股票的公司,是股份制企业的典型形式。部分股份有限公司的股票可以在证券交易所里挂牌交易,称为"上市",股票上市的公司也就叫"上市公司"。上市公司实际上是一种"公众公司",社会上所有投资者都可以购买它的股票而成为股东。上市公司必须实行财务公开制度和信息披露制度,以便社会公众及时了解公司的经营状况。同时,各国公司法都对上市公司作出了非常严格的规定,以保护广大投资者的利益。

二、企业的主要经济活动

企业是一个以营利为目的的经济组织,为了实现企业的目的,企业会开展各种经济活动。如工业企业首先会筹集资金,然后用取得的资金购置设备、购买材料、招聘员工并组织生产,进入生产过程。通过生产过程生产出产品,然后将产品销售出去并收回货币资金,至此完成了资金的一次周转,由此构成了工业企业经济活动的全过程。商业企业相对于工业企业来说,没有生产过程,取得货币资金后直接购买商品,然后将商品销售给客户,收回货币资金,就完成了一次资金的周转,商品的买卖活动就构成了商业企业的经济活动。不同性质的企业,它们的经济活动会有所不同,而且企业不同的组织形式会影响企业的经营目标,不同的经营目标也会影响企业经济活动的内容和形式。但是,从经济活动涉及的内容来看,企业的经济活动可以概括为筹资活动、投资活动和经营活动。

(一)筹资活动

筹资活动也称为融资活动,是企业根据生产经营、对外投资和调整资本结构等需要,通过筹资渠道和金融市场,运用不同的筹资方式筹集资金的过程。筹资是企业生产经营活动正常开展和获取利润的前提条件,是企业重要的财务活动之一。企业筹集资金有两种不同的方式:一是从企业所有者那里获得权益资本,即自有资金;二是从非企业所有者那里得到债务资本,也就是借入资金。

1. 自有资金

自有资金也就是企业的资本金,又称注册资金。根据投资主体的不同,企业的资本金可分为国家资本金、法人资本金、个人资本金和外商资本金等。自有资金的筹集方式有两种:吸收直接投资和发行股票。

吸收直接投资是指企业以合同、协议等形式吸收国家、其他企业、个人及外商等主体直接投入资金从而形成企业自有资金的一种筹资方式。吸收的直接投资是注册资金的重要组成部分,非股份有限公司通常采取这种方式筹集主要的资金。我国目前实行的是实收资本制,即实收资本与注册资本要保持一致,而注册资本在企业经营期间只可转让,不可撤出,这就对生产经营活动的正常进行起到了保证和约束作用,同时具备了一定的风险承受能力,保证了企业生产经营活动能连续、稳定地进行。吸收直接投资可以是货币资产、实物、无形资产等,但对接受的各种形式的投资资产,要符合国家有关法规的规定。

股票是股份有限公司为筹措自有资金而发行的有价证券,是持股人拥有公司股份的书面凭证。股票的发行必须经过有关部门的批准。股份有限公司发行股票筹集的资金是一种永久性的自由资金,除公司转入清算之外,它无须还本,股份有限公司对这部分资金可长期占用,并拥有充分自主的使用权,这不仅能保证公司经营期间有稳定的资金来源,还能作为保证债权人权利的基础,提高公司的偿债能力,而且还有降低财务负担和避免破产清偿的风险。当然,股票要支付股息,股息是随着企业的经营情况变化而变化的。

2.借入资金

借入资金是指企业为了弥补自有资金不足而向金融机构、债权人借入的资金,它是企业生产经营过程中必要的资金补充。企业借入资金有以下几种途径:银行借款、商业信用和发行债券等。

银行借款是企业向银行或非银行金融机构取得的借款。根据借款期限的长短,银行借款可以分为长期借款和短期借款。长期借款的偿还期限一般在1年以上,短期借款的偿还期限一般在1年以内(含1年)。

商业信用是指企业在商品交易中,以延期付款或预收货款方式进行的购销活动而形成的借贷关系,是企业间的一种直接信用关系。如应付账款、应付职工薪酬、预收账款等。

发行债券是指企业经有关部门批准,为筹集资金而发行的向债权人承诺按期支付利息和偿还本金的书面证明。

(二)投资活动

投资活动是管理者将筹集到的资金用来购买企业生产经营过程中所需要的各种经济资源,以便通过恰当的资源组合给企业带来经济效益。

企业的投资可以分为对内投资和对外投资两种形式。对内投资主要是指企业在厂房、设备及配套的流动资金等方面的投资;对外投资是指企业对企业以外的单位所进行的投资。

根据投资的方式不同,对外投资又可分为直接对外投资和对外债券投资。

直接对外投资是指投资者以各种资产直接投放于企业以外的其他经济实体,并参与其经营活动的投资行为。这种投资是一种参与性投资,投资者将直接或间接地参与被投资企业的经营活动。

对外债券投资是指以暂时或长期不准备用于内部投资的货币资金,为获取收益或其他特定的目的,在债券市场上买卖有价证券的一种投资行为。这种投资是一种不直接参与被投资企业的经营活动,而且需要中介机构才能完成的投资,因而也称为间接投资。企业的债券投资主要包括政府债券投资、金融债券投资、企业债券投资和企业股票投资等。债券投资的特点是收益和期限固定,风险较小;而股票投资则具有高风险、高报酬的特点,而且投资的期限不确定,随时都可根据需要在市场上转让。

(三)经营活动

经营活动主要是企业日常的业务活动,包括新产品的研发、购买材料、招聘员工、生产产品、销售产品、收回货款等。企业筹集到所需的资金后,各个部门就要按照决策所确定的计划,根据市场变化的具体情况组织实施,这个具体的实施过程就是资源的转换过程,也就是企业的具体生产经营过程。

第二节 会计的概念和职能定位

一、会计的产生和发展

(一)会计的产生

会计是在人类的社会生产实践中产生的,是社会生产实践发展到一定阶段的产物。

物质资料的生产,是人类社会生存和发展的基础。生产活动一方面要创造物质财富,另一方面又要发生劳动耗费。而且在经济活动中,资源的有限性(也称稀缺性)与人类需求的无限性是存在于人类社会中的一对永恒的矛盾。为缓和与解决这一对矛盾,人类在经济活动中总是力求以最少的劳动投入(耗费)来取得最大的产出。只有这样,人类社会才能不断发展与进步。经济活动中投入与产出的比例关系,一般称为经济效益。著名古典经济学家李嘉图曾指出,经济效益的实质就是真正的财富,真正的财富在于用尽量少的价值创造尽量多的使用价值。换句话说,就是在尽量少的劳动时间里创造出尽可能丰富的物质财富。对比生产过程中的所得与所费、收入与支出,就可以确定有无经济效益和经济效益的高低。当生产所得超过生产中的所费,就有多余的资料用于消费和扩大再生产;当生产所得等于所费,生产所得仅仅能够抵偿生产中的所费,那么,生产就只能在原有规模上进行;当生产所得不足以抵偿生产中的所费,则生产只能在缩小了的规模上进行。唯有在生产所得扣除了所费之后还有结余,生产才有可能在扩大了的规模上进行,而社会再生产规模能否扩大,是社会能不能发展的关键。因此,登记生产项目,把生产过程中所费与所得的数量记录下来,通过对比加以考核,是生产发展的客观需要,也是会计产生的动因。当人类逐步认识到要了解生产过程中的劳动消耗和劳动成果情况,要处理好劳动所费与劳动所得的关系,客观上必须从数量方面对生产活动过程进行记录、计算、分析和比较时,会计就应运而生了。

在早期,由于生产力水平的低下和经济活动的"单纯",人们只能凭头脑去接收并记忆有关经济活动的信息。当社会再生产活动日益复杂化时,单凭头脑记忆来管理生产活动已不能适应客观需要,于是,人类就学会了运用一定的手段和工具把经济活动中的事物加以量化并记录下来,取代头脑记忆。根据目前拥有的史料记载来看,人类的原始计量、记录行为产生于旧石器时代中晚期。一般认为,会计的产生可追溯到人类的史前时期,在一些文明古国,如古巴比伦、古埃及、古印度等都有类似于会计记录或会计活动的记载。中国的"书契"、古埃及的"纸草文书"、古巴比伦的"黏土记录板"和古印度的"贝多罗树叶记录",这些都标志着会计的起源。

(二)会计的发展

会计是为适应人类社会生产实践和经济管理的客观需要而产生,并随着社会生产的发展而不断发展的。

同其他任何事物一样,会计也在不断发展变化。随着商品货币经济的兴起和社会生产

开启会计之门——初识会计

的不断发展,会计经历了一个由低级到高级、从简单到复杂、从不完善到逐步完善的漫长发展过程,今后的会计仍将处于不断发展之中。只要经济活动不停止,会计的变革就不可能终结。在会计发展的历史"长河"中,会计主要经历了下列三个发展阶段。

1.古代会计阶段(旧石器中晚期至 15 世纪末)

在这一时期,从会计运用的技术方法方面来看,主要涉及原始计量记录的方法、单式簿记等。

人类发生原始计量记录行为的根本前提是人类生产行为的发生和发展。在旧石器时代中晚期,人们通过在山洞内绘制简单的动物图像,或在骨片上刻画条纹来达到分配、消费和储备剩余产品的目的。随着生产力水平的发展,剩余产品的分配、消费及储备问题更显突出,在具备了初步的数的概念后,人们陆续创造出一些符号和表现方法,来对剩余产品的分配、消费和储备进行计量和记录。例如,我国早在原始社会末期就出现了简单的原始计量、记录行为,如"结绳记事"等。商代创建了 1~10 的数码字和数目的位置制,并有"刻契记数"之说。这些极为简单的原始计量、记录行为,均属于一种综合性的行为,它同其他的计量活动混在一起,包括统计、业务技术核算等其他经济核算工具,范围很广,没有统一的计量单位,会计独有的专门方法还远远没有形成。在原始社会,会计工作只是生产职能的附带部分,处于萌芽时期。

到了奴隶社会和封建社会这两个以私有制为基础的社会,生产力水平得到进一步的提高。私有制的出现,人们开始采用货币计量、记录生产经济活动过程,会计从生产职能中分离出来,形成了独立职能。私人财富的积累导致了受托责任会计的产生,要求会计采用较为先进和科学的计量、记录方法,一方面要反映奴隶主和封建主财产物资的安全情况,另一方面还要反映财产管理者对责任的履行情况。这些计量、记录方法的变革,导致了主要为内部控制服务的单式簿记法的产生。在单式簿记时代,没有统一的会计科目。在官厅会计中,最早是按照国家财政项目进行分类并分项进行核算;而在民间会计中,先后采用过按人名、物名和各项收支项目进行分类、分项核算的形式。在账簿设置方面,世界各国主要是以序时记录为主要特征的流水账。在我国的夏、商时代,单式簿记主要是单一的流水账;在西周至明清时代,单式簿记主要是"三账",即"草流""细流"和"总清"。在这一时代,结算方法主要经历了盘点结算法、三柱结算法和四柱结算法三个时期。大约在原始社会末期到商代,采用盘点结算法来取得各类财产物资的结存数;从西周到中唐时期,盘点结算法发展成为三柱结算法,用"入"(本期收入)—"去"(本期支出)="余"(本期结存)来结算本期财产物资增减变化及其结果;到了中唐至清末,三柱结算法发展为四柱结算法,用"旧管"(期初结存)+"新收"(本期收入)—"开除"(本期支出)="实在"(期末结存)这一公式计算出本期财产物资增减变动及其结果。

在古代会计阶段,会计以官厅会计为主,民间会计居于非常次要的地位。

由此可以看出,在人类社会历史发展的初期阶段,会计只是生产职能的附带工作。在社会生产力发展到一定水平后,出现了剩余产品,同时,生产开始了社会化。剩余产品的出现,一方面为组织生产、管理和分配产品提供了物质条件,另一方面也成为会计所需反映的重要内容。生产规模日益扩大、复杂,生产者忙于生产而无暇兼顾会计工作时,会计就从原来的"生产职能的附带部分"中分离出来,逐渐成为一种独立的、由专门人员从事的职业。

2.近代会计阶段(15世纪末至20世纪50年代)

复式簿记在理论上的总结及推广,打开了会计由古代会计阶段迈向近代会计阶段的大门。国外很多会计学家认为,会计从古代会计阶段跃进到近代会计阶段,是以下面两个重要事件(或称之为两个里程碑)为标志的。

第一,复式簿记的诞生是近代会计发展史的第一个重要里程碑。

13—15世纪,地中海沿岸的一些城市是世界贸易的中心。其中,意大利的佛罗伦萨、威尼斯等地的商业、手工业和金融业兴旺发达,经济繁荣,独资经营逐渐被合伙经营、代理经营所取代,产生了有别于业主的会计主体概念和损益计算的要求。货币计量开始在会计中得到运用,一种科学的复式记账法也应运而生。1494年,意大利数学家卢卡·帕乔利(Luca Paciolio)出版了《算术、几何、比与比例概要》一书,系统地介绍了威尼斯的借贷复式记账法,并从理论上予以阐述,为复式记账法在欧洲乃至全世界广为流传奠定了基础。1581年,威尼斯会计学院成立,会计作为一门学科开始在学校里传授。之后,借贷复式记账法相继传至德国、法国、英国、美国、日本、中国等国,并得到不断的发展和完善,直至今日仍为世界各国所广泛使用。复式记账法的运用,对经济活动进行了科学、全面的记录,使商人们不再盲目地进行商务活动,并由此遭受损失;将会计与统计区分开来,并带动了其他会计方法的发展,使会计成为一门科学。正因为如此,复式记账法从它问世起就受到人们的重视,被认为是一个划时代的发明。这一时期,会计工作的主要目标是向业主本人提供有关资产和负债的管理信息,会计职能主要限于资产的记录和保管。

第二,会计报表的产生和注册会计师的出现,是近代会计发展史上的第二个重要里程碑。

15—19世纪,会计理论和方法的发展仍然比较缓慢。18—19世纪初,欧洲各主要资本主义国家进行了产业革命,成为当时工业最发达、生产水平最高的地区。在美国,由于生产力水平的迅速提高,首先产生了适应大生产需要的新的企业组织形式——股份有限公司。随着资本主义的发展,企业固定资产投资规模不断扩大,迫使企业开始计提折旧;工业制造过程日趋复杂,促进了其成本计算程序和方法的发展;所得税的征收,对企业资产的计价方法及其有关理论产生了重大影响,特别是股份有限公司的出现,使为数众多的股东及债权人要求公司定期公布其财务报告,以便作出有效的投资或撤资决策;而公司管理职能的职业化,使得企业管理人员也需要越来越多的财务信息,作出有效的经营管理决策。所有这些,都需要会计从实务上、理论上不断地改进和提高,从而引起会计内容的变革:①会计内容有所发展,除了原来的记账、算账外,还要编制报表。如在威尼斯簿记的基础上发展了会计报表,充实并完善了由凭证到账簿再到报表的"会计循环"的内容。而为满足编制财务报表的需要,还要求研究资产的计价方法和有关理论等。②社会对会计管理也提出了新的要求。在记账和算账的基础上,还要求查账,以考核经理人员履行职责的情况,审查企业的盈利能力和偿债能力。企业的会计需要接受外界的监督,企业的账目只有通过外界,特别是注册会计师的审查签证,才能更取信于人,因为注册会计师是以超然的立场出现的。于是,1854年,世界上第一个会计师协会——英国的"爱丁堡会计师公会"便应运而生。③会计服务的对象扩大了。职业会计师的出现,使会计成为一种社会活动,不再局限于服务单个企业,而是可以为其他所有企业服务。

这一阶段,会计的内容、职能有了新的发展,会计的目标不仅是面向业主个人,还要面向社会公众,向拥有或将要拥有公司权益的人员提供可靠、相关的会计信息,使之能够根据公司的财务状况、盈利情况等作出正确的投资决策。

与此同时,我国的会计理论和方法也有了新的发展。明末清初,山西的傅山在参考了当时的官厅会计和"四柱清册"记账方法的基础上,设计出了一套简单明了的适用于民间商业的会计核算方法——"龙门账",运用"进-缴=存-该"的平衡公式计算盈亏,并编制"进缴表"和"存该表"(相当于现代会计中的"利润表"和"资产负债表")。傅山将这种双轨计算盈亏并检查账目平衡关系的会计方法形象地称为"合龙门","龙门账"也因此而得名。到了清代,随着我国商品货币经济关系的逐步萌芽,我国会计工作者在"龙门账"的基础上创立了"四脚账"(又名"天地合")。在这种方法下,要求对企业发生的一切账项,均应在账簿上记录两笔账,既要登记某一账项的"来账",同时又要登记该账项的"去账",以便反映同一账项的来龙去脉。账簿采用垂直书写方式,直行分上下两格,上格记"收",称为天,下格记"付",称为地,上下两格所记数额必须相等,称为"天地合"。"龙门账"和"四脚账"显示了我国历史上传统中式簿记的特色。由此可见,我国会计工作者早在明末清初就已为近代会计中的"复式记账"原理作出了重大贡献。

在近代会计发展史上我们还应该注意的是,第一次世界大战以后,美国无论是在生产上还是在科学技术的发展上都处于遥遥领先的地位,逐渐取代了英国在世界政治经济体系中的中心地位。因此,会计学的发展中心也从英国逐渐转移到美国。如20世纪二三十年代,美国对成本会计,尤其是对标准成本会计的研究有了突飞猛进的发展。与此同时,为了使会计工作规范化,提高会计信息的相关性和可靠性,西方各国先后研究和制定了会计原则,把会计理论和方法推上了一个更高的发展水平。此时,会计方法已比较完善,会计科学已经比较成熟。

3. 现代会计阶段(20世纪50年代后)

这一阶段,股份公司这一经济组织形式得到很快的发展,两权分离也导致了财务信息的使用者与提供者的分离。为了满足所有者了解公司财务状况、经营成果等情况的需要,在会计实践中,逐渐形成了以对外提供信息为主并受"公认会计原则"约束的会计,即"财务会计"。另一方面,商品经济有了突破性的进展,企业从事生产经营的外部环境日益复杂,市场更加多变,竞争更加激烈。为了能在激烈的竞争中生存和发展壮大,要求建立科学的管理体制和方法,以便具有灵活的适应能力和科学的预见能力。因此,管理当局对会计信息提出了新的要求。为了给企业管理部门正确地进行经营决策和有效经营提供有用的会计信息,满足管理当局的需要,向内部服务为主,以加强经营管理为核心职能的"管理会计"逐渐地与传统会计相分离,形成了一个与财务会计相对独立的领域。1952年,国际会计师联合会年会在伦敦召开,会上正式通过了"管理会计"这一专门术语,从此,企业会计被分为财务会计和管理会计两大分支。现代管理会计的出现,是近代会计发展成为现代会计的重要标志。

管理会计的创立和日趋成熟,大大丰富了会计学的内容,使会计进入了其发展历史中的高级阶段;现代数学方法和电子计算机进入会计领域,引起了"会计工艺"的深刻变化,使会计信息的搜索、分类、处理、反馈等操作程序摆脱了手工操作,为"电子数据处理"所取代;跨国公司的蓬勃兴起,出现了"国际会计"这一会计学新的分支;信息论、控制论、系统论和行为科学等新兴学科技术理论的崛起,更是为包括会计学在内的各门学科的发展提供了新思想和新方法。

上述会计发展的简单进程可以得出以下结论:

第一,会计的发展史表明,会计的产生和发展与社会经济的发展密切相关,日益发达的商品经济是会计发展的内在动力。会计是在一定的环境之下产生的,并随着环境的变化而变化。会计的发展经历了一个由简单到复杂、由低级到高级、由不完善到逐步完善的过程。随着生产力水平和管理水平的不断提高,以及人类对经济效益的追求等,社会经济和人们的生活方式也会发生急剧的变化,党的二十大报告提出"推进文化自信自强""加快建设现代化经济体系",这些都会对会计理论和方法提出更高的要求。只要生产和管理在发展,会计的水平就会有新的发展。

第二,会计发展到今天,既是一种管理活动,也是一个信息系统。会计是对生产过程的控制和观念的总结,它从简单的计算和记录财物收支,逐渐发展到用货币计量来综合地反映和监督整个企业的经济活动,并参与经营管理,从而促进企业经济乃至社会经济的发展。社会存在和发展的基础是生产,而生产离不开管理,管理离不开会计。会计是一个为了提高经济效益,加快构建新发展格局,着力推动高质量发展,加强经济管理而提供以财务信息为主的经济信息系统。

二、会计的概念

会计作为一种社会经济现象,随着人类经济活动的发展变化而处于不断变革之中。由于会计的不断变革和会计所处的社会环境不同,加之人们认识会计的角度和方法有异,因而对会计的定义,不同时空有不同的主流观点,不同的学者也有不同的看法。纵观国内外有关会计的定义,大致有以下五种观点:管理工具论、管理活动论、艺术论、信息系统论、既是管理活动又是信息系统论。

会计产生和发展的历史告诉我们,会计随着社会经济的发展而处于不断地发展和完善之中。不同社会发展阶段的会计有着不同的反映和控制的具体内容,其发展水平和所采用的方法也各不相同,具有时代特征。各个时代的会计特征决定了各国不同时代会计的个性,而各国不同时代会计的共性,就是会计的本质。因此,认识会计的定义,首先必须弄清会计的本质。

无论是过去、现在还是未来,会计都是人们运用会计方法对财产物资或价值进行管理的一种经济管理实践活动。在非商品经济条件下,会计进行管理的内容直接表现为财产物资。在商品经济条件下,会计进行管理的内容则是价值的运动,即对价值的耗费、价值的形成以及对所创造的价值与已消耗的价值进行计量、计算、考核和控制,以取得和提高经济效益。因此,会计的本质可以理解为是一种经济管理活动,是人们对再生产过程中的价值运动进行管理的一种实践活动。

同时,会计又是一个以提供财务信息为主的经济信息系统。作为一个系统,会计通过信息的提供来执行会计反映的职能,通过信息的利用来执行会计的监督(或控制)职能,从而达到不断加强和改进经营管理,提高经济效益的目的。因此,会计的本质也是一个信息系统。

科学的会计定义应该包括会计的本质、内容、方法和目的。如前文所述,会计本质上既是一种经济管理活动,又是一个信息系统;其方法有会计核算方法、会计控制方法、会计分析方法与会计检查方法等,通过这些会计方法,向报表使用者提供决策所需信息。基于这样的认识,我们可以把会计定义为:会计是以货币作为主要计量单位,以凭证为依据,用一系列专门的技术方法,对一定主体的经济活动进行全面、综合、连续、系统地核算和监督,并向会计信息的使用者提供会计信息的一种经济管理活动。会计的概念包含两层含义:会计的本质是一种经济管理活动;会计的基本特点是以货币为主要计量单位。

三、会计的职能定位

从会计定义中我们可以看出会计是随着生产的发展,逐步从企业各项经营活动中分离出来的一项提高经济效益的管理活动。会计在经济管理工作中所具有的功能或能够发挥的作用,即会计的职能,包括核算、监督、预测、参与决策、评价业绩等。随着经济的发展和管理要求的提高,会计职能是不断变化并且彼此联系的。会计的基本职能是进行核算,实行监督。

(一)会计核算

会计核算是会计的首要职能,它是以货币计量为主要单位,对各种单位经济业务活动或者预算执行情况及其结果进行连续、系统、全面的记录和计量,并据以编制会计报表。它要求各单位必须根据实际发生的经济业务事项进行会计核算。其特点表现在如下三个方面:

(1)会计核算主要是从价值量上反映各经济主体的经济活动状况。会计核算是对各单位的一切经济业务,以货币计量为主,进行记录、计算,以保证会计记录和反映的完整性。

(2)会计核算具有连续性、系统性和完整性。各单位必须对客观发生的所有经济业务,即涉及资金运动或资金增减变化的事项,采用系统的核算方法体系,按时间顺序,无一遗漏地进行记录。

(3)会计核算应对各单位经济活动的全过程进行反映。随着商品经济的发展,市场竞争日趋激烈,会计在对已经发生的经济活动进行事中、事后的记录、核算、分析,反映经济活动的现实状况及历史状况的同时,发展到事前核算、分析和预测经济前景。

(二)会计监督

会计监督职能,是指会计具有按照一定的目的和要求,利用会计核算职能所提供的经济信息,对企业和行政事业单位的经济活动进行控制,使之达到预期目标的功能。会计的监督职能主要具有以下特点:

(1)会计监督主要是通过价值量指标来进行监督工作的。由于基层单位进行的经济活动同时都伴随着价值运动,表现为价值量的增减和价值形态的转化,因此,会计通过价值指标可以全面、及时、有效地控制各个单位的经济活动。

(2)会计监督同样也包括事前、事中和事后的全过程的监督。

会计监督的依据有合法性和合理性两种。合法性的依据是国家的各项法律法规,合理性的依据是经济活动的客观规律及企业自身在经营管理方面的要求。

会计核算与会计监督是相互作用、相辅相成的。核算是监督的基础,没有核算,监督就无从谈起;而监督是会计核算质量的保证。

四、会计目标

会计的目标是指在一定的历史条件下,人们通过会计所要实现的目的或达到的最终结果。由于会计是整个经济管理的重要组成部分,会计目标当然从属于经济管理的总目标,或者说会计目标是经济管理总目标下的子目标。在将提高经济效益作为会计终极目标的前提下,我们还需要研究会计核算的目标,即向谁提供信息、为何提供信息和提供何种信息。

根据会计定义,我们可以得知会计核算的目标是向有关各方提供会计信息,以帮助决策。会计的目标,取决于会计资料使用者的要求,也受到会计对象、会计职能的制约。我国《企业会计准则》中对于会计核算的目标作了明确规定:会计的目标是向财务会计报告使用者提供与企业财务状况、经营成果和现金流量等有关的会计信息,反映企业管理层受托责任履行情况,有助于财务会计报告使用者作出经济决策。

上述会计核算的目标,实质上是对会计信息质量提出的要求。它可以划分为两个方面:

第一方面是满足对企业管理层的监管需要。如资金委托人对受托管理层是否很好地管理其资金进行评价和监督;工会组织对管理层是否保障工人基本权益的评价;政府及有关部门对企业绩效的评价和税收的监管;社会公众对企业履行社会职能的监督;等等。

第二方面是满足相关团体的决策需要。如满足潜在投资者投资决策需要;满足债权人是否进行借贷决策需要;等等。

会计的目标是会计管理运行的出发点和最终要求。会计的目标决定和制约着会计管理活动的方向,在会计理论结构中处于最高层次;同时在会计实践活动中,会计目标又决定着会计管理活动的方向。随着社会生产力水平的提高,科学技术的进步,管理水平的改进及人们对会计认识的深化,会计目标会随着社会经济环境的变化而变化。

五、会计的对象

会计的对象即会计核算和监督的内容。凡是能够以货币表现的经济活动的特定对象,都是会计所核算和监督的内容。而以货币表现的经济活动,通常又称为价值运动或资金运动。

资金运动包括特定对象的资金投入、资金运用、资金退出等过程,而具体到企业、事业、行政单位又有较大的差异。下面以工业企业为例说明资金运动的过程。

(一)资金的投入

工业企业要进行生产经营,必须拥有一定的资金,这些资金的来源包括所有者投入的资金和债权人投入的资金两部分,前者属于企业所有者权益,后者属于企业债权人权益——企业负债。投入企业的资金要用于购买机器设备和原材料并支付职工的工资等。这样投入的资金最终构成企业流动资产、非流动资产和费用。

(二)资金的循环和周转

工业企业的经营过程包括供应、生产、销售三个阶段。在供应过程中企业要购买原材料等劳动对象,发生材料买入价、运输费、装卸费等材料采购成本,与供应单位发生货款的结算关系。在生产过程中,劳动者借助于劳动手段将劳动对象加工成特定的产品,同时发生原材料消耗、固定资产磨损的折旧费、生产工人劳动耗费的人工费,使企业与职工之间发生工资结算关系,有关单位之间发生劳务结算关系等。在销售过程中将生产的产品销售出去,发生支付销售费用、收回货款、交纳税金等业务活动,并同购货人发生货款结算关系、同税务机关发生税务结算关系。综上所述,资金的循环就是从货币资金开始依次转化为储备资金、生产资金、产品资金,最后又回到货币资金的过程,资金周而复始的循环称为资金的循环。

(三)资金的退出

资金的退出包括偿还债务、上交各项税金、向所有者分配利润等,使得这部分资金离开本企业,退出企业的资金循环与周转。

上述资金运动的三阶段是相互支持、相互制约的统一体,没有资金的投入,就没有资金的循环与周转,就不会有债务的偿还、税金的上交和利润的分配等;没有资金的退出,就不会有新一轮的资金投入,也不会有企业的进一步发展。

资金运动的具体过程如图 1.1 所示。

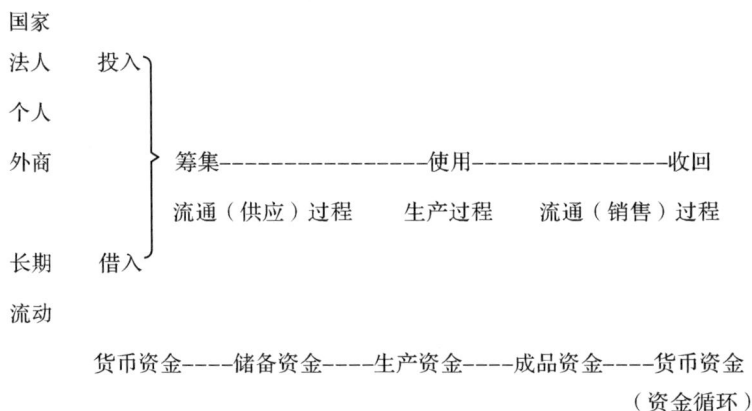

图 1.1　企业的资金运动

第三节　会计信息质量要求与会计要素计量属性

一、会计信息质量要求

会计信息质量要求是对企业财务报告中所提供会计信息质量的基本要求,是使财务报告中所提供会计信息对投资者等使用者决策有用应具备的基本特征。党的二十大报告提出"实施科教兴国战略""必须坚持科技是第一生产力",始终坚持和加强党对教育事业的全面领导,奋力建设高质量会计教育。根据财政部颁布的《企业会计准则——基本准则》的规定,会计信息质量要求包括可靠性、相关性、可理解性、可比性、实质重于形式、重要性、谨慎性、及时性。

(一)可靠性

可靠性要求企业应当以实际发生的交易或者事项为依据进行会计确认、计量和报告,如实反映符合确认和计量要求的各项会计要素及其他相关信息,保证会计信息真实可靠、内容完整。

这一原则包括两方面内容:一是会计必须根据审核无误的原始凭证,采用特定的专门方法进行记账、算账、报账,保证所提供的会计信息内容完整、真实可靠。如果会计核算不是以实际发生的交易或事项为依据,为使用者提供虚假的会计信息,会误导信息使用者,使之作出错误的决策。二是会计人员在进行会计处理时应保持客观,运用正确的会计原则和方法,得出具有可检验性的会计信息。如果会计人员进行会计处理时不客观,同样不能为会计信息使用者提供真实的会计信息,也会导致信息使用者作出错误决策。

(二)相关性

相关性要求企业提供的会计信息应当与财务报告使用者的经济决策需要相关,有助于财务报告使用者对企业过去、现在或者未来的情况作出评价或者预测。这里所说的相关,是指与决策相关,有助于决策。如果会计信息提供后,不能帮助会计信息使用者进行经济决策,就不具有相关性,因此,会计工作就不能完成会计所需达到的会计目标。

根据相关性原则,要求在收集、记录、处理和提供会计信息过程中能充分考虑各方面会计信息使用者决策的需要,满足各方面具有共性的信息需求。对于特定用途的信息,不一定都通过财务报告来提供,而可以采取其他形式加以提供。

(三)可理解性

可理解性要求会计信息简明、易懂,能够简单明了地反映企业的财务状况、经营成果和现金流量,从而有助于会计信息使用者正确理解、掌握企业的情况;会计记录应当准确、清晰,填制会计凭证、登记会计账簿必须做到依据合法、账户对应关系清楚、文字摘要完整;在编制会计报表时,项目勾稽关系清楚、项目完整、数字准确。

(四)可比性

可比性要求企业提供的会计信息应当具有可比性。具体包括下列要求:

一是信息的横向可比。即企业之间的会计信息口径一致,相互可比。企业可能处于不同行业、不同地区,经济业务发生在不同地点,为了保证会计信息能够满足经济决策的需要,便于比较不同企业的财务状况和经营成果,不同企业发生相同的或者相似的交易或事项,应当采用国家统一规定的相关会计方法和程序。

二是信息的纵向可比。即同一企业不同时期发生的相同或相似的交易或事项,应当采用一致的会计政策,不得随意改变,便于对不同时期的各项指标进行纵向比较。在此准则要求下,企业不得随意改变目前所使用的会计方法和程序。一旦作出变更,也要在会计报告附注中作出说明。如:存货的实际成本计算方法有先进先出法、加权平均法等。如果确有必要变更,应当将变更情况、变更原因及其对企业财务状况和经营成果的影响在财务会计报告附注中说明。

(五)实质重于形式

实质重于形式要求企业应当按照交易或者事项的经济实质进行会计确认、计量和报告,不应仅以交易或者事项的法律形式为依据。企业如果仅仅以交易或者事项的法律形式为依据进行会计确认、计量和报告,那么就容易导致会计信息失真,无法如实反映经济现实和实际情况。

(六)重要性

重要性要求企业提供的会计信息应当反映与企业财务状况、经营成果和现金流量有关的所有重要交易或者事项。企业在选择会计方法和程序时,要考虑经济业务本身的性质和规模,根据特定的经济业务决策影响的大小,来选择合适的会计方法和程序。如果一笔经济业务的性质比较特殊,不单独反映就有可能遗漏一个重要事实,不利于所有者以及其他方面全面掌握这个企业的情况,就应当严格核算,单独反映,提请注意;反之,如果一笔经济业务与通常发生的经济业务没有特殊之处,不单独反映,也不至于隐瞒什么事实,就不需要单独反映和提示。并且一笔经济业务的金额如果在收入、费用或资产总额中所占的比重很小,就可以采用较为简单的方法和程序进行核算,甚至不一定严格采用规定的会计方法和程序;反之,金额如果在收入、费用或资产总额中所占的比重较大,就应当严格按照规定的会计方法和程序进行核算。

重要性与会计信息成本效益直接相关。坚持重要性,就能够使提供会计信息的收益大于成本。对于那些不重要的项目,如果也采用严格的会计程序,分别核算,分项反映,就会导致会计信息成本高于收益。

在评价某些项目的重要性时,很大程度上取决于会计人员的职业判断。一般来说,应当从质和量两个方面来进行分析。从性质上来说,当某一事项有可能对决策产生一定影响时,就属于重要项目;从数量上来说,当某一项目的数量达到一定规模时,就可能对决策产生影响。

(七)谨慎性

谨慎性要求企业对交易或者事项进行会计确认、计量和报告时应当保持应有的谨慎,不应高估资产或者收益、低估负债或者费用。对于可能发生的损失和费用,应当加以合理估计。企业经营存在风险,实施谨慎性,对存在的风险加以合理估计,就能在风险实际发生之前化解风险,并防范风险,有利于企业作出正确的经营决策,有利于保护所有者和债权人的利益,有利于提高企业在市场上的竞争力。比如,在存货、有价证券等资产的市价低于成本时,相应地减记资产的账面价值,并将减记金额计入当期损益,体现了谨慎性。

但是,谨慎性的应用并不允许企业设置秘密准备,如果企业故意低估资产或者收益,或者故意高估负债或者费用,将不符合会计信息的可靠性和相关性要求,损害会计信息质量,扭曲企业实际的财务状况和经营成果,从而对使用者的决策产生误导,这是会计准则所不允许的。

(八)及时性

及时性要求企业对于已经发生的交易或者事项,应当及时进行确认、计量和报告,不得提前或者延后。会计信息具有时效性,才能满足经济决策的及时需要,信息才有价值,所以为了实现会计目标,就必须遵循会计信息有效性。

及时性要求及时收集会计数据,在经济业务发生后,应及时取得有关凭证;对会计数据及时进行处理,及时编制财务报告;将会计信息及时传递,按规定的时限提供给有关方面。满足及时性会计信息质量要求,可能会影响会计信息的可靠性。

二、会计要素计量属性

会计计量是为了将符合确认条件的会计要素登记入账并列报于财务报表而确定其金额的过程。企业应当按照规定的会计计量属性进行计量,确定相关金额。计量属性是指所予计量的某一要素的特性方面,如桌子的长度、铁矿的重量、楼房的高度等。从会计角度来讲,计量属性反映的是会计要素金额的确定基础,主要包括历史成本、重置成本、可变现净值、现值和公允价值等。

（一）历史成本

历史成本，又称为实际成本。就是取得或制造某项财产物资时所实际支付的现金或者其他等价物。在历史成本计量下，资产按照其购置时支付的现金或者现金等价物的金额，或者按照购置资产时所付出的对价的公允价值计量。负债按照其因承担现时义务而实际收到的款项或者资产的金额，或者承担现时义务的合同金额，或者按照日常活动中为偿还负债预期需要支付的现金或者现金等价物的金额计量。

（二）重置成本

重置成本又称现行成本，是指按照当前市场条件，重新取得同样一项资产需支付的现金或现金等价物金额。在重置成本计量下，资产按照现在购买相同或者相似资产所需支付的现金或者现金等价物的金额计量。负债按照现在偿付该项债务所需支付的现金或者现金等价物的金额计量。

（三）可变现净值

可变现净值是指在正常生产经营过程中以预计售价减去进一步加工成本和销售所必需的预计税金、费用后的净值。在可变现净值计量下，资产按照其正常对外销售所能收到现金或者现金等价物的金额扣减该资产至完工时估计将要发生的成本、估计的销售费用以及相关税金后的金额计量。

（四）现值

现值是指对未来现金流量以恰当的折现率进行折现后的价值，是考虑货币时间价值因素等的一种计量属性。在现值计量下，资产按照预计从其持续使用和最终处置中所产生的未来净现金流入量的折现金额计量。负债按照预计期限内需要偿还的未来净现金流出量的折现金额计量。

（五）公允价值

公允价值是指市场参与者在计量日发生的有序交易中，出售一项资产所能收到或者转移一项负债所需支付的价格，即脱手价格。

第四节　会计核算的基本前提和核算方法

一、会计核算的基本前提

会计核算的基本前提是对会计核算所处的时间、空间环境所作的合理设定。会计核算的基本前提，是为了保证会计工作的正常进行和会计信息的质量，对会计核算的范围、内容、基本程序和方法所作的假定，并在此基础上建立会计原则。国内外会计界多数人公认的会计核算的基本前提有以下四个。

【思考】　假设 A 公司销售一批原材料给 B 公司，A 公司已经把货物发送给 B 公司仓库，B 公司尚未支付货款。请问，你如何反映这笔经济业务？反映应收账款，还是应付账款？

（一）会计主体（会计实体、会计个体）

会计主体是指会计信息所反映的特定单位，也称为会计实体、会计个体。会计所要反映的总是特定的对象，只有明确规定会计核算的对象，将会计所要反映的对象与其他经济实体区别开来，才能保证会计核算工作的正常开展，实现会计的目标。

会计主体作为会计工作的基本前提之一，为日常的会计处理提供了空间依据。第一，明确会计主体，才能划定会计所要处理的经济业务事项的范围和立场。如把A公司作为会计主体的话，只有那些影响A公司经济利益的经济业务事项才能加以确认和计量。与A公司经济业务无关的原材料资产增加、应付负债的增加等要素的变化，A公司都不予以反映。因此对于上述那笔同样的经济业务，对于A公司来说，一方面一笔收入增加（所有者权益增加），另一方面，一笔应收账款增加（资产增加），而不是相反。同时，对于B公司来说，导致B公司原材料增加（资产增加），同时应付账款增加（负债增加）。第二，明确会计主体，将会计主体的经济活动与会计主体所有者的经济活动区分开来。无论是会计主体的经济活动，还是会计主体所有者的经济活动，都最终影响所有者的经济利益。但是，为了真实反映会计主体的财务状况、经营成果和现金流量，必须将会计主体的经济活动与会计主体所有者的经济活动区别开来。

会计主体不同于法律主体。一般来说，法律主体往往是一个会计主体，例如，一个企业作为一个法律主体，应当建立会计核算体系，独立反映其财务状况、经营成果和现金流量。但是，会计主体不一定是法律主体，比如在企业集团里，一个母公司拥有若干个子公司，在企业集团母公司的统一领导下开展经营活动。为了全面反映这个企业集团的财务状况、经营成果和现金流量，就有必要将这个企业集团的财务状况、经营成果和现金流量予以综合反映。有时，为了内部管理的需要，也对企业内部的部门单独加以核算，并编制出内部会计报表，企业内部划出的核算单位也可以视为一个会计主体，但它不是一个法律主体。

（二）持续经营

持续经营是指会计主体的生产经营活动将无限期地延续下去，在可以预见的将来，企业不会面临清算、解散、倒闭而不复存在。

企业是否持续经营对会计政策的选择，正确确定和计量财产计价、收益影响很大。例如，采用历史成本计价，是设定企业在正常的情况下运用它所拥有的各种经济资源和依照原来的偿还条件偿付其所负担的各种债务，否则，就不能继续采用历史成本计价。例如，在持续经营的前提下，企业取得机器设备价款10万元，使用寿命5年，能够确定这项资产在未来的生产加工活动中可以给企业带来经济利益，因此可以按支付的所有价款10万元作为固定资产的账面成本，其磨损的价值，在5年内按一定折旧方法计提折旧，并将其磨损的价值计入成本费用。如果企业面临清算，该固定资产只能按当时的公允价值进行抵偿债务。

由于持续经营是根据企业发展的一般情况所作的设定，企业在生产经营过程中缩减经营规模乃至停业的可能性总是存在的。为此，往往要求定期对企业持续经营这一前提作出分析和判断。一旦判定企业不符合持续经营前提，就应当改变会计核算的方法。

（三）会计分期

会计分期这一前提是从第二个基本前提引申出来的，可以说是持续经营的客观要求。会计分期是指将一个企业持续经营的生产经营活动划分为连续、相等的期间，又称为会计期间。

会计分期的目的是,将持续经营的生产活动划分为连续、相等的期间,据以结算盈亏,按期编报财务报告,从而及时地向各方面提供有关企业财务状况、经营成果和现金流量的信息。

根据持续经营前提,一个企业按当前的规模和状况继续经营下去,要最终确定企业的经营成果,只能等到企业在若干年后歇业的时候核算一次盈亏,但是,经营活动和财务经营决策要求及时得到有关信息,不能等到歇业时一次性地核算盈亏。为此,就要将持续不断的经营活动划分为一个个相等的期间,分期核算和反映,会计分期对会计原则和会计政策的选择有着重要影响。由于会计分期,产生了当期与其他期间的差别,从而出现权责发生制和收付实现制的区别,进而出现了应收、应付、递延、预提、待摊这样的会计方法。

会计期间一般可以按照日历时间划分,分为年、季、月。最常见的会计期间是一年,按年度编制的财务会计报表也称为年报。在我国,会计准则明确规定,采取公历年度,自每年 1 月 1 日至 12 月 31 日止。此外,国际上会计期间可以按实际的经济活动周期来划分,其周期或长、或短于公历年度。

会计期间划分的长短会影响损益的确定,一般来说,会计期间划分得越短,反映经济活动的会计信息质量就越不可靠,当然,会计期间的划分也不能太长,太长了会影响会计信息使用者及时使用会计信息的需要的满足程度,因此必须恰当地划分会计期间。

(四)货币计量

货币计量是指采用货币作为计量单位,记录和反映企业的生产经营活动。

企业资产、负债和所有者权益,尤其是资产可以采取不同的计量属性,如数量计量(个、张、根等)、人工计量(工时等)、货币计量。而会计是对企业财务状况和经营成果全面系统的反映,为此,需要货币这样一个统一的量度。企业经济活动中凡是能够用货币这一尺度计量的,就可以进行会计反映,凡是不能用这一尺度计量的,则不必进行会计反映。当然,统一采用货币尺度,也有不利之处,许多影响企业财务状况和经营成果的因素,并不是都能用货币计量的,比如,企业经营战略、在消费者当中的信誉度、企业的地理位置、企业的技术开发能力等。为了弥补货币量度的局限性,要求企业采用一些非货币指标作为会计报表的补充。

在我国,采用人民币作为记账本位币,是对货币计量这一会计前提的具体化。考虑到一些企业的经营活动更多地涉及外币,因此规定业务收支以人民币以外的货币为主的单位,可以选定其中一种货币作为记账本位币。当然,提供给境内的财务会计报告使用者的应当折算为人民币。

二、核算基础

(一)权责发生制

权责发生制又称应收应付制,它是按照权利和责任是否转移或发生来确认收入和费用归属期间的制度。

权责发生制要求:凡是当期已经实现的收入和已经发生或应当负担的费用,无论款项是否收付,都应当作为当期的收入和费用计入利润表;凡是不属于当期的收入和费用,即使款项已在当期收付,也不应当作为当期的收入和费用。

（二）收付实现制

收付实现制又称现收现付制，它是以实际收到或支付款项为依据，进而确认收入和费用归属期间的制度。目前，我国的行政单位会计采用收付实现制作为会计核算的基础，事业单位会计可以采用权责发生制，也可以采用收付实现制作为会计核算的基础，企业采用权责发生制作为会计核算的基础。

三、核算方法

会计核算的方法，是对会计对象进行连续、系统、全面地核算和监督所应用的方法。主要包括以下七种专门方法：设置会计科目及账户、复式记账、填制和审核凭证、登记账簿、成本计算、财产清查、编制会计报表。这七种方法相互联系，共同组成会计核算的方法体系。

（一）设置会计科目及账户

设置会计科目及账户，是对会计对象具体内容进行的分类反映和监督方法。会计对象包含的内容纷繁复杂，设置会计科目及账户就是根据会计对象具体内容的不同特点和经济管理的不同要求，选择一定的标准进行分类，并事先规定分类核算项目，在账簿中开设相应的账户，以取得所需要的核算指标。

正确、科学地设置会计科目及账户，细化会计对象，提供会计核算的具体内容，是满足经营管理需要，完成会计核算任务的基础。

（二）复式记账

复式记账是指对每一项经济业务都要在两个或两个以上相互联系的账户中进行登记的一种方法。复式记账一方面能全面地、系统地反映经济业务引起资金运动增减变化的来龙去脉；另一方面通过账户之间的一种平衡关系，检查会计记录的正确性。例如，用银行存款6 000元购买材料，采用复式记账法就要同时在"原材料"账户和"银行存款"账户分别反映原材料增加了6 000元，银行存款减少了6 000元。这样就能在账户中全面核算并监督会计对象。

（三）填制和审核凭证

各单位发生的任何会计事项都必须取得原始凭证，证明其经济业务的发生或完成。原始凭证要送交会计进行审核，审核其填制内容是否完备、手续是否齐全、业务的发生是否合理合法等，经审核无误后，才能编制记账凭证。记账凭证是记账的依据，原始凭证和记账凭证统称为会计凭证。审核和填制会计凭证是会计核算的一种专门方法，它能保证会计记录的完整、可靠，提高会计核算质量。

（四）登记账簿

账簿是具有一定格式，用来记账的簿籍。登记账簿就是根据会计凭证，采用复式记账法，把经济业务分门别类、内容连续地在有关账簿中进行登记的方法。借助于账簿，就能将分散的经济业务进行分类汇总，系统地提供每一类经济活动的完整资料，了解一类或全部经济活动发展变化的全过程，适应经济管理的需要。账簿记录的各种数据资料，也是编制财务报表的重要依据。所以，登记账簿是会计核算的主要方法。

(五)成本计算

成本计算是按照一定对象归集和分配生产经营过程中发生的各种费用,以便确定各对象的总成本和单位成本的一种专门方法。例如,工业企业要计算生产产品的成本,就要把企业进行生产活动所耗用的材料,支付的工资,以及发生的其他费用加以归集,并计算产品的总成本和单位成本。产品成本是综合反映企业生产经营活动的一项重要指标。正确地进行成本计算,可以考核生产经营过程的费用支出水平,同时又是确定企业盈亏和制定产品价格的基础。并为企业进行经营决策,提供重要数据。

(六)财产清查

财产清查就是通过对各项财产物质、货币资金进行实物盘点,对往来款项进行核对,以查明实存数同账存数是否相符的一种专门方法。在财产清查中发现有财产、资金账面数额与实存数额不符的情况,应该及时调整账簿记录,使账存数与实存数一致,并查明账实不符的原因,明确责任。通过财产清查,可以查明各项财产物资、债权债务、所有者权益的情况,可以促进企业加强物资管理,保证财产的完整性,并能为编制会计报表提供真实、准确的资料。

(七)编制会计报表

编制会计报表是根据账簿记录的数据资料,采用一定的表格形式,概括、综合地反映各单位在一定时期内经济活动过程和结果的一种方法。编制会计报表是对日常核算工作的总结,是在账簿记录基础上对会计核算资料的进一步加工整理。会计报表提供的资料是进行会计分析、会计检查的重要依据。

从填制会计凭证到登记账簿、编制出会计报表,一个会计期间(一般指一个月)的会计核算工作即告结束,然后按照上述程序进入新的会计期间,如此循环往复,持续不断地进行下去,这个过程也称为会计循环。

上述会计核算的方法相互联系、密切配合,构成了一个完整的核算方法体系。这些方法相互配合运用的程序是:①经济业务发生后,取得和填制会计凭证;②按会计科目对经济业务进行分类核算,并运用复式记账法在有关会计账簿中进行登记;③对生产经营过程中各种费用进行成本计算;④对账簿记录通过财产清查加以核实,保证账实相符;⑤期末,根据账簿记录资料和其他资料,进行必要的加工计算,编制会计报表。它们之间的联系如图1.2所示。

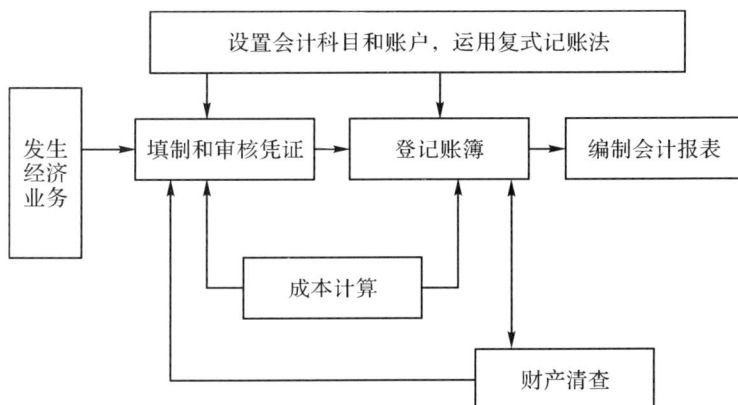

图1.2　会计核算的方法体系

【复习思考题】

1. 简述会计产生与发展的主要历程。
2. 简述企业的组织形式及其主要的经济活动。
3. 什么是会计假设？会计信息质量要求有哪些？
4. 什么是会计要素？各会计要素的关系如何？
5. 会计等式有什么意义？经济业务对会计等式的影响主要有哪几种情况？
6. 比较权责发生制与收付实现制。

【测一测】

在线测试

第二章

会计要素与会计等式

■■■ 学习目标

通过本章的学习,要求掌握会计要素的概念、内容、特点及会计要素的计量属性、会计恒等式及其转化形式;理解会计恒等式的基本原理,能够准确判断经济业务的变化类型,能够对会计对象进行正确的分类,掌握运用会计恒等式分析经济业务。

■■■ 关键知识点

会计要素、会计等式、会计等式恒等性。

■■■ 案例导入

小王是某大学人文学院社会工作系的大三学生,在 2019 年 11 月,他就开始张罗着要开一家自己的速食餐饮店,他从父母手中借到 5 万元,连同自己打工积攒的 3 万元作为最初的资本,盘下了一家不太景气的餐馆,简单装修后即投入运营。由于定位准确,价格适宜,速食餐饮店得到广大师生的认可,短短一年就攒足了人气,每天营业额 3 000 多元,毛利 1 000 多元,不仅还上了父母的钱,还赚取了大约 12 万元的利润。为了提高就餐环境,小王又从利润中拿出 10 万元对店面进行装修。每天中午,慕名而来的师生都会将小店挤得水泄不通。

■■■ 思 考

本案例涉及哪些会计要素?

第一节　会计要素

会计要素是会计核算对象的基本分类,是设定会计报表结构和内容,也是进行确认和计量的依据。对会计要素加以严格定义,就能为会计核算奠定坚实的基础。会计要素包括资产、负债、所有者权益、收入、费用和利润等。

一、资产

财务状况
晴雨表——
资产、负债、
所有者权益

一个企业从事生产经营活动,必须具备一定的物质资源,或者说物质条件。在市场经济条件下,这些必需的物质条件表现为货币资金、厂房场地、机器设备、原料、材料,等等,统称为资产,它们是企业从事生产经营活动的物质基础。除以上的货币资金以及具有物质形态的资产以外,资产还包括那些不具备物质形态,但有助于生产经营活动的专利、商标等无形资产,也包括对其他单位的投资。

资产有如下特点:第一,资产是过去的交易或事项形成的。这就是说,作为企业资产,必须是现实的而不是预期的资产,它是企业过去已经发生的交易或事项所产生的结果,包括购置、生产、建造等行为或其他交易或事项。预期在未来发生的交易或事项不形成资产,如计划购入的机器设备等。第二,资产是由企业拥有或控制的。企业拥有资产,从而就能够从资源中获得经济利益;有些资产虽然不为企业所拥有,但在某些条件下,对一些由特殊方式形成的资源,虽然企业不享有所有权,但能够被企业所控制,而且同样能够从资产中获取经济利益,也可以作为企业资产(如融资性租入固定资产)。而企业没有买下使用权的矿藏、工厂周围的空间,都不能作为企业的资产确认。第三,资产能够给企业带来经济利益。如货币资金可以用于购买所需要的商品或用于利润分配,厂房、机器、原材料等可以用于生产经营过程。制造商品或提供劳务,出售后回收的货款,即为企业所获得的经济利益。

对资产可以作多种分类,常见的是按流动性分类。流动资产是指那些在一年内变现的资产,如应收账款、存货等。有些企业经营活动比较特殊,其经营周期可能长于一年,比如造船、大型机械制造,从购料到销售商品直到收回货款,周期比较长,往往超过一年,在这种情况下,就不能把一年内变现作为划分流动资产的标志,而是将经营周期作为划分流动资产的标志。长期投资、固定资产、无形资产的变现周期往往在一年以上,所以称为非流动资产。按流动性对资产进行分类,有助于掌握企业资产的变现能力,从而进一步分析企业的偿债能力和支付能力。一般来说,流动资产所占比重越大,说明企业资产的变现能力越强。流动资产中,货币资金、短期投资所占比重越大,则支付能力越强。

二、负债

负债是指过去的交易或事项形成的,履行该义务预期会导致经济利益流出企业的现时义务。如果把资产理解为企业的权利,那么负债就可以理解为企业所承担的义务。

负债具有如下特点:第一,负债是由于过去的交易或事项形成的偿还义务。潜在的义务,或预期在将来要发生的交易或事项可能产生的债务不能确认为负债。第二,负债是现时义务。负债是企业目前实实在在的偿还义务,要由企业在未来某个时日加以偿还。第三,为了偿还债务,与该义务有关的经济利益很可能流出企业,一般来说,企业履行偿还义务时,关系到企业会有经济利益的流出,如支付现金、提供劳务、转让其他财产,等等。同时,未来流出的经济利益的金额能够可靠计量。

按偿还期限的长短,一般将负债分为流动负债和非流动负债。预期在一年或一个经营周期内到期清偿的债务属于流动负债。除以上情形以外的债务,即为非流动负债,一般包括长期借款、应付债券、长期应付款等。

三、所有者权益

所有者权益是指企业资产扣除负债后,由所有者享有的剩余权益。所有者权益是所有者在企业资产中享有的经济利益,其金额为资产减去负债后的余额,又称为净资产。

企业资产形成的资金来源,包括向债权人借入和所有者直接投入两个方面。向债权人借入的资金,形成企业的负债;所有者直接投入的资金,形成所有者权益。

所有者权益相对于负债而言,具有以下特点:第一,所有者权益不像负债那样需要偿还,除非发生减值、清算,企业不需要偿还所有者权益。第二,企业清算时,负债往往优先清偿,而所有者权益只有在清偿所有的负债之后才返还给所有者。第三,所有者权益能够分享利润,而负债则不能参与利润分配。所有者权益在性质上体现为所有者对企业资产的剩余收益,在数量上也就体现为资产减去负债后的余额。所有者权益包括实收资本、资本公积、盈余公积和未分配利润四个项目,其中,前两项属于投资者的初始投入资本,后两项属于企业留存收益。

四、收入

收入是企业在日常活动中形成的、会导致所有者权益增加的、与所有者投入资本无关的经济利益的总流入。

根据收入的定义,确认收入的条件如下。

（一）在日常活动中形成

日常活动应理解为企业为完成其经营目标所从事的经常性活动以及与之相关的活动。如工业企业销售产品,流通企业销售商品,服务企业提供劳务、出租、出售原材料、对外投资（收取利息、现金股利）等日常活动。

（二）经济利益总流入（经济利益是指现金或最终能转化为现金的非现金资产）

收入只有在经济利益很可能流入,从而导致资产增加或者负债减少,经济利益的流入额要可靠计量时才能予以确认。经济利益总流入是指本企业经济利益的流入,包括销售商品收入、劳务收入、使用费收入、租金收入、股利收入等主营业务和其他业务收入,不包括为第三方或客户代收的款项。

五、费用

费用是指企业在日常活动中发生的、会导致所有者权益减少的、与向所有者分配利润无关的经济利益的总流出。费用与收入相配比,即为企业经营活动中取得的盈利。根据费用

经营成果评价表——收入、费用、利润

的定义,确认费用的条件如下。

(一)在日常活动中发生

企业在销售商品、提供劳务等日常活动中所发生的费用,可划分为两类:一类是企业为生产产品、提供劳务等发生的费用,应计入产品成本、劳务成本,包括直接材料、直接人工和制造费用;另一类是不应计入成本而直接计入当期损益的相关费用,包括管理费用、财务费用、销售费用、资产减值损失。计入产品成本、劳务成本等费用,应当在确认产品销售收入、劳务收入时将已销售产品、已提供劳务的成本计入当期损益。

(二)经济利益总流出

费用与收入相反,收入是资金流入企业形成的,会增加企业所有者权益;而费用则是企业资金的付出,会减少企业的所有者权益,其实质就是一种资产流出,最终导致减少企业资源。费用只有在经济利益很可能流出从而导致企业资产减少或负债增加,而且经济利益的流出额能够可靠计量时才能予以确认。

六、利润

利润是企业在一定会计期间的经营成果。利润包括收入减去费用后的净额、直接计入当期损益的利得和损失等。直接计入当期损益的利得和损失是指应当计入当期损益,会导致所有者权益发生增减变化的、与所有者投入资本或向所有者分配利润无关的利得和损失。

净利润为营业利润和营业外收支净额两个项目的总额减去所得税费用之后的余额。营业利润是企业在销售商品、提供劳务等日常活动中产生的利润;营业外收支是与企业的日常经营活动没有直接关系的各项收入和支出。其中,营业外收入项目主要有捐赠收入、固定资产盘盈、处置固定资产净收益、罚款收入等;营业外支出项目主要有固定资产盘亏、处置固定资产净损失等。其有关公式表示如下:

营业利润=营业收入-营业成本-税金及附加-销售费用-管理费用-财务费用
-资产减值损失+公允价值变动净收益+投资净收益+资产处置收益

营业收入=主营业务收入+其他业务收入

营业成本=主营业务成本+其他业务成本

投资净收益=投资收益-投资损失

公允价值变动净收益=公允价值变动收益-公允价值变动损失

利润总额=营业利润+营业外收支净额

净利润=利润总额-所得税费用

以上各要素,资产、负债及所有者权益能够反映企业在某一个时点的财务状况,如能明确在20××年12月31日这一天,企业有120万元的资产,50万元的负债,所有者的剩余权益70万元,则这三个要素属于静态要素,在资产负债表中予以列示;收入、费用及利润能够反映企业在某一个期间经营成果,如在20××年企业实现了100万元的收入,扣除60万元的成本费用,在20××年这一年内,企业实现了40万元的利润,则这三个要素属于动态要素,在利润表中列示。

第二节 会计等式

一、资产、负债与所有者权益之间的关系

由上文可知,资金运动在静态情况下,资产、负债与所有者权益三个要素之间存在平衡关系。资产主要包括两部分:

(1)向外部借的债,即负债;

(2)投资人的投入及其增值部分,即所有者权益。

半斤等于
五两——
会计等式

由此我们可以认为债权人和投资者将其拥有的资本供给企业使用,对企业运用这些资本所获得的各项资产就相应享有一种权益,即为"相应的权益"。由此可见,资产与权益是相互依存的,有一定数额的资产,必然有相应数额的权益;反之亦然。由此可以推出:

$$资产=权益$$
$$资产=负债+所有者权益 \tag{式 1.1}$$

该等式反映了资产的归属关系,是会计对象的公式化,其经济内容和数学上的等量关系,即是资金平衡的理论依据,也是设置账户、复式记账和编制资产负债表的理论依据。因此,会计学中它又称为基本会计等式。

二、收入、费用与利润之间的关系

资金运动在动态情况下,其循环周转过程中发生的收入、费用和利润,也存在着平衡关系,其平衡公式如下:

$$收入-费用=利润 \tag{式 1.2}$$

若利润为正,则企业盈利;若利润为负,则企业亏损。

三、综合等式

企业在经营过程中,或盈利,或亏损。在某一时点,收入-费用=利润,利润为正,这个利润就表明经济利益流入大于经济利益流出,即企业资产增多。由此可见:

$$新的所有者权益=旧的所有者权益+利润=旧的所有者权益+收入-费用$$
$$新资产=负债+新的所有者权益$$
$$新资产=负债+旧所有者权益+收入-费用 \tag{式 1.3}$$

四、会计等式的恒等性

由上面分析可以看出,式 1.1 是反映资金运动的整体情况,也就是企业经营中的某一天,一般是开始日或结算日的情况。而式 1.2 反映的是企业资金运动状况,资产加以运用取得收入后,资产便转化为费用,收入减去费用后即为利润,该利润作为资产用到下一轮经营,于是便产生式 1.3,当利润分配后,式 1.3 便消失,又回到式 1.1。所以不管六大要素如何相互转变,最终均要回到"资产=负债+所有者权益"。下面举例说明该等式的恒等性。

【例 2-1】 长江公司 20×× 年 12 月 31 日拥有 2 000 万元资产,其中现金 0.4 万元,银行存款 57.6 万元,应收账款 282 万元,存货 960 万元,固定资产 700 万元。该公司接受投资形成实收资本 1 100 万元,银行借款 400 万元,应付账款 400 万元,尚未支付的职工薪酬 100 万元。可用表 2.1 反映资产、负债、所有者权益间的平衡关系。

表 2.1　资产负债表　　　　　　　　　　　　　　　　　　单位:万元

资产		负债及所有者权益	
现金	0.4	银行借款	400
银行存款	57.6	应付账款	400
应收账款	282	应付职工薪酬	100
存货	960	实收资本	1 100
固定资产	700		
合计	2 000	合计	2 000

例 2-1 中,资产(2 000 万元)=负债及所有者权益(2 000 万元),反映在某一时点上企业会计要素之间的平衡关系,这是一种静态关系。

当企业在继续经营时,发生的经济业务会引起各个会计要素金额上增减变化,这些变化总不外乎以下四种类型(具体可以划分为九类[①]):

(1)资金进入企业:资产和权益等额增加,即资产增加,负债及所有者权益增加,会计等式保持平衡。

【例 2-2】 长江公司 1 月份从银行取得贷款 800 万元,现已办妥手续,款项已划入本企业存款账户。这项经济业务对会计恒等式的影响为:

资产+银行存款增加=(负债+所有者权益)+银行借款增加

2 000 万元+800 万元=2 000 万元+800 万元

资产 2 800 万元=(负债+所有者权益)2 800 万元

可以看出,会计等式两方等额增加 800 万元,等式平衡没有破坏。

(2)资金退出企业:资产和权益等额减少,即资产减少,负债及所有者权益减少,会计等式保持平衡。

【例 2-3】 长江公司支付上年未还的应付货款,已从企业账户中开出转账支票 300 万元,该经济业务对会计等式的影响为:

资产-银行存款减少额=(负债+所有者权益)-应付账款减少额

2 800 万元-300 万元=2 800 万元-300 万元

资产 2 500 万元=(负债+所有者权益)2 500 万元

---

① 具体九类为:①资产内项目的一增一减;②负债内项目的一增一减;③所有者权益内项目的一增一减;④负债项目增加,所有者权益项目减少;⑤负债项目减少,所有者权益项目增加;⑥资产项目增加,负债项目增加;⑦资产项目增加,所有者权益项目增加;⑧资产项目减少,负债项目减少;⑨资产项目减少,所有者权益项目减少。

可以看出,会计等式两方等额减少 300 万元,等式平衡没有破坏。

(3)资产形态变化:一种资产项目增加,另一种资产项目等额减少,会计等式保持平衡。

【例 2-4】　长江公司开出现金支票 2 万元,以备日常开支使用。该项经济业务对会计等式的影响为:

资产－银行存款减少额＋现金增加额＝负债＋所有者权益

2 500 万元－2 万元＋2 万元＝2 500 万元

资产 2 500 万元＝(负债＋所有者权益)2 500 万元

(4)权益类别转化:一种权益项目增加,另一种权益项目等额减少,即负债类内部项目之间、权益类内部项目之间或者负债类项目与权益类项目之间此增彼减,会计等式也保持平衡。

【例 2-5】　长江公司应付给三洋公司应付账款 100 万元,协商同意转作三洋公司对长江公司的投资款。该项经济业务对会计等式的影响为:

资产＝(负债＋所有者权益)－应付账款＋接受长期投资

2 500 万元＝2 500 万元－100 万元＋100 万元

资产 2 500 万元＝(负债＋所有者权益)2 500 万元

可以看出,长江公司的负债类项目减少 100 万元,所有者权益项目增加 100 万元,等式右方总额没有变化,等式平衡没有破坏。

经过上述变化后的资产负债如表 2.2 所示。

表 2.2　资产负债表　　　　　　　　　　单位:万元

资产		负债及所有者权益	
现金	0.4＋2＝2.4	银行借款	400＋800＝1 200
银行存款	57.6＋800－300－2＝555.6	应付账款	400－300－100＝0
应收账款	282	应付职工薪酬	100
存货	960	实收资本	1 100＋100＝1 200
固定资产	700		
合计	2 500	合计	2 500

【复习思考题】

为什么任何经济业务的发生都不会破坏会计恒等式的平衡关系?

【测一测】

在线测试

第三章

会计科目与账户

■■■ 学习目标

通过本章的学习,要求了解设置会计科目的意义和原则;明确会计科目的作用;掌握设置会计账户的必要性及账户的基本结构;了解会计科目和账户的联系与区别;熟悉会计科目的名称,熟练识别会计科目的归属及账户的性质。

■■■ 关键知识点

会计科目与经济业务内容之间的关系、会计科目的作用、账户的基本结构。

■■■ 案例导入

大学毕业后,小柯和小南决定合资开办一家有限责任公司,主要经营计算机销售和硬件维修业务。现已租入门市房一间,一个季度房租已付,且购置了必要的办公用品,一切开业手续已经办妥,在银行也开立了账户。

■■■ 思　考

1. 这个新成立的公司应如何进入会计核算程序,记录上述经济活动信息?

2. 以后经营活动的信息在会计上该如何反映呢?

第一节 会计科目与经济业务内容分析

一、企业、经济活动与会计事项

(一)企业的概念

企业一词,源于英语中的"enterprise",并由日本人将其翻译成汉字词语,而传入中国。enterprise原意是企图冒险从事某项事业,且具有持续经营的意思,后来引申为经营组织或经营体。

从本源意义上讲,企业与法人、公司等概念不同,它并非严格意义上的法律概念,而是一个经济学的范畴,表示一种作为客观事实的社会现象,一种相对独立且持续存在的各生产要素相结合的组织体。于是学者们尝试从经济学角度把握企业的概念,根据新古典企业理论,把企业组织视为投入和产出之间的生产转换函数。企业是一个生产单位,它设立的目的是为了实现利润的最大化;其功能是把土地、劳动等人力资本和非人力资本等生产要素进行投入并转化为一定的产出。

企业的特征主要有三个方面:

(1)从企业存在的社会性质和功能的角度来看,企业是独立从事商品生产经营活动和商业服务的经济组织。

(2)从企业的生存和发展的目的来看,企业以盈利为其活动宗旨。

(3)从企业存在的法律条件来看,企业必须依法成立并具备一定的法律形式。

现代会计主要以企业会计为代表。现代企业的组织形式有三种:独资企业、合伙企业和股份公司。

(二)企业的条件:人、财、物

任何一个企业都应具备一定数量的人、财、物,才有可能顺利开展生产经营活动。人、财、物都是企业重要的经济资源。在开展企业管理工作中,人、财、物所处的地位是不同的。其中,人是起主导和决定作用的,财和物是人们管理的主要对象。很明显,人对财和物的管理,大体上是从价值和使用价值两个方面进行的。对财的管理,相当于从价值方面进行管理;对物的管理,则相当于从使用价值方面进行管理。

客观事物总是处于运动之中的。企业的物的运动,构成了物资流动,如工业企业的物资流动为:现金、银行存款→原材料→在产品→半成品→产成品→现金、银行存款;商品流通企业的物资流动为:现金、银行存款→库存商品→现金、银行存款。企业的财的运动,构成了资金运动,如工业企业的资金运动为:货币资金→原材料资金→在产品资金→产成品资金→货币资金;商品流通企业的资金运动为:货币资金→商品资金→货币资金。在企业生产经营过程中,除了人员的流动(如聘任→培训→上岗→辞退)相对独立外,物资流动与资金运动是密不可分、相伴相随的。

(三)企业的经营活动

假设你有一家从事水果饮品生产的企业,生产和销售柠檬汁,它的整个资金运动包括哪几个部分?

1.资金的筹集:企业的成立与本钱的投入

企业从外部筹集资金主要有两条渠道:一是争取国家、法人、个人或外商投资;二是向金融机构、其他法人、个人举债。企业从国家、法人、个人或外商争取到的投资,形成所有者权益,通常可用作企业在工商行政管理部门注册登记的注册资本;企业从金融机构、其他法人、个人借来的资金,形成负债。

企业通过所有者权益和负债两种方式从外部取得的资金,是以各种各样的资产而存在的,这些资产最常见的有:货币(现金和银行存款)、房屋建筑物和机器设备等固定资产、原材料和商品等。这样,资金的投入一方面使所有者权益或负债增加,另一方面也带来资产的增加。

2.企业内部供产销:企业的经营与资产形式的变化

水果饮品生产企业利用货币资金采购原材料如柠檬、调料剂等,采购洗涤剂、榨汁机等设备,进行柠檬饮品的生产,得到柠檬饮料制品产成品,投放市场销售,转换为货币资金。其过程如图 3.1 所示。

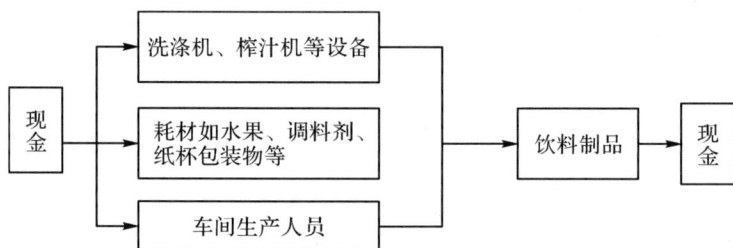

图 3.1 水果饮品生产企业内部供产销简化流程

3.企业的结束与本金的退出

处于循环周转中的资金有时会离开周转,退出企业,如交纳税金、分配利润、分派股利和偿还借款,等等。与企业筹集资金相反,资金退出企业会使资产减少,负债或所有者权益也同时减少。

(四)会计事项

企业的经济活动很多,涉及人、财、物等多个方面的流动。企业经济活动中应在会计上加以记录的事项,称为会计事项。

交易、事项和情况是进入会计信息系统的基本经济数据或输入数据。交易是指发生在两个不同会计主体之间的价值转移。这种转移可以是双向交换,即:甲方买进某项资产,同时支付现金或承担未来支付现金的义务;同样,乙方卖出资产,取得现金或收取现金的权利;它也可以是单向的,如向另一会计主体进行投资,或公益性捐赠等。事项是指发生在主体内部各部门之间资源的转移,例如生产车间领用原材料、地震导致财产受损等。至于情况,往往是多件事项共同作用后的一种结果。通常,它还可以解释为由于企业外部环境的变化,但既未发生交易又未产生事项而对企业可能造成的影响,如物价、汇兑等的变化对资产或负债产生的影响。困难之处在于确定究竟何时导致情况发生变化。例如,债务人破产,导致企业一项应收账款无法回收,这就是一种情况,但具体这种情况何时发生,事先往往难以洞察。

在我国会计工作中,目前的习惯是将交易、事项和情况,统称为"经济业务",即指那些发生在主体与主体之间或主体内部,导致各会计要素产生实际数量变化的经济活动。

二、会计事项与会计要素、会计科目

一般来讲,企业的经济活动认定为会计事项的,都可以用会计要素(accounting element)表示出来,而会计科目又是会计要素的细分,更详细地反映企业经济活动的形式,例如,"资产的占用形式——现金和机器设备等"可以对应为"资产","机器设备"可以对应为"固定资产";"资金的借入与债权人的权益"可以对应为"负债","一年内的借款"可以对应为"短期借款";"投资者本金的投入"可以对应为"所有者权益","实缴的资本"可以对应为"实收资本"等。这一部分我们来认识学习会计科目的内容。

(一)会计科目的概念

企业在经营过程中发生的各种各样的经济业务,会引起各项会计要素发生增减变化。由于企业的经营业务错综复杂,即使涉及同一种会计要素,也往往具有不同性质和内容。例如,固定资产和现金虽然都属于资产,但它们的经济内容以及在经济活动中的周转方式和所引起的作用各不相同。又如应付账款和长期借款,虽然都是负债,但它们的形成原因和偿付期限也是各不相同的。

会计大厦的
砖瓦——
会计科目

再如,所有者投入的实收资本和企业的利润,虽然都是所有者权益,但它们的形成原因与用途不大一样。为了实现会计的基本职能,要从数量上反映各项会计要素的增减变化,就不但需要取得各项会计要素增减变化及其结果的总括数字,而且要取得一系列更加具体的分类和数量指标。因此,为了满足所有者了解利润构成及其分配情况、负债及其构成情况的需要,为了满足债务人了解流动比率、速动比率等有关指标并判断其债权人的安全情况的需要,为了满足税务机关了解企业欠交税金的详细情况的需要,还要对会计要素作进一步的分类。这种对会计要素对象的具体内容进行分类核算的项目称为会计科目。

会计科目是进行各项会计记录和提供各项会计信息的基础,设置会计科目是复式记账中编制、整理会计凭证和设置账簿的基础,并能提供全面、统一的会计信息,便于投资人、债权人以及其他会计信息使用者掌握和分析企业的财务情况、经营成果和现金流量。

(二)设置会计科目的原则

会计科目作为反映会计要素的构成情况及其变化情况,为投资者、债权人、企业管理者等提供会计信息的重要手段,在其设置过程中应努力做到科学、合理、实用,因此在设计会计科目时应遵循下列基本原则:

(1)设置会计科目要符合国家的会计法规体系的规定。国家的会计法规体系,体现了国家对财务会计工作的要求,因此,设计会计科目首先要以此为依据,设置的会计科目,应尽量符合《中华人民共和国会计法》(简称《会计法》)以及《企业会计准则》等的规定,以便编制会计凭证,登记账簿,查阅账目,实行会计电算化。

(2)设置会计科目要结合所反映会计要素的特点,具有一定的灵活性。设置会计科目必须对会计要素的具体内容进行分类,以分门别类地反映和监督各项经营业务,不能有任何遗漏,即所设置的会计科目应能覆盖企业所有的要素。比如,有些公司是制造工业产品,根据这一业务特点就必须设置反映和监督其经营情况和生产过程的会计科目,如"主营业务收

入""生产成本";而农业企业就可以设置"消耗性生物资产""生产性生物资产";金融企业则应设置反映和监督吸收和贷出存款的相关业务,可以设置"利息收入""利息支出"等科目。此外,为了便于发挥会计的管理作用,企业可以根据实际情况自行增设、减少或合并某些会计科目的明细科目。

(3)设置会计科目要全面反映企业经济业务内容。在会计要素的基础上对会计对象的具体内容作进一步分类时,为了全面而概括地反映企业生产经营活动情况,会计科目的设置要保持会计指标体系的完整,企业所有能用货币表现的经济业务,都能通过所设置的某一会计科目进行核算。

(4)会计科目名称力求简明扼要,内容确切。每一科目,原则上反映一项内容,各科目之间不能相互混淆。企业可以根据本企业的具体情况,在不违背会计科目使用原则的基础上,确定适合本企业的会计科目名称。

(三)会计科目的内容和级别

1.会计科目的内容

目前,根据财政部颁布的《企业会计准则——应用指南》统一制定了企业实际工作中需要使用的会计科目,如表3.1所示。

表3.1 常用会计科目参照表

编号	会计科目名称	编号	会计科目名称
	一、资产类	1405	库存商品
1001	库存现金	1406	发出商品
1002	银行存款	1407	商品进销差价
1012	其他货币资金	1408	委托加工物资
1101	交易性金融资产	1471	存货跌价准备
1121	应收票据	1501	持有至到期投资
1122	应收账款	1502	持有至到期投资减值准备
1123	预付账款	1503	可供出售金融资产
1131	应收股利	1511	长期股权投资
1132	应收利息	1512	长期股权投资减值准备
1221	其他应收款	1521	投资性房地产
1231	坏账准备	1531	长期应收款
1401	材料采购	1601	固定资产
1402	在途物资	1602	累计折旧
1403	原材料	1603	固定资产减值准备
1404	材料成本差异	1604	在建工程
1605	工程物资	4001	实收资本

编号	会计科目名称	编号	会计科目名称
1606	固定资产清理		四、所有者权益类
1701	无形资产	4002	资本公积
1702	累计摊销	4101	盈余公积
1703	无形资产减值准备	4103	本年利润
1711	商誉	4104	利润分配
1801	长期待摊费用		五、成本类
1811	递延所得税资产	5001	生产成本
1901	待处理财产损溢	5101	制造费用
	二、负债类	5201	劳务成本
2001	短期借款	5301	研发支出
2201	应付票据		六、损益类
2202	应付账款	6001	主营业务收入
2203	预收账款	6051	其他业务收入
2211	应付职工薪酬	6101	公允价值变动损益
2221	应交税费	6111	投资收益
2231	应付利息	6301	营业外收入
2232	应付股利	6401	主营业务成本
2241	其他应付款	6402	其他业务成本
2501	长期借款	6403	税金及附加
2502	应付债券	6601	销售费用
2701	长期应付款	6602	管理费用
2711	专项应付款	6603	财务费用
2801	预计负债	6701	资产减值损失
2901	递延所得税负债	6711	营业外支出
	三、共同类（略）	6801	所得税费用
		6901	以前年度损益调整

2. 会计科目的级别

各个会计科目并不是彼此孤立的,而是相互联系、相互补充,组成一个完整的会计科目体系。通过这些会计科目,可以全面、系统、分类地反映和监督会计要素的增减变动情况及其结果,为经营管理提供所需要的一系列核算指标。在生产经营过程中,由于经济管理的要求不同,所需要的核算指标的详细程度也就不同。根据经济管理的要求,既需要设置提供总括核算指标的总账科目,又需要设置提供详细核算资料的二级明细科目和三级明细科目。

(1)总账科目。总账科目即一级科目,也称总分类会计科目,是对会计要素的具体内容进行总括分类的会计科目,是进行总分类核算的依据。为了满足会计信息使用者对信息质量的要求,总账科目是由财政部《企业会计准则——应用指南》统一规定的。

(2)明细科目。明细科目也称明细分类会计科目、细目,是在总账科目的基础上,对总账科目所反映的经济内容进行进一步详细分类的会计科目,以提供更详细、更具体会计信息的科目。如在"原材料"科目下,按材料类别开设"原料及主要材料""辅助材料""燃料"等二级科目。明细科目的设置,除了要符合财政部统一规定外,一般根据经营管理的需要,由企业自行设置。对于明细科目较多的科目,可以在总账科目和明细科目下设置二级或多级科目,如在"原料及主要材料"下,再根据材料规格、型号等开设三级明细科目。

实际工作中,并不是所有的总账科目都需要开设二级和三级明细科目,根据会计信息使用者所需不同信息的详细程度,有些只需设一级总账科目,有些只需要设一级总账科目和二级明细科目,不需要设置三级科目等。会计科目的级别如表 3.2 所示。

表 3.2 "原材料"总账和明细账会计科目

总账科目	明细科目	
（一级科目）	二级科目（子目）	三级科目（细目）
原材料	原料及主要材料	圆钢、角钢
	辅助材料	润滑剂、石炭酸
	燃　　料	汽油、原煤

3.会计科目运用举例

【例 3-1】 从银行提取现金 300 元。

该项业务应设置"银行存款"和"库存现金"科目。

【例 3-2】 购买材料 7 000 元,料款尚未支付。

该项业务应设置"原材料"和"应付账款"科目。

【例 3-3】 某投资者投入设备一台,价值 300 000 元。

该项业务应设置"实收资本"和"固定资产"科目。

【例 3-4】 某企业销售产品一批,价值 3 000 元,货款尚未收到。

该项业务应设置"主营业务收入"和"应收账款"科目。

第二节 会计账户及分类

一、会计账户的概念

会计科目只是对会计对象的具体内容(会计要素)进行分类的项目名称。为了能够分门别类地对各项经济业务的发生所引起会计要素的增减变动情况及其结果进行全面、连续、系统、准确的反映和监督,为经营管理提供需要的会计信息,必须设置一种方法或手段,能核算指标的具体数字资料。于是必须根据会计科目开设账户。所谓会计账户,是指具有一定格式,用来分类、连续地记录经济业务,反映会计要素增减变动及其结果的一种核算工具。所以设置会计科目以后,还要根据规定的会计科目开设一系列反映不同经济内容的账户。每个账户都有一个科学而简明的名称,账户的名称就是会计科目。会计账户是根据会计科目设置的。设置账户是会计核算的一种专门方法,运用账户把各项经济业务的发生情况及由此引起的资产、负债、所有者权益、收入、费用和利润各要素的变化,系统地、分门别类地进行核算,以便提供所需要的各项指标。

会计展示的
舞台——
会计账户

会计账户是对会计要素的内容所作的科学再分类。会计科目与会计账户是两个既相互区别,又相互联系的不同概念。它们的共同点是:会计科目是设置会计账户的依据,是会计账户的名称;会计账户是会计科目的具体运用,会计科目所反映的经济内容,就是会计账户所要登记的内容。它们之间的区别在于:会计科目只是对会计要素具体内容的分类,本身没有结构;会计账户则有相应的结构,是一种核算方法,能具体反映资金运用状况。因此,会计账户比会计科目,分户更为明细,内容更为丰富。

二、账户的结构和内容

账户是用来记录经济业务的,必须具有一定的结构和内容。账户作为会计核算的会计对象,是随着经济业务的发生在数量上发生增减变化,并相应产生变化结果。因此,用来分类记录经济业务的账户必须确定账户的基本结构:增加的数额记在哪里,减少的数额记在哪里,增减变动后的结果记在哪里。

采用不同记账方法,账户的结构是不同的,即使采用同一的记账方法,不同性质的账户结构也是不同的。但是,不管采用何种记账方法,也不论是何种性质的账户,其基本结构总是相同的。具体归纳如下:

(1)任何账户一般可以划分为左右两方。每一方再根据实际需要分成若干栏次,用来分类登记经济业务及其会计要素的增加与减少,以反映增减变动的结果。账户的格式设计一般应包括以下内容:①账户的名称,即会计科目;②日期和摘要,即经济业务发生的时间和内容;③凭证号数,即账户记录的来源和依据;④增加和减少的金额;⑤余额。下面以借贷记账法下账户结构为例来说明账户结构,如表3.3所示。

表 3.3　会计科目(账户名称)

日期	凭证号数	摘要	借方	贷方	余额

注:借贷记账法下,以借或贷来表示增加或减少方向。

(2)账户的左右两方是按相反方向来记录增加额和减少额的。也就是说,如果规定在左方记录增加额,就应该在右方记录减少额;反之,如果规定在右方记录增加额,就应该在左方记录减少额。在具体账户的左右两个方向中究竟哪一方记录增加额,哪一方记录减少额,取决于账户所记录的经济内容和所采用的记账方法。

（3）账户的余额一般与记录的增加额在同一方向。

（4）账户所记录的主要内容满足这样一个恒等关系：本期期末余额＝期初余额＋本期增加额－本期减少额。

本期增加额和减少额是指在一定会计期间内（月、季或年），账户在借贷两方分别登记的增加金额合计数和减少金额合计数，又可以将其称为本期增加发生额和本期减少发生额。本期增加发生额和本期减少发生额相抵后的差额，就是本期期末余额。如果将本期的期末余额转入下一期，就是下一期的期初余额。

为了教学方便，在教科书中经常采用简化格式 T 形账户来说明账户结构。这时，账户就省略了有关栏次。T 形账户的格式见图 3.2 和图 3.3。

借方	账户名称（会计科目）	贷方
期初余额：A		
增加额 a	减少额 c	
增加额 b	减少额 d	
本期增加发生额：a＋b	本期减少发生额：c＋d	
期末余额：A＋a＋b－c－d		

图 3.2　T 形账户格式 1

借方	账户名称（会计科目）	贷方
	期初余额：A	
减少额 c	增加额 a	
减少额 d	增加额 b	
本期减少发生额：c＋d	本期增加发生额：a＋b	
	期末余额：A＋a＋b－c－d	

图 3.3　T 形账户格式 2

注：如属费用、成本账户或收入、利润账户，在通常情况下，期末没有余额。

三、总分类账户和明细分类账户

设置会计账户是会计核算的一种专门方法。会计账户的开设应与会计科目的设置相适应，会计科目按提供核算资料的详细程度分为总账科目、二级明细科目和三级明细科目，会计账户也相应地分为总分类账户（一级账户）和明细分类账户（二级、三级账户）。通过总分类账户对经济业务进行的核算称为总分类核算。总分类核算只能用货币度量。通过明细分类账户对经济业务进行的核算称为明细分类核算。明细分类核算除了能用货币度量外，有些账户还要用实物度量。总分类账户统驭明细分类账户；明细分类账户则对总分类账户起着进一步补充说明的作用。我们可以用表 3.4 表示总分类账户和明细分类账户。

表 3.4 "原材料"总分类账户和明细分类账户

总账分类账户	明细分类账户	
（一级账户）	二级明细分类账户	三级明细分类账户
原材料	原料及主要材料	圆钢、角钢
	辅助材料	润滑剂、石炭酸

四、账户运用举例（见图 3.4 至图 3.11）

【例 3-5】 从银行提取现金 300 元。

借	贷
300	

图 3.4 库存现金 T 形账户

借	贷
	300

图 3.5 银行存款 T 形账户

【例 3-6】 购买材料 7 000 元,料款尚未支付。

借	贷
7 000	

图 3.6 原材料 T 形账户

借	贷
	7 000

图 3.7 应付账款 T 形账户

【例 3-7】 某投资者投入设备一台,价值 300 000 元。

借	贷
300 000	

图 3.8 固定资产 T 形账户

借	贷
	300 000

图 3.9 实收资本 T 形账户

【例 3-8】 某企业销售产品一批,价值 3 000 元,货款尚未收到。

借	贷
30 000	

图 3.10 应收账款 T 形账户

借	贷
	30 000

图 3.11 主管业务收入 T 形账户

【复习思考题】

1. 什么是会计科目？会计科目分为哪几类？设置会计科目应遵循哪些原则？
2. 什么是账户？账户与会计科目有什么区别与联系？
3. 试说明账户的基本结构及一个完整的账户结构应包括的内容。

【测一测】

在线测试

第四章

复式记账法

■■■ 学习目标

通过本章的学习,要求理解复式记账法的基本原理并掌握复式记账法的特点;重点掌握借贷记账法的基本内容,包括记账符号及账户结构、记账规则、账户的对应关系和会计分录、试算平衡;理解和熟练掌握账户及借贷记账法。

■■■ 关键知识点

借贷记账法下的账户结构、会计分录、试算平衡。

■■■ 案例导入

王某经营一家超市,经过几年的努力,生意做得风生水起。为了扩大超市的规模,王某加盟了"中央红"超市连锁品牌,引进银联卡、信用卡、支付宝等支付方式,大大提高了结算的效率,同时也吸引了更多年轻的消费群体。然而,随着超市收入的日益增长,王某遇到了一个难题:每天闭店结算的时候,无法准确区分账目上的收入哪些是现金收入,哪些是银行存款收入,更无法确定现金是否与账上的数额相对应。于是,王某找来了从事会计工作的老同学李刚来帮忙解决这个难题,王某向李刚介绍说:"超市的每笔收入业务都认真登记了,为什么一到结算的时候就混乱不清呢?"李刚看了看账目,笑着说:"这个问题不难解决,是你采用了不恰当的记账方法导致的,只要你将单式记账法更换成复式记账法,你的难题就迎刃而解了!"王某听了这话,半信半疑道:"我以往也是这么记账的,也没有出现大的问题,难道采用复式记账法就能解决我的难题了吗?"

■■■ 思 考

李刚的建议真的能帮助王某解决他遇到的难题吗?

第一节　会计的复式记账

如上述两章内容所述,为了连续、系统地反映和监督由于会计交易或事项引起会计要素的增减变动及结果,就需要根据会计科目来设置会计账户来加以记录。但如何将企业单位发生的经济业务在账户中进行记录,这便是记账方法的问题。运用一定的记账方法解决按什么方式记录经济业务的问题,即按照一定的规则,使用一定的符号,在账户中登记经济业务,这种方法就是记账方法。

随着会计的产生和发展,记账方法总体上经历了一个从简单到复杂、从单式到复式逐渐完善的过程。记账方法可以分为单式记账法和复式记账法两种类型。

一、单式记账法

会计核算中较早采用的记账方法是单式记账法,是指对现金和银行存款的收付业务以及应收、应付款的结算业务只在一个账户中进行记录的记账方法。这种方法大都是以钱财、欠人、人欠为记账对象。

【例 4-1】　销售商品一批 2 000 元,收到现金 1 200 元,其余 800 元对方暂欠。

分析:对于销售商品的业务,只在"库存现金"账户中记录其增加 1 200 元和"应收账款"账户中记录其增加 800 元;不设置存货类账户对存货的增加或减少予以记录。

【例 4-2】　企业用现金 100 元支付办公费用。

分析:该业务只记"库存现金"减少 100 元,至于具体用于哪一项费用就省略不记了,不设置费用类账户对费用的增加或减少予以记录。

【例 4-3】　产品生产车间从仓库领用材料和产品入库等实物的收付业务。

分析:不设置任何账户予以记载。

因此,单式记账法除对涉及应收、应付的现金的收付业务,要在两个或两个以上的账户(账户记录之间也没有相互联系)中登记之外,对于其他经济业务,都只在一个账户中进行登记或不予以登记,不能全面反映经济业务的来龙去脉,不便于检查账户记录的正确性,只适用于经济业务非常简单的单位,目前已很少使用。

二、复式记账法

所谓复式记账法,是指对任何一项经济业务,都必须用相等的金额,在相互联系的两个或两个以上的有关账户中进行登记,借以反映会计对象具体内容增减变化的一种记账方法。

(一)复式记账法的理论基础

复式记账的理论依据是资金运动和会计等式。会计的对象是资金运动,而企业经营过程中所发生的每一项经济业务,都是资金运动的具体过程,只有对企业所有经济业务全部进行核算,才能完整地反映出企业资金运动的全貌,从而为经营管理提供其所需要的全部核算资料。企业发生的所有经济业务无非就是涉及会计要素增加和减少两个方面,可以从会计等式及其来龙去脉两个方面来理解复式记账法。

由于企业的全部资产都由某一方(所有者或债权人)拥有索取权,得到以下公式:

$$资产＝权益$$

在这一基本会计方程式的基础上可以扩展为如下形式:

$$资产＝负债＋所有者权益$$

影响主体会计记录的事项称为交易。前面的内容告诉我们每笔交易都会对会计记录产生双重影响。据此,我们设置会计系统来记录一笔交易的两个方面的影响。这也是会计之所以被称作复式记账系统的原因。例如,假定王刚要开办一家企业,他首先要做的一件事是去银行开立账户,存入 100 000 元,然后由会计师事务所出具验资报告,同时到工商部门进行注册登记。该笔交易的双重影响是,企业拥有了一项资产——现金 100 000 元,王刚为所有者,拥有了对这项资产的索取权,也等于 100 000 元。另外,刚成立的企业从银行获取了期限为一年的贷款 150 000 元。该笔交易使企业会计记录也产生了两方面的变化(资产增加,银行的索取权——负债增加)。

总之,登记入账的每笔交易都会影响至少两个项目。一笔交易只引起一个项目的变动是不可思议的。每一项会计交易或事项都需根据它对会计等式的双重影响进行分析,总是保持"两边平衡"。可以从资源与索取权、资金来源与运用两个方面来理解会计交易或事项对会计等式及资产负债表的双重影响。

(二)复式记账法的特点

如例 4-2,企业除了要在现金账户中作减少 100 元的登记外,还要在有关费用账户中作增加 100 元的记录,这样登记的结果表明,企业现金的支付同费用的发生两者之间是相互联系的,这样就可以将该项业务的来龙去脉表述清楚。由此可见,复式记账法是一种科学的记账方法,其特点是每一项经济业务,要求同时在两个或两个以上相互联系的账户中以相等的金额进行记录,达到全面、系统、连续、综合地反映经济活动的目的。因此,复式记账法被广泛采用。

(三)复式记账法的分类

复式记账法按采用的记账符号和记账规则不同,可分为借贷记账法、增减记账法和收付记账法。

(1)借贷记账法,是最早产生的复式记账法,也是当今世界各国通用的复式记账法。

(2)增减记账法,是我国在 20 世纪 60 年代以后开始在商业企业中运用的一种复式记账法。

(3)收付记账法,是我国传统的记账方法。其又分为资金收付记账法、现金收付记账法和财产收付记账法。

在上述复式记账法中,借贷记账法是最科学、最完善的复式记账法。为了适应改革开放的需要,与国际惯例保持一致,我国于 1992 年颁布的《企业会计准则》第八条规定:"会计记账采用借贷记账法。"《企业会计准则》于 1993 年 7 月 1 日起施行后,借贷记账法成为我国各行各业广泛采用的记账方法。

第二节　借贷记账法

借贷记账法是以"借""贷"作为记账符号,以"有借必有贷,借贷必相等"作为记账规则的一种复式记账法。首先,借贷记账法是一种复式记账法的形式,对每一项经济业务都在两个或两个以上相互联系的账户中同时登记;其次,对应账户以相等的金额进行登记;再次,借贷记账法以"借""贷"作为记账符号,表明经济数据增减变化的记账方向。

借贷记账法在会计核算应用中包括记账符号、账户结构、记账规则、会计分录、试算平衡几个方面的内容。

一、记账符号

(一)记账符号的特定含义

借与贷的
玄机——
借贷记账法

借贷记账法以"借""贷"作为记账符号。记账符号是用以指明经济业务记录方向所规定使用的符号,用来记录经济业务的增减变化方向。"借""贷"二字的含义,最初是从借贷资本的角度来解释的,分别表示债权、债务的增减变化。随着商品经济的发展,经济活动的内容日趋复杂,记录的经济业务也不再局限于货币资金的借款业务,而是扩展到记录财产、物资的增减变化和经营损益等。因此,当借贷记账法上升为一种专门的记账方法时,"借""贷"二字不能只记录债权、债务业务,而应记录企业经济活动的全部内容,以反映会计要素的增减变化。自此,"借""贷"二字不再有借贷关系所包含的词语上的原义,而成为会计上的专门术语。

(二)记账符号的作用

"借""贷"二字成为记账符号,在会计核算中具有特定的含义和功能,具体表现在记账方向、金额变化和金额性质上。

第一,表明记账方向。"借""贷"在借贷记账法上可以指明账户的记账方向(即借方或贷方)。如前所述,所有账户都有一定的格式来说明经济指标的增减变化情况,都包括"借""贷"两个方向,在借贷记账法下即借方和贷方。经济业务发生到底记增加还是减少,必须通过借方、贷方来表示,因此,记账方向是记录经济业务发生而引起的会计要素的增减数额。

第二,表明指标增减。"借""贷"指明账户的记账方向的同时还表示已登记在账户中"借方"和"贷方"的数字所涉及的资金数量是增加还是减少的情况。也就是说,经济业务发生引起的经济项目数据的增减如何通过借贷记账法记入"借方"和"贷方"。为此,借贷记账法假设:对于资产和费用账户,登记在借方的数字表示增加,登记在贷方的数字表示减少;对于负债、所有者权益、收入和利润类账户,登记在借方的数字表示减少,登记在贷方的数字表示增加。通过假设,经济业务发生引起的会计要素增减变化可以对应地记录在账户指标中,并形成对应关系。

第三,表明账户性质。账户性质是指按照经济业务基本要求对会计要素分类的属性。目前,按账户性质分类,会计科目分为资产类、负债类、损益类、成本类、所有者权益类五大类。根据经济项目数据的增减变化,一般假设经济指标的余额在增加方,所以增加方与余额的方向相同。在借贷记账法下,记账符号可以指明账户余额的方向。在一般情况下,资产类账户的余额在借方,负债和所有者权益类账户的余额在贷方,所以记账符号可以表明账户的性质。

二、账户结构

在借贷记账法中,任何账户都分为借方和贷方,记账时,同一个账户的借贷两方必须作相反的记录,即一方用来登记增加,另一方则用来登记减少。究竟哪一方登记增加额,哪一方登记减少额,这就要根据账户所反映的经济内容,也就是根据账户的性质来决定。

(一)资产类账户的结构

反映各项资产的账户称为资产类账户。资产类账户的结构是:账户的借方登记资产的增加额,贷方登记资产的减少额;在一定的会计期间(月、季、年)内,借方登记的增加数额的合计数称为借方发生额,贷方登记的减少数额的合计数称为贷方发生额。在每一会计期末,将借、贷方合计数额相比较,其差额称作期末余额,由于资产的减少额不可能大于它的期初余额与本期增加额之和,所以这类账户期末如有余额,必定在借方。本期的期末余额结转下期,即为下期的期初余额。资产类账户的结构如图4.1所示。

资产类账户

借方		贷方	
期初余额	×××	本期减少额	×××
本期增加额	×××		×××
	×××		……
本期借方发生额	×××	本期贷方发生额	×××
期末余额	×××		

图 4.1　资产类账户的结构示意

资产类账户的"本期借方发生额"为一定会计期间借方登记额(增加)的合计;"本期贷方发生额"为一定会计期间贷方登记金额(减少)的合计;期末余额可根据下列公式计算:

借方期末余额＝借方期初余额＋借方本期发生额－贷方本期发生额

(二)权益(负债、所有者权益)类账户的结构

对该类账户,由于权益项目与资产项目相反,列在会计等式的右边,且资产的增加额记入借方,所以,借贷记账法规定,权益增加记贷方,减少也就必然记借方,增减相抵后的余额也必然在贷方,表明期末权益的实有数额。其账户的基本结构如图4.2所示。

权益类账户

借方			贷方	
本期减少额	×××	期初余额	×××
	×××	本期增加额	×××
	……		×××
本期借方发生额	×××	本期贷方发生额	×××
		期末余额	×××

图 4.2　权益类账户的结构示意

权益类账户的期末余额可根据下列公式计算：

$$贷方期末余额＝贷方期初余额＋贷方本期发生额－借方本期发生额$$

(三)成本类账户的结构

企业在生产经营过程中发生的资金耗费而形成的费用,分别计入产品成本,形成企业资产的费用和直接计入当期损益的期间费用。计入产品成本形成企业资产的费用习惯上称为成本费用,反映这一成本费用的账户称为成本类账户。由于成本费用是企业生产经营过程中资产耗费的转化形态,在没有形成产成品这一最终资产之前,是在产品。所以,成本类账户的结构与资产类账户的结构基本相同。

对该类账户,借方记增加,贷方记减少(或转销),期末经转销后一般无余额。在期末如有尚未完工的在产品,一定有期末借方余额,表示在产品成本。其期末余额的计算公式与资产类账户相同。其账户的基本结构如图 4.3 所示。

成本类账户

借方			贷方	
期初余额	×××	本期减少额	×××
本期增加额	×××		×××
	×××		……
本期借方发生额	×××	本期贷方发生额	×××
期末余额	×××		

图 4.3　成本类账户的结构示意

(四)损益类账户的结构

损益作为企业最终的财务成果,是企业取得的收入和发生的与之配比的费用相抵后的差额。因此,损益类账户又可分为费用类账户和收入类账户两类。

1.费用类账户的结构

费用是要以当期的收入进行抵补的资产耗费,在没有以收入抵补之前,实际上是企业的一种资金运用,所以,费用类账户的结构与资产类账户的结构基本相同。

对该类账户,借方记增加,贷方记减少(或转销、转出),由于与收入相配比的费用要在期末全部转出,以便与收入相抵,因此,该类账户在期末经转销后无余额。其账户基本结构如图 4.4 所示。

费用类账户

借方		贷方	
期初余额	×××	本期减少额	×××
本期增加额	×××	(或转销、转出)	×××
	×××		……
本期借方发生额	×××	本期贷方发生额	×××
期末通常无余额			

图 4.4 费用类账户的结构示意

2.收入类账户的结构

由于收入本身是企业经济利益的流入,在没有对费用进行抵补之前会导致所有者权益的增加,所以,收入类账户的结构与权益类账户的结构基本相同。

对该类账户,借方记减少(或转销),贷方记增加,由于本期实现的收入要于期末全部转出,以便与相配比的费用相抵来确定当期利润或亏损。因此,收入类账户在期末经转销后也无余额。其账户的基本结构如图 4.5 所示。

收入类账户

借方		贷方	
本期减少额	×××	期初余额	×××
(或转销、转出)	×××	本期增加额	×××
……			×××
本期借方发生额	×××	本期贷方发生额	×××
		期末通常无余额	

图 4.5 收入类账户的结构示意

根据对上述账户基本结构的论述,可以概括为以下几点:

第一,"借""贷"两字作为借贷记账法的记账符号,它所表示的含义在不同性质的账户中有所不同。可将其综合归纳为如图 4.6 所示。

第二,资产类账户的余额在借方,权益类账户的余额在贷方,反过来就是:余额在借方的账户就是资产类账户,余额在贷方的账户就是权益类账户。所以,在借贷记账法下,可以根据账户的余额来判断账户的性质。

第三,由于成本类、费用类账户的结构与资产类账户的结构基本相同,收入类账户的结构与权益类账户的结构基本相同,所以,在借贷记账法下,为便于初学者学习和记账,可将账户的基本结构大体分为两大类:资产(资金运用)类账户和权益(资金来源)类账户。

借贷记账法账户基本结构

借方	贷方
资产的增加	资产的减少
成本的增加	成本的减少
费用支出的增加	费用支出的转销
负债的减少	负债的增加
所有者权益的减少	所有者权益的增加
收入的转销	收入的增加

图 4.6　借贷记账法账户基本结构示意

三、记账规则

所谓借贷记账法的记账规则,是指运用"借""贷"记账符号在账户中记录会计事项时所产生的记账模式或规律。

按照复式记账法的要求(对每一笔会计事项在两个或两个以上相互联系的账户中以相等的金额进行记录),根据会计事项引起会计等式变化的四种类型,结合借贷记账法下账户基本结构的原理(对每一会计事项所涉及的账户以借贷相反的方向记录),在借贷记账法下,对于发生的任何一笔会计事项,都必须以相等的金额,借贷相反的方向,在两个或两个以上相互关联的账户中进行登记。结合经济业务的四种变化类型和对借贷记账方法下账户基本结构的分析,不难得出借贷记账法的记账规则:"有借必有贷,借贷必相等。"也就是说,在借贷记账法下,对于任何一项经济业务,都必须同时在两个或两个以上账户进行登记,其中一个(或几个)账户在借方登记,另一个(或几个)账户一定在贷方登记,且记入借方账户的金额与记入贷方账户的金额必定相等。此记账规则是依据以下三个方面的原理来确定的。

(一)复式记账法原理

复式记账法原理规定,对任何一项经济业务都必须在两个或两个以上相互联系的账户中以相等的金额进行登记。这两个或两个以上相互联系的账户是存在对应关系的对应账户,一方登记在借方,另外一方必定在贷方登记,而且金额对应相等。

(二)借贷记账法原理

借贷记账法是以会计恒等式为基本依据来计算每一个账户的经济指标的,登记账户金额时要求对每一个账户中涉及金额的增减必须以相反的方向进行记录。如资产类账户其借方登记金额的增加,而贷方则登记金额的减少。这样,当经济业务发生时,必须在两个或两个以上相互联系的账户中以相反方向进行登记,即一个或几个账户登记在借方,另外一个或几个账户必定在贷方登记,而且金额相等。

(三)对应关系原理

在借贷记账法下,经济业务发生后必然涉及借方和贷方两类账户,这两类账户存在着应借、应贷的关系,这种关系称为账户的对应关系;存在着相互对应关系的账户,称为对应账户。掌握账户的对应关系有利于充分了解会计要素具体内容增减变化的来龙去脉;通过账户对应关系,就可以清楚地了解每一项经济业务的资金流动状况;通过账户对应关系,可以检查经济业务的处理方法是否合理。如已知"库存现金"账户的借方和"银行存款"账户的贷方发生对应关系,据此,就可以知道此项经济业务表示的具体内容是企业从银行提取现金。

运用借贷记账法的记账规则登记经济业务时,一般按以下步骤进行:

(1)分析经济业务事项登记的账户,并判断账户性质。一项经济业务发生后,首先要分析该项经济业务登记的是哪些账户,并判断这些账户的性质,是资产类账户、负债类账户、所有者权益类账户,还是成本类账户、损益类账户。

(2)确定登记账户的金额。

(3)确定登记账户的金额是增加还是减少。在第一步基础上,确定经济业务登记账户的金额是增加还是减少。

(4)确定应记入哪个(或哪些)账户的借方,哪个(或哪些)账户的贷方。根据前面确定的账户及其增减情况,进一步确定应该记入该账户的借方还是贷方。

企业在生产经营过程中发生的经济业务虽然千差万别,但归纳起来不外乎以下四种类型,现以这四种类型的经济业务为例来说明借贷记账法的记账规则。

【例4-4】　光明机械制造有限公司在20××年6月份发生以下几项经济业务,以此分析发生的经济业务所涉及的账户、记账方向及余额。

第一种类型:引起等式两边会计要素同时增加的经济业务。

(1)6月1日收到股东王三追加投入的资本150万元,款项已存入银行。

分析:这项经济业务,涉及资产类的"银行存款"和所有者权益类的"实收资本"两个账户,两者涉及的金额都是增加,按照账户结构规定,资产类账户增加额记入借方,所有者权益类账户增加额记入贷方。因此,这项业务应同时记入"银行存款"账户的借方和"实收资本"账户的贷方,且其金额均为150万元。

资产类账户(增加额)借方──→权益类账户(增加额)贷方。

第二种类型:引起等式两边会计要素同时减少的经济业务。

(2)6月6日以银行存款250 000元归还欠供货单位的购货款。

分析:这项经济业务,涉及资产类的"银行存款"和负债类的"应付账款"两个账户,两者涉及的金额都是减少,按照账户结构规定,资产类账户减少额记入贷方,负债类账户减少额记入借方。因此,这项业务应同时记入"应付账款"账户的借方和"银行存款"账户的贷方,且其金额均为250 000元。

负债类账户(减少额)借方──→资产类账户(减少额)贷方。

第三种类型:引起等式左边会计要素发生增减的经济业务。

(3)6月9日从银行提取现金5 000元备用。

分析:这项经济业务,涉及"库存现金"和"银行存款"两个资产类账户,前者涉及的金额增加,后者涉及的金额减少,按照账户结构规定,资产类账户增加额记入借方、减少额记入贷方。因此,这项业务应同时记入"库存现金"账户的借方和"银行存款"账户的贷方。

资产类账户(增加额)借方──→资产类账户(减少额)贷方。

第四种类型:引起等式右边会计要素发生增减,或会计要素内部一个项目增加、另一个项目减少的经济业务。

(4)6月10日向银行借入短期款项,直接偿还欠供应单位的货款200 000元。

分析:这项经济业务,涉及"短期借款"和"应付账款"两个负债类账户,前者涉及金额的增加,后者涉及金额的减少,按照账户结构规定,负债类账户增加额记入贷方、减少额记入借方。因此,这项业务应同时记入"短期借款"账户的借方和"应付账款"账户的贷方,且其金额相等,均为 200 000 元。

负债类账户(增加额)贷方——负债类账户(减少额)借方。

以上四项经济业务代表了四个类型的经济业务,显然可以得出结论:任何经济业务的发生,不论其涉及哪一类账户,都以相等的金额同时记入一个账户的借方和另一个账户的贷方,也就是以"有借必有贷,借贷必相等"的记账规则来登记账户。其关系如图 4.7 所示。

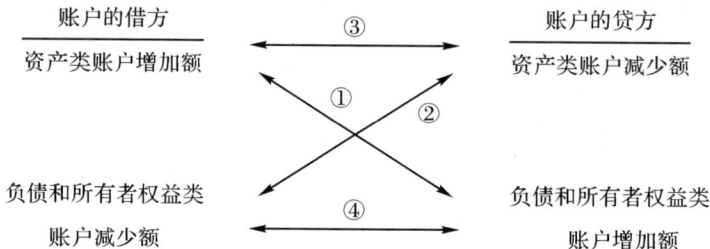

图 4.7 不同类别的账户与借贷方的关系

在实际工作中,经济活动形式多种多样,很多经济业务的对应关系比较复杂,涉及两个以上账户,此时登记账户时同样应遵循"有借必有贷,借贷必相等"的记账规则。例如:

(5)6 月 20 日购入一台不需要安装的设备,价值 480 000 元,其中 300 000 元已经以转账支票付讫,剩余款项尚未支付(暂不考虑增值税)。

分析: 这项经济业务,涉及三个账户,包括"固定资产""银行存款"两个资产类账户和"应付账款"一个负债类账户,其中"固定资产"和"应付账款"账户涉及的金额是增加,而"银行存款"账户涉及的金额是减少,按照账户结构规定,资产类账户增加额记入借方、减少额记入贷方,负债类账户增加额记入贷方。因此,这项业务应记入"固定资产"账户借方 4 800 000 元,同时还应记入"银行存款"账户贷方 300 000 元,"应付账款"账户贷方 180 000 元,借贷方金额相等。

四、会计分录

(一)账户对应关系与会计分录

账户对应关系是指采用借贷记账法时,各项经济业务发生后所登记的账户之间存在一种相互对立而又相互依存的关系,具体表现为所涉及的两个或两个以上账户的应借、应贷关系。发生对应关系的账户称为对应账户。从一个账户的角度来说,与之相对的账户也称为对方账户。如企业在银行取现备用时,登记在"库存现金"账户的借方与"银行存款"账户的贷方,因此"库存现金"与"银行存款"即为相互对应的账户。"库存现金"账户的对方账户是"银行存款"账户;"银行存款"账户的对方账户是"库存现金"账户。

企业日常要发生大量的经济业务,都必须逐笔记入账户,工作量非常大,而且也易发生差错,进而影响企业所提供的会计信息的正确性。所以,在登记账户之前我们必须做好会计信息的整理工作,即填制记账凭证。填制记账凭证是在规定的格式中进行的。为了更好地完成会计教学工作,我们利用会计分录代替记账凭证,也就是说,会计分录的方法一般只有在会计教学中使用。

会计分录可以清晰地反映账户之间的对应关系,一定程度上能防止记账的差错。会计分录是对每项经济业务确定登记的账户名称、记账方向(借或贷)和金额的一种记录形式。

(二)会计分录的格式与编制的基本步骤

会计分录是指按照复式记账的要求,对每项经济业务列示出应借、应贷的账户名称及其金额的一种记录。即在各项经济业务登记到账户之前,都要先根据经济业务的内容,运用借贷记账法的记账规则,确定所涉及的账户及其记账方向和对应金额。

1.会计分录的格式

会计分录的基本格式是:

借:相关账户　　　　　×××(金额)
　　贷:相关账户　　　　　　×××(金额)

2.会计分录编制的基本步骤

编制会计分录一般按下列步骤进行:

(1)考虑经济业务的发生引起了哪几个会计要素的增减变化。

(2)分析具体涉及哪几个账户,并确定哪个账户增加,哪个账户减少,是同时增加还是同时减少。

(3)根据前两步的分析结果和借贷记账法下账户结构的要求,确定记账方向是记入账户的借方还是贷方,并确定金额是多少,编制会计分录。

(4)用"有借必有贷,借贷必相等"的记账规则对编制的会计分录进行检验。

3.会计分录编制举例

下面以前文所举经济业务为例,编制会计分录如下:

(1)借:银行存款　　　　　　　　　　　　　　　　　　　　　1 500 000
　　　　贷:实收资本——王三　　　　　　　　　　　　　　　　　　　1 500 000
(2)借:应付账款　　　　　　　　　　　　　　　　　　　　　　250 000
　　　　贷:银行存款　　　　　　　　　　　　　　　　　　　　　　　250 000
(3)借:库存现金　　　　　　　　　　　　　　　　　　　　　　　5 000
　　　　贷:银行存款　　　　　　　　　　　　　　　　　　　　　　　　5 000
(4)借:应付账款　　　　　　　　　　　　　　　　　　　　　　200 000
　　　　贷:短期借款　　　　　　　　　　　　　　　　　　　　　　　200 000
(5)借:固定资产　　　　　　　　　　　　　　　　　　　　　　480 000
　　　　贷:银行存款　　　　　　　　　　　　　　　　　　　　　　　300 000
　　　　　　应付账款　　　　　　　　　　　　　　　　　　　　　　　180 000

(三)会计分录的种类

编制会计分录的基本原则是明确账户对应关系,理顺经济业务资金的来龙去脉。会计分录按所涉及的账户数量多少,可以分为简单会计分录和复合会计分录。其中,简单会计分录,是指涉及的账户数量只有两个,也就是一个账户的借方与另一个账户的贷方发生对应关系的会计分录,即一借一贷的会计分录。复合会计分录,是指涉及的账户数量在两个以上,也就是一个账户的借方与另外几个账户的贷方发生对应关系的会计分录,即多借一贷的会计分录；几个账户的借方和几个账户的贷方发生对应关系的会计分录，即多借多贷的会计分录。企业编制符合要求的会计分录，可以全面、集中地反映经济业务的全貌，简化记账手续，提高工作效率。

五、试算平衡

借贷记账法还有一项功能就是自动检查记账准确性，这就是试算平衡功能。企业在期末对账过程中，为了检查账户记录是否正确，一般采取编制试算平衡表的方式，根据会计等式的平衡原理，按照记账规则的要求，通过汇总、计算和比较，予以检查、了解记录的准确性。

经济业务发生后，运用借贷记账法的记账规则，对每一项发生的经济业务分别记入有关账户的借方和贷方，借贷两方的发生额必然相等，因此全部账户的借方发生额合计与贷方发生额合计也必然相等。因而，全部账户的借方期末余额合计数与贷方期末余额合计数也必然相等。这就形成了一系列平衡关系，主要包括以下三个方面：

(1)全部账户期初借方余额合计数＝全部账户期初贷方余额合计数；
(2)全部账户本期借方发生额合计数＝全部账户本期贷方发生额合计数；
(3)全部账户期末借方余额合计数＝全部账户期末贷方余额合计数。

期末可以依据上述等式编制总分类账户期末余额试算平衡表和本期发生额试算平衡表，或合并编制总分类账户的期初、期末余额和本期发生额试算平衡表，进行试算平衡，以此来检查账户记录的正确性。试算平衡表编制步骤如下：①将企业各账户的期初余额逐一登记在试算平衡表的期初余额栏目；②根据企业本期发生的经济业务编制会计分录；③将本期各账户期初余额和本期发生额分别记入各账户的 T 形账户中，并计算出期末余额；④将各账户本期借方发生额合计数和贷方发生额合计数及期末余额登记进入试算平衡表；⑤计算出试算平衡表所有账户本期全部借方发生额合计数、所有账户本期全部贷方发生额合计数和所有账户余额合计数。最后，看看发生额与余额是否相等。下面举例说明试算平衡表的编制。

假设某企业有关账户的期初余额如表 4.1 所示，本期发生额可参见下文所述。

表 4.1　账户期初余额表　　　　　　　　　　　　　　　单位：元

账户名称	借方余额	账户名称	贷方余额
库存现金	80 000	短期借款	40 000
银行存款	2 000 000	应付账款	900 000
应收账款	800 000	实收资本	3 000 000
原材料	600 000	盈余公积	1 400 000
库存商品	360 000		
固定资产	1 500 000		
合计	5 340 000	合计	5 340 000

为了编制试算平衡表，可先将本期发生的经济业务计入有关账户，并计算出各账户的期末余额，如图 4.8 所示。

银行存款

期初余额 2 000	250 000
1 500 000	5 000
	300 000
期末余额 2 945 000	

短期借款

	期初余额 40 000
	200 000
	期末余额 240 000

实收资本

	期初余额 3 000 000
	1 500 000
	期末余额 4 500 000

应付账款

250 000	期初余额 900 000
200 000	180 000
	期末余额 630 000

库存现金

期初余额 80 000	5 000
期末余额 85 000	

固定资产

期初余额 1 500 000	
480 000	
期末余额 1 980 000	

图 4.8　有关账户发生额及余额

根据以上资料编制总分类账户发生额试算平衡表和总分类账户余额试算平衡表,如表 4.2、表 4.3 所示。

表 4.2　总分类账户发生额试算平衡表

20××年 6 月 30 日　　　　　　　　　　　　　　　　　　　　　　　　单位:元

账户名称	本期发生额	
	借方	贷方
银行存款	1 500 000	555 000
库存现金	5 000	
固定资产	480 000	
短期借款		200 000
应付账款	450 000	180 000
实收资本		1 500 000
合计	2 435 000	2 435 000

表 4.3　总分类账户余额试算平衡表

20××年 6 月 30 日　　　　　　　　　　　　　　　　　　　　　　　　单位:元

账户名称	期末余额	
	借方	贷方
库存现金	85 000	

续　表

账户名称	期末余额	
	借方	贷方
银行存款	2 945 000	
应收账款	800 000	
原材料	600 000	
库存商品	360 000	
固定资产	1 980 000	
短期借款		240 000
应付账款		630 000
实收资本		4 500 000
盈余公积		1 400 000
合计	6 770 000	6 770 000

在实际工作中,还可以将总分类账户发生额试算平衡表和总分类账户余额试算平衡表合并在一起,并结合各账户的期初余额,编制总分类账户发生额及余额试算平衡表(见表 4.4)。在一张表上既可以进行总分类账户借贷发生额平衡的试算,又能进行总分类账户借贷余额平衡的试算。

表 4.4　总分类账户发生额及余额试算平衡表

20××年 6 月 30 日　　　　　　　　　　　　　　　　　　　　　　　　　单位:元

账户名称	期初余额		本期发生额		期末余额	
	借方	贷方	借方	贷方	借方	贷方
库存现金	80 000		5 000		85 000	
银行存款	2 000 000		1 500 000	555 000	2945 000	
应收账款	800 000				800 000	
原材料	600 000				600 000	
库存商品	360 000				360 000	
固定资产	1 500 000		480 000		1980 000	
短期借款		40 000		200 000		240 000
应付账款		900 000	450 000	180 000		630 000
实收资本		3 000 000		1 500 000		4 500 000
盈余公积		1 400 000				1 400 000
合计	5 340 000	5340 000	2435 000	243500	6770 000	6770000

必须指出的是,如果发生额或余额借贷方金额不相等,则表明账户记录有错误。但即使发生额或余额借贷方金额相等,也不足以说明账户记录完全正确,因为如果出现漏记或重记

某项经济业务、借贷方向颠倒等情况,并不能通过试算平衡发现。因此,试算平衡的结果只能确认账户记录基本正确。

【复习思考题】

1.什么是复式记账法?它有什么特点?

2.什么是借贷记账法?包括哪些基本内容?

3.什么是借贷记账法的试算平衡?有哪几种编制方法?

4.试说明借贷记账法下记账符号和账户结构。

【测一测】

在线测试

第五章

制造业企业主要经济业务的核算

■■■ 学习目标

通过本章的学习,要求掌握资金筹集业务的核算、供应过程业务的核算、生产过程业务的核算、销售过程业务的核算以及利润形成与分配业务的核算。

■■■ 关键知识点

材料采购费用的分配、产品生产成本的核算、利润分配的核算。

■■■ 案例导入

金先生创办了一家制造业公司,投资 50 万元,因为公司业务较少,且为了节省开支,他决定不聘用会计,由自己记账。2018 年年末公司创办时没有发生任何业务,除了记录自己投入的银行存款 50 万元之外,没有其他账簿记录。2019 年公司取得收入 90 000 元,支付各种办公费 30 000 元,购置了计算机等机器设备 5 000 元,公司场地租金 15 000 元,支付人员工资 40 000 元,王先生只是记了银行存款日记账,公司现在的账面余额仍然是 50 万元。他认为没有赚钱所以没有交税,2020 年 1 月税务局检查认为该公司账目混乱,有偷税的嫌疑。

■■■ 思 考

1.你认为金先生是否有偷税的嫌疑?

2.金先生的账务处理正确吗?

3.具体的经济业务该怎样处理呢?

第一节　制造业企业主要经济业务核算概述

一、制造业企业主要经济业务核算的意义

制造业企业是按照社会主义市场经济体制的要求面向市场,独立核算,自负盈亏,自我积累,自我发展的产品制造企业。在我国,制造业企业的基本任务是努力增加产品产量,提高产品质量,扩大花色品种,满足市场需求,加强企业管理,进行技术改造,减少活劳动和物化劳动耗费,降低成本,增加盈利,提高经济效益,为发展社会主义市场经济积累更多的资金。为了完成上述任务,制造业企业必须以经济效益为中心,做好各方面工作,增强自我改造和自我发展能力;能够正确组织经营过程中的核算工作,利用会计资料,加强会计管理,规范企业生产经营行为;能够及时、正确地提供反映实际生产经营情况的各种数量指标和质量指标。

二、制造业企业的主要经济业务的内容

制造业企业为了进行生产经营活动,必须拥有一定数量的财产物资,在生产过程中财产物资的货币表现就是资金。随着生产经营活动的正常进行,资金以"货币资金—储备资金—生产资金—成品资金—货币资金"的形式不断循环运动。制造业企业的主要经济业务包括下述几个方面。

(一)资金筹集过程

"巧妇难为无米之炊",开门七件事,柴、米、油、盐、酱、醋、茶,家庭如此,企业亦如此,没有资金将一事无成。所以,筹集资金是企业一切活动的前提。企业为了开展经营生产活动,必须筹集到足够的资金。企业筹集到的资金最初一般表现为货币资金形态,也可以说,货币资金形态是资金运动的起点。

(二)供应过程

企业筹集到的资金首先进入供应过程。供应过程是企业产品生产的准备过程,在这个过程中,企业用货币资金购买所需机器设备等劳动资料形成固定资产,购买原材料等劳动对象形成储备资金,为生产产品做好物资上的准备,货币资金由此分别转化为固定资产形态和储备资金形态。因而,供应过程的主要核算内容是用货币资金(或形成结算债务)购买原材料和购置固定资产的业务,包括支付材料价款和税款、发生采购费用、计算采购成本、材料验收入库结转成本以及购建固定资产等业务,完成了供应过程的核算内容,为生产产品做好各项充分准备后,便进入生产过程。

(三)生产过程

生产过程是制造业企业经营过程的中心环节。在生产过程中,劳动者借助劳动资料对劳动对象进行加工,生产出各种各样适销对路的产品,以满足社会的需要。生产过程既是产品的制造过程,又是物化劳动和活劳动的耗费过程,即费用、成本的发生过程。从消耗或加

工对象的实物形态及其变化过程来看,原材料等劳动对象通过加工形成在产品,随着生产过程的不断推进,在产品终究要转化为产成品;从价值形态来看,生产过程中发生的各种耗费,形成企业的生产费用,具体而言,生产产品要耗费材料形成材料费用,耗费活劳动形成工资及福利等费用,使用厂房、机器设备等劳动资料形成折旧费用等,生产过程中发生的这些生产费用总和构成了产品的生产成本(或称制造成本)。其资金形态从固定资产、储备资金和一部分货币资金形态转化为生产资金形态,随着生产过程的不断推进,产成品生产出来并验收入库之后,其资金形态又转化为成品资金形态。可见,生产费用的发生、归集和分配,以及完工产品生产成本的计算等就构成了生产过程核算的基本内容。

(四)销售过程

销售过程是企业产品进入流通领域,实现产品价值的过程。在销售过程中,企业要将制造完工的产成品及时地销售给购买单位,按销售价格收取货款,形成产品的销售收入,同时,为了销售产品还会发生一定的产品销售费用。此外,在销售过程中,企业还应按照国家税法的规定计算并交纳销售税金。企业的产品销售收入扣除产品销售成本、产品销售费用和产品销售税金及附加后的差额,即为产品销售利润或亏损。因此,销售过程核算的主要内容有:销售收入的确认、货款的结算、销售费用的发生、销售税金及附加的交纳、销售成本的结转等。

(五)利润形成及分配过程

对于制造业企业而言,生产并销售产品其主要的经营业务即主营业务,但还不是其全部业务。除主营业务之外,制造业企业还要发生一些其他诸如销售材料、出租固定资产等业务;在对外投资活动过程中还会产生投资损益,在非营业活动中产生营业外收支净额等。这些业务内容综合在一起,就形成了制造业企业会计核算的全部内容。企业在生产经营过程中所获得的各项收入遵循配比原则抵偿了各项成本、费用之后的差额,便形成企业的所得即利润。企业实现的利润,一部分要以所得税的形式上交国家,形成国家的财政收入;另一部分即税后利润,则要按照规定的程序在各有关方面进行合理分配。如果是发生了亏损,还要按照规定的程序进行弥补。通过利润分配,一部分资金要退出企业,一部分资金要以留存收益等形式继续参与企业的资金周转。

第二节　资金筹集过程的核算

一、资金筹集的主要内容及方式

对于任何一个企业而言,形成的资金来源主要有两条渠道:一是投资人的投资及其增值,形成投资人的权益,该部分业务可以称为权益资金筹集业务;二是债权人借入的,形成债权人的权益,该部分业务可以称为负债资金筹集业务。投资者投入的资金称为所有者权益,也叫自有资金(或权益资本),这部分资本的所有者既享有企业的经营收益,也承担企业的经营风险;从债权人借入的资金称为负债,也叫借入资金(或称债务资本),这部分资本的所有者享有按约收回本金和利息的权利。在会计上,一般将债权人的要求权和投资人的要求权统称为权益。但是,这两种权益又存在着一定的区别,即二者性质不同、是否需要偿还和偿还期限不同、享受的权利不同、对象不同。企业的所有者权益是与投资人的投资行为相伴而生的,企业的生产所有者对企业的生产经营活动承担着最终的风险,同时,也享有最终的权益。

二、投资者投入资本的核算

(一)投入资本核算的内容

投入资本,是指企业的投资者实际投入企业经营活动的各种财产物资。它反映了企业的不同所有者通过投资而投入企业的资金。按照《中华人民共和国公司法》的规定,投入资本按投资主体不同,可以分为国家资本金、法人资本金、个人资本金和外商资本金等。

袋里有粮
心里不慌
——筹资
业务核算(1)

投资者投入的资本主要包括实收资本(或股本)和资本公积。

实收资本(或股本)是指企业的投资者按照企业章程、合同或协议的约定,实际投入企业的资本金以及按照有关规定由资本公积、盈余公积等转增资本的资金。

资本公积是企业收到投资者投入的超出其在企业注册资本(或股本)中所占份额的投资,以及直接计入所有者权益的利得和损失等。

【解释】 投资者投入企业的资本,一般情况下与企业收到的资本数额是完全相同的。但在一些特殊情况下,如溢价发行股票,投资者投入的资本数额就会大于注册资本,其差额部分就不能作为实收资本,而应作为资本公积单独核算。资本公积是企业所有者权益的重要组成部分,主要用于转增资本。

(二)投资者投入资本设置的主要账户

1.“实收资本”(“股本”)账户

该账户的性质属于所有者权益类,用以核算按照企业章程的规定,投资者投入企业的资本(股份有限公司为股本)。

该账户的贷方登记所有者投入企业资本金的增加额,借方登记所有者投入企业资本金的减少额。期末余额在贷方,反映企业期末实收资本(或股本)总额。除企业将资本公积、盈余公积转作资本外,“实收资本”或“股本”数额一般情况下不能随意变动。该账户应按投资人、投资单位设置明细分类账户(见图 5.1)。

借方	实收资本(股本)	贷方
投入资本的减少	收到投资者投入资本	
	期末投入资本的实有数额	

图 5.1　实收资本的账户结构

2.“资本公积”账户

该账户的性质属于所有者权益类,是用来核算企业收到投资者出资额超过其在注册资本或股本中所占份额的部分,以及直接计入所有者权益的利得和损失。

该账户的借方登记资本公积的减少额,贷方登记资本公积的增加额。期末余额在贷方,反映企业期末资本公积的结余数额。该账户可按资本公积的来源不同,分别设置“资本溢价

（或股本溢价）""其他资本公积"进行明细核算（见图5.2）。

借方	资本公积	贷方
资本公积的减少额	登记实际收到投资者出资超过其在注册资本或股本中所占份额的部分	
	期末投入资本的实有数额	

图 5.2　资本公积的账户结构

3."银行存款"账户

该账户的性质属于资产类账户，用以核算企业存入银行或其他金融机构的各种款项，但是银行汇票存款、银行本票存款、信用卡存款、信用证保证金存款、存出投资款、外埠存款等，通过"其他货币资金"账户核算。

该账户的借方登记存入的款项，贷方登记提取或支出的存款。期末余额在借方，反映企业存在银行或其他金融机构的各种款项。该账户应当按照开户银行、存款种类等设置明细分类账户（见图5.3）。

借方	银行存款	贷方
存入的款项	提取或支出的存款	
银行存款的实有数额		

图 5.3　银行存款的账户结构

(三)投资者投入资本的账务处理

企业应按照企业章程、合同、协议或有关规定，根据实际收到的货币、实物及无形资产的价值来确认投入资本。

1.收到货币资金的投资

对于以货币资金投资的，应以实际收到或者存入企业开户银行的金额，借记"银行存款"账户，按在注册资本中应享有的份额，贷记"实收资本"账户，对于投入的货币资金超过其在注册资本中所占份额的部分，应当记入"资本公积"账户。

【例5-1】　A公司、B公司共同出资设立飞鹰有限责任公司（简称飞鹰公司），注册资本为800 000元。A公司出资300 000元，B公司出资500 000元，款项已汇入飞鹰公司账户。

借：银行存款　　　　　　　　　　　　　　　　　　　　　　　800 000
　　贷：实收资本——A公司　　　　　　　　　　　　　　　　　300 000
　　　　　　　　——B公司　　　　　　　　　　　　　　　　　500 000

【例5-2】　一年后，飞鹰公司为扩大经营规模，经批准注册资本增加到1 000 000元，并吸引C公司加入。按照投资协议，C公司需投入货币资金260 000元，享有注册资本的20%，款项已收存银行。

借：银行存款　　　　　　　　　　　　　　　　　　　　　　　260 000
　　贷：实收资本——C公司　　　　　　　　　　　　　　　　　200 000

- 58 -

　　　资本公积——资本溢价　　　　　　　　　　　　　　　　　　　60 000

　　2.接受非货币资金投资

　　企业接受非货币资金投资时,应按投资合同或协议约定的价值确定非货币资产的成本(但合同或协议约定价值不公允的除外)和在注册资本中应享有的份额,借记"固定资产""无形资产""原材料"等账户,对于投资合同或协议约定的价值超过其在注册资本中所占份额的部分,应当记入"资本公积"账户。

　　【例5-3】　飞鹰公司收到翔天公司作为资本投入的一批原材料,合约确认其价值为250 000元,暂不考虑增值税等其他因素。假设双方约定此价值即为投资者在本企业注册资本中所占份额。

　　借:原材料　　　　　　　　　　　　　　　　　　　　　　　　　250 000
　　　贷:实收资本——翔天公司　　　　　　　　　　　　　　　　　　250 000

　　【例5-4】　飞鹰公司收到长江公司投资专利权一项作为资本投入,经确认价值为100 000元,暂不考虑增值税等其他因素。

　　借:无形资产——专利权　　　　　　　　　　　　　　　　　　　100 000
　　　贷:实收资本——长江公司　　　　　　　　　　　　　　　　　　100 000

三、借入资金的核算

(一)借入资金设置的主要账户

1."短期借款"账户

该账户的性质属于负债类,用来核算企业向银行或其他金融机构借入的偿还期限1年以内(含1年)或超过1年的一个营业周期以内的各种借款。

该账户的贷方登记企业借入的各种借款;借方登记企业归还的各种借款。其贷方余额表示企业尚未归还的各种短期借款。该账户可按借款种类、贷款人和币种设置明细分类账户(见图5.4)。

借方	短期借款	贷方
归还的短期借款本金	借入的短期借款本金	
	期末尚未归还的短期借款本金	

图5.4　短期借款的账户结构

2."长期借款"账户

该账户的性质属于负债类账户,用来核算企业向银行或其他金融机构借入的偿还期限在1年以上(不含1年)的各种借款本金、应计利息及归还本息情况。

该账户的贷方登记借款的本金及每期计提的利息,借方登记归还的本息。期末贷方余额反映的是尚未归还的借款本息(见图5.5)。

袋里有粮
心里不慌
——筹资
业务核算(2)

借方	长期借款	贷方
偿还本金和利息	取得借款的本金和每期计提的利息	
	期末尚未归还的借款本金和利润	

图 5.5　长期借款的账户结构

3."财务费用"账户

该账户的性质属于损益类,用来核算企业为筹集生产经营所需资金而发生的各项费用,包括银行借款的利息支出(减存款利息收入)、汇兑损益以及相关手续费、企业发生的现金折扣或收到的现金折扣等。

该账户的借方登记发生的各项财务费用,贷方登记冲减的财务费用和期末转入"本年利润"账户的财务费用,经结转后,该账户期末没有余额。该账户按照费用项目设置明细账户,进行明细分类核算(见图 5.6)。

借方	财务费用	贷方
筹集资金发生的利息、手续费	①存款利息收入、汇兑收益 ②期末转入本年利润	

图 5.6　财务费用的账户结构

4."应付利息"账户

该账户的性质属于负债类账户,用来核算企业按照合同约定应支付的利息,包括吸收存款、分期付息到期还本的长期借款、企业债券等应支付的利息。

该账户的贷方登记企业按合同利率计算确定的应付未付利息;借方登记归还的利息;期末贷方余额反映企业应付未付的利息。该账户可按存款人或债权人设置明细分类账户(见图 5.7)。

借方	应付利息	贷方
归还的利息	计提的应付未付利息	
	期末应付未付的利息	

图 5.7　应付利息的账户结构

(二)借入资金的账务处理

企业在生产经营过程中,由于周转资金不足,可以向银行或其他金融机构借款,以补充资本的不足。借入资金按偿还期不同,分为短期借款和长期借款。

企业从银行或其他金融机构借入的款项,必须与贷款单位按借款规定办理借款手续,支付借款利息,到期归还借款本金。借入资金核算内容包括:取得借款、借款利息的处理、到期归还借款本金等。

1.短期借款的账务处理

短期借款是指向银行或其他金融机构借入的偿还期限在1年以内(含1年)或超过1年

的一个营业周期以内的各种借款。一般情况下企业取得短期借款是为了维持正常的生产经营活动或是为了抵偿债务,如购买材料、偿付债务等。

(1)企业取得短期借款本金时,应当借记"银行存款"账户,贷记"短期借款"账户;

(2)关于短期借款利息,分成两种情况:

第一种,每期不计提利息,直接支付。如利息一次性到期支付,或利息每期期末直接支付。

第二种,按期计提,定期支付。按照权责发生制要求,应当按月计提利息。所以企业一般都是按月计提,并于季末一次性支付。因此,计提时,按计提当月应负担的借款利息,借记"财务费用"账户,贷记"应付利息"账户;实际支付时,按已计提的利息金额借记"应付利息"账户,按实际支付利息金额与预提数差额(尚未提取部分),借记"财务费用"账户,按实际支付利息金额,贷记"银行存款"账户。

(3)归还借款本金时,借记"短期借款"账户,贷记"银行存款"账户。

【例5-5】　飞鹰公司1月1日从银行借入一笔短期借款10 000元,期限是半年,年利率是6%,利息到期直接支付,不预提。

(1)1月1日借入短期借款本金:

借:银行存款　　　　　　　　　　　　　　　　　　　　　　　　10 000
　　贷:短期借款　　　　　　　　　　　　　　　　　　　　　　　10 000

(2)6月30日偿还本金并一次性支付所有利息:

利息费用(半年)=10 000×6%/2=300(元)

借:财务费用　　　　　　　　　　　　　　　　　　　　　300(利息)
　　短期借款　　　　　　　　　　　　　　　　　　　　10 000(本金)
　　贷:银行存款　　　　　　　　　　　　　　　　　　　　　　　10 300

【例5-6】　承【例5-5】,利息结算方式改为利息按月计提,即每月末计提,到期一次性偿还本息。

(1)1月1日借入短期借款本金:

借:银行存款　　　　　　　　　　　　　　　　　　　　　　　　10 000
　　贷:短期借款　　　　　　　　　　　　　　　　　　　　　　　10 000

(2)1、2、3、4、5月每月月底计提如下利息:

每月利息金额=10 000×6%/12=50(元)

借:财务费用　　　　　　　　　　　　　　　　　　　　　　　　　　50
　　贷:应付利息　　　　　　　　　　　　　　　　　　　　　　　　　50

(3)6月30日,需要做以下三项会计处理:①直接支付6月利息(不用计提);②支付前5个月已计提的利息;③归还本金:

借:短期借款　　　　　　　　　　　　　　　10 000(归还本金)
　　应付利息　　　　　　　　　　　　　250(支付前5个月已计提的利息)
　　财务费用　　　　　　　　　　　　　　　50(支付6月利息)
　　贷:银行存款　　　　　　　　　　　　　　　　　　　　　　　10 300

【例5-7】　飞鹰公司于1月1日向银行借入期限为9个月、年利率为6%的短期借款100 000元,已存入银行。利息按月计提,按季支付。

(1)1月1日借入款项时:

借:银行存款　　　　　　　　　　　　　　　　　　　100 000
　　贷:短期借款　　　　　　　　　　　　　　　　　　　100 000

(2)1、2月末计提当月利息时:

借:财务费用　　　　　　　　　　　　　　　　　　　　500
　　贷:应付利息　　　　　　　　　　　　　　　　　　　500

(3)3月末支付1—3月利息时:

借:应付利息　　　　　　　　　　　　　　　　　　　1 000
　　财务费用　　　　　　　　　　　　　　　　　　　　500
　　贷:银行存款　　　　　　　　　　　　　　　　　　1 500

(4)4—6月、7—9月利息处理同上。

(5)9月末归还借款本金时:

借:短期借款　　　　　　　　　　　　　　　　　　100 000
　　贷:银行存款　　　　　　　　　　　　　　　　　100 000

2.长期借款的账务处理

长期借款是指向银行或其他金融机构借入的期限在1年以上或超过1年的一个营业周期以上的各种借款。一般来说,企业借入长期款项,主要是为了扩充生产经营规模而购入大型设备、购置厂房等需要。

企业借入长期借款,应按实际收到的金额借记"银行存款"科目,按借款本金贷记"长期借款——本金"科目,如存在差额,还应借记"长期借款——利息调整"科目。

资产负债表日,应按确定的长期借款的利息费用,借记"在建工程""制造费用""财务费用""研发支出"等科目,按确定的应付未付利息,贷记"应付利息"科目,按其差额,贷记"长期借款——利息调整"等科目。因长期借款的利息处理难度较大,在基础会计中不具体讲解利息费用的账务处理。

【例5-8】 飞鹰公司取得为期两年的借款2 000 000元,款项已存入银行。

借:银行存款　　　　　　　　　　　　　　　　　　2 000 000
　　贷:长期借款　　　　　　　　　　　　　　　　　2 000 000

第三节　　供应过程的核算

我们一般将企业的生产经营过程划分为供应过程、生产过程、销售过程和利润的形成与分配过程。在企业经营过程的不同阶段,资金运动的方式和表现的形态也不同,相应地核算的内容也就不同。

供应过程是制造业企业生产经营过程的第一阶段,为了保证生产活动的正常进行,企业必须建造厂房、建筑物,购置机器设备;并进行材料采购,为企业生产产品准备各种材料物资。因此,在供应过程中涉及的生产经营业务主要划分为两种,一种是材料采购,另一种是购建固定资产。

一、材料采购的核算

供应过程业务的其中一项主要内容是采购原材料,并与销货方办理货款结算;确定材料采购成本,并将材料验收入库。企业要进行正常的生产经营,就必须购买和储备一定数量的原材料。材料是指直接用于制造产品并构成产品实体,或有助于产品形成但不构成产品实体的物品。材料包括原料及主要材料、辅助材料、外购半成品、修理用备件、包装材料、燃料等。

(一)材料采购成本的确定

在材料采购核算过程中,一个非常重要的问题就是原材料成本的确定,包括取得原材料成本的确定和发出原材料成本的确定。按照《企业会计制度》的规定,原材料的日常收发及结存,可以采用实际成本核算,也可以采用计划成本核算,具体采用哪一种方法,由企业根据自身具体情况决定。在基础会计中我们只按实际成本进行核算。

巧妇难为无米之炊——供应过程业务核算(1)

企业取得原材料的来源主要有外购材料、自制材料、委托加工材料和材料盘盈等。不同方式取得的原材料,其成本的确定方法不同,成本构成内容也不同。本书只讨论以外购方式取得材料的核算方法。外购的原材料,其实际采购成本由以下几项内容组成:

(1)买价,指购货发票所注明的货款金额。

(2)采购费用,指采购过程中发生的运输费、包装费、装卸费、保险费、仓储费等。

(3)材料在运输途中发生的合理损耗。

(4)材料入库之前发生的挑选整理费用。

(5)按规定应计入材料采购成本中的各种税金。如购入材料支付的关税、消费税、资源税以及小规模纳税人支付的增值税等税金。需要指出的是,一般纳税人购入材料支付的增值税进项税额,只要取得了增值税专用发票等法定抵扣凭证,则不计入所购材料成本,而应作为进项税额单列入账。

(6)其他费用,如大宗物资的市内运杂费等。这里需要注意的是市内零星运杂费、采购人员的差旅费以及采购部门的经费等不构成材料的采购成本,而是计入期间费用。

以上材料的采购成本,除材料买价属于直接费用,应直接计入材料采购成本外,其余采购费用凡能分清是某种材料直接负担的应直接计入各种材料采购成本,不能分清的,应按材料的重量、买价、体积等比例,采用一定的方法分配计入各种材料采购成本。实务中,企业可将发生的运输费、装卸费、保险费以及其他可归属于采购成本的费用等先进行归集,期末再按照所购材料的存销情况进行分摊。

(二)材料采购设置的主要账户

1.“原材料”账户

该账户的性质属于资产类,用以核算企业库存的各种材料,包括原料及主要材料、辅助材料、外购半成品(外购件)、修理用备件(备品备件)、包装材料、燃料等的计划成本或实际成本。企业收到来料加工装配业务的原料、零件等,应当设置备查簿进行登记。

该账户的借方登记已验收入库材料的成本,贷方登记发出材料的成本。期末余额在借

方,反映企业库存材料的计划成本或实际成本。该账户可按材料的保管地点(仓库),材料的类别、品种和规格等设置明细分类账户(见图5.8)。

借方	原材料	贷方
验收入库材料的实际成本		发出材料的实际成本
期末库存材料的实际成本		

图5.8 原材料的账户结构

2."材料采购"账户

该账户的性质属于资产类,用来核算企业采用计划成本法进行材料日常核算而购入材料的采购成本。材料按计划成本核算的企业,应设置此科目。

该账户的借方登记企业采用计划成本进行核算时,采购材料的实际成本以及材料入库时结转的节约差异;贷方登记验收入库材料的计划成本以及材料入库时结转的超支差异。期末余额在借方,反映在途材料的采购成本。该账户可按材料品种设置明细分类账户。在基础会计中不讲解采用计划成本法进行材料供应的核算(见图5.9)。

借方	材料采购	贷方
购入材料的实际成本和结转入库材料的实际成本小于计划成本的节约差异		入库材料的计划成本和结转入库材料的实际成本大于计划成本的超支差异

图5.9 材料采购的账户结构

3."在途物资"账户

该账户的性质属于资产类,用来核算企业采购材料的买价和采购费用,并据以计算确定材料采购成本。材料按实际成本核算的企业,应设置此科目。

该账户的借方登记购入材料的买价和采购费用;贷方登记验收入库材料物资的实际采购成本。期末余额在借方,表示尚未运达企业或者已经运达企业但尚未验收入库的在途材料的成本。"在途物资"账户应按材料种类设置明细分类账户(见图5.10)。

借方	在途物资	贷方
购入材料物资的买价和采购费用		验收入库材料物资的实际成本
期末在途材料的实际成本		

图5.10 在途物资的账户结构

4."应交税费"账户

该账户属于负债类账户,用以核算企业按照税法等规定计算应交纳的各种税费,包括增值税、消费税、所得税、资源税、土地增值税、城市维护建设税、房产税、城镇土地使用税、车船税、教育费附加、矿产资源补偿费等。企业代扣代缴的个人所得税,也通过本账户核算。

该账户贷方登记各种应交未交税费的增加额,借方登记实际交纳的各种税费。期末余

— 64 —

额在贷方,反映企业尚未交纳的税费;期末余额在借方,反映企业多交或尚未抵扣的税费。

【补充】 增值税是以商品(含应税劳务和应税服务)在流转过程中产生的增值额作为征税对象而征收的一种流转税。我国现行的增值税种类属于消费型增值税,增值税应纳税额的计算采用的是间接计算法,即不直接根据增值额计算增值税,而是首先计算出应税货物、劳务和服务的整体税负(可以简单理解为增值税销项税额,不含税销售额乘以适用税率,现行税率有13%、9%和6%三档,制造业行业的税率多为13%),然后从整体税负中扣除法定的外购项目已纳税款(可以简单理解为增值税进项税额,不含税采购价乘以适用税率)。这是实行增值税的国家广泛采用的计税方法。

比如,水果制品行业甲企业销售水果制品不含税售价 200 万元,则增值税销项税额为 $200×13\%=26$(万元),简单认为,本期其外购项目仅有采购材料 100 万元,则增值税进项税额为 $100×13\%=13$(万元),金额为 $(200-100)×13\%=13$(万元),即销项税额减去进项税额$=26-13=13$(万元)。

对于增值税,"应交税费"账户可按应交的税费项目进行明细核算(见图 5.11)。

应交税费——应交增值税(进项税额)

        ——应交增值税(销项税额)

        ——应交增值税(已交税金)

本期应交纳的增值税=本期销项税额-本期进项税额。

借方	应交税费	贷方
实际交纳的各种税费	应上交而尚未交纳的各种税	
多交或尚未抵扣的税费	期末尚未交纳的税费	

图 5.11 应交税费的账户结构

5."应付账款"账户

该账户的性质属于负债类,用于核算企业因购买材料、商品和接受劳务等而发生的应付未付的款项。

该账户的贷方登记债务的增加,借方登记债务的偿还,期末贷方余额表示尚未清偿的债务。该账户可按债权人(供应单位)名称设置明细分类账户(见图 5.12)。

借方	应付账款	贷方
本期归还的应付款	本期增加的应付账款	
	尚未清偿的应付款项	

图 5.12 应储账款的账户结构

6."应付票据"账户

该账户的性质属于负债类,是用来核算企业因购买材料、商品和接受劳务等开出、承兑的商业汇票,包括银行承兑汇票和商业承兑汇票。

该账户的贷方登记企业开出、承兑的商业汇票,借方登记到期支付或无力支付的商业汇票。期末余额在贷方,反映企业尚未到期的商业汇票的票面金额(见图 5.13)。

借方	应付票据	贷方
本期偿付的应付票据	本期增加的应付票据	
	期末尚未到期的应付票据	

图 5.13　应付票据的账户结构

7."预付账款"账户

该账户的性质属于资产类,用来核算企业因购买材料、商品和接受劳务按照合同规定预付给供应单位的款项。

该账户的借方登记因购货而预付或补付给供应单位的款项;贷方登记收到供应单位提供的材料等物资而应冲销的预付款或退回的预付款。期末余额一般在借方,表示实际预付的款项;若期末余额在贷方,反映企业尚需补付的款项。预付款项不多的企业也可不设该账户,将预付的款项直接记入"应付账款"账户核算。该账户可按供应单位的名称设置明细分类账户(见图 5.14)。

借方	应付票据	贷方
向供应单位预付的货款及补付的货款	核销的预付货款及退回多余的货款	
期末尚未结算的预付货款		

图 5.14　应付票据的账户结构

(三)材料采购的账务处理

企业向供应单位购买材料,由于距离采购地点的远近不同、货款结算方式不同、可能会出现材料入库时间与货款结算时间不一致。若支付货款和材料入库同时完成,则该材料按实际采购成本记入"原材料"账户;若货款已支付,但材料尚未验收入库,则该材料按实际采购成本先记入"在途物资"账户,待材料验收入库时再转入"原材料"账户。

在计算材料的采购成本时,需区分两种情况:一是一次只购买了一种材料,其采购成本就等于该材料的买价加上采购费用;二是一次购买了多种材料,并共同支付了采购费用。则需要将采购费用按一定的标准在各种材料之间进行分配(可以按材料的重量比例或买价比例等进行分配),再将每种材料的买价加上应负担的采购费用来计算各种材料的采购成本。以下按材料是否验收入库的两种情况来分别处理。

1.材料已验收入库的账务处理

如果货款已经支付,发票账单已到,材料已验收入库,按支付的实际金额,借记"原材料""应交税费——应交增值税(进项税额)"等科目,贷记"银行存款""预付账款"等科目。

如果货款尚未支付,材料已经验收入库,按相关发票凭证上应付的金额,借记"原材料""应交税费——应交增值税(进项税额)"等科目,贷记"应付账款""应付票据"等科目。

如果货款尚未支付,材料已经验收入库,但月末仍未收到相关发票凭证,按照暂估价入账,即借记"原材料"科目,贷记"应付账款"等科目。下月初作相反分录予以冲回,收到相关发票账单后再编制会计分录。

【例 5-9】　飞鹰公司购入 A 材料一批,增值税专用发票上记载的货款为 20 000 元,增值税税率为 13%,增值税税额 2 600 元,另支付运输费 500 元,全部款项已用银行存款付清,材料已验收入库。

【解析】　这项经济业务说明公司在进行材料采购时,一方面公司发生的材料买价 20 000元及运输费 500 元构成材料的采购成本,由于材料已验收入库,应记入"原材料"账户的借方,同时支付因购买材料发生的准予从销项税额中抵扣的增值税进项税额 2 600 元,应记入"应交税费——应交增值税(进项税额)"账户的借方;另一方面材料价款、运输费和增值税以银行存款支付,使公司银行存款减少,应记入"银行存款"账户的贷方。

所以这项业务应编制的会计分录为:

借:原材料　　　　　　　　　　　　　　　　　　　　　　　　　　20 500
　　应交税费——应交增值税(进项税额)　　　　　　　　　　　　2 600
　　　贷:银行存款　　　　　　　　　　　　　　　　　　　　　　　　23 100

【例 5-10】　飞鹰公司采用托收承付结算方式购入材料一批,增值税专用发票上记载的货款为 250 000 元,增值税额 32 500 元,银行转来的结算凭证已到,款项尚未支付,材料已验收入库。

借:原材料　　　　　　　　　　　　　　　　　　　　　　　　　250 000
　　应交税费——应交增值税(进项税额)　　　　　　　　　　　　32 500
　　　贷:应付账款　　　　　　　　　　　　　　　　　　　　　　　282 500

【例 5-11】　飞鹰公司购入 C 材料 1 000 吨,单价 100 元,增值税进项税额 13 000 元,开出并承兑商业汇票一张,另用库存现金支付运杂费 5 000 元,材料运到并已验收入库。

借:原材料——C 材料　　　　　　　　　　　　　　　　　　　　105 000
　　应交税费——应交增值税(进项税额)　　　　　　　　　　　　13 000
　　　贷:应付票据　　　　　　　　　　　　　　　　　　　　　　　113 000
　　　　　库存现金　　　　　　　　　　　　　　　　　　　　　　　5 000

等上述票据到期,支付票款时应编制的会计分录为:

借:应付票据　　　　　　　　　　　　　　　　　　　　　　　　113 000
　　　贷:银行存款　　　　　　　　　　　　　　　　　　　　　　　113 000

【例 5-12】　飞鹰公司向大华公司采购一批 B 材料,所需支付的价款总额为 220 000 元,增值税税率为 13%。按照合同规定向大华公司预付货款的 50%(预付时暂不考虑税额),即预付了 110 000 元,验收货物后补付剩余款项。

①付 50% 货款时:

借:预付账款——大华公司　　　　　　　　　　　　　　　　　　110 000
　　　贷:银行存款　　　　　　　　　　　　　　　　　　　　　　　110 000

②收到发来的材料并验收入库,增值税专用发票上注明价款 220 000 元,增值税进项税额 28 600 元:

借:原材料——B 材料　　　　　　　　　　　　　　　　　　　　220 000
　　应交税费——应交增值税(进项税额)　　　　　　　　　　　　28 600
　　　贷:预付账款——大华公司　　　　　　　　　　　　　　　　　248 600

③银行存款补付不足款项：

借：预付账款——大华公司 138 600
　　贷：银行存款 138 600

2.材料尚未验收入库的账务处理

【例 5-13】 飞鹰公司购入 F 材料一批，发票及账单已收到，增值税专用发票上记载的货款为 10 000 元，增值税额 1 300 元。另支付运杂费 500 元。所有款项均已支付，材料尚未到达。

借：在途物资——F 材料 10 500
　　应交税费——应交增值税（进项税额） 1 300
　　贷：银行存款 11 800

【例 5-14】 承【例 5-13】，F 材料到货并验收入库，结转上述入库材料的采购成本。

借：原材料——F 材料 10 500
　　贷：在途物资——F 材料 10 500

二、购建固定资产的核算

固定资产是指为生产商品、提供劳务、出租或者经营管理而持有、使用寿命超过一个会计年度的有形资产。固定资产具有以下特征：①属于一种有形资产；②为生产商品、提供劳务、出租或者经营管理而持有；③使用寿命超过一个会计年度。

固定资产按经济用途分类，可分为生产经营用固定资产和非生产经营用固定资产。生产经营用固定资产，是指直接服务于企业生产经营过程的各种固定资产，如生产经营用的房屋建筑物、机器、设备、器具、工具等；非生产经营用固定资产，是指不直接服务于生产、经营过程的各种固定资产，如职工宿舍使用的房屋等其他固定资产。

在供应过程中，我们所讲的固定资产只限于生产经营用的固定资产（如机器、设备、器具、工具、房屋建筑物等）。而且由于账务处理的不同，我们把这类固定资产分为不需要安装和需要安装两种情况来处理。

巧妇难为无米之炊——供应过程业务核算(2)

（一）外购固定资产成本的确定

企业可以通过外购、自行建造、投资者投入、非货币性资产交换、债务重组、企业合并和融资租赁等方式取得固定资产。不同取得方式下，固定资产成本的具体构成内容及其确定方法也不尽相同。基础会计中，我们只讲外购固定资产的情况。

（1）购入不需要安装的固定资产时，企业作为一般纳税人，应按实际支付的购买价款、相关税费（不含可抵扣增值税）、使固定资产达到预定可使用状态前所发生的可归属于该项资产的运输费、装卸费、安装费和专业人员服务费等，作为固定资产的取得成本。[①]

（2）购入需要安装的固定资产时，企业作为一般纳税人，应在上述购入的不需要安装固

[①] 2009 年 1 月 1 日增值税转型改革后，企业购建（包括购进、接受捐赠、实物投资、自制、改扩建和安装）生产用固定资产发生的增值税进项税额可以从销项税额中抵扣。

定资产取得成本的基础上加上安装调试成本作为入账成本。

(二)外购固定资产设置的主要账户

1."在建工程"账户

该账户的性质属于资产类,用以核算固定资产新建、安装、改扩建、大修理等工程实际发生的支出。

该账户的借方登记企业各项在建工程的实际支出,贷方登记工程达到预定可使用状态时转出的成本等。期末余额在借方,反映企业期末尚未达到预定可使用状态的在建工程的成本。该账户可按"建筑工程""安装工程""在安装设备""待摊支出"以及单项工程等设置明细分类账户(见图5.15)。

借方	在建工程	贷方
工程建造过程中的所有支出	工程完工实际转出数	
尚未完工的工程已发生的各项实际支出		

图 5.15　在建工程的账户结构

2."固定资产"账户

该账户的性质属于资产类,用以核算企业持有的固定资产原价。

该账户的借方登记固定资产原始价值的增加,贷方登记固定资产原始价值的减少。期末余额在借方,反映企业期末结存的固定资产的原始价值。该账户可按固定资产类别和项目设置明细分类账户(见图5.16)。

借方	固定资产	贷方
增加的固定资产原始价值	减少的固定资产原始价值	
结存的固定资产原始价值		

图 5.16　固定资产的账户结构

(三)外购固定资产的账务处理

1.外购不需要安装的固定资产的账务处理

企业购入不需要安装的固定资产,按照购入不需要安装的固定资产的取得成本,借记"固定资产"科目,取得增值税专用发票、海关完税证明或公路发票等增值税扣税凭证,并经税务机关认证可以抵扣的,应按专用发票上注明的增值税进项税额,借记"应交税费——应交增值税(进项税额)"账户,贷记"银行存款""应付账款"等账户。

【例5-15】　飞鹰公司购入不需要安装的设备一台,取得增值税专用发票标明的价款为200 000元,增值税为26 000元。另支付运杂费3 000元。全部款项已用银行存款支付。

【解析】　这项经济业务说明,企业购入不需要安装的设备,一方面使企业的固定资产增加;另一方面使企业的银行存款减少,同时形成可抵扣的增值税进项税额,因此,这项经济业务涉及"固定资产""应交税费"和"银行存款"三个账户。

固定资产增加是企业资产的增加,首先要确定固定资产的取得成本,成本为 203 000 元,由买价 200 000 元和运杂费 3 000 元构成,该成本金额应记入"固定资产"账户的借方;可抵扣的增值税进项税额应记入"应交税费——应交增值税(进项税额)"账户的借方;银行存款减少是企业资产的减少,应记入"银行存款"账户的贷方。

所以这项业务应编制的会计分录为:

借:固定资产　　　　　　　　　　　　　　　　　　　　　203 000
　　应交税费——应交增值税(进项税额)　　　　　　　　　26 000
　　贷:银行存款　　　　　　　　　　　　　　　　　　　　229 000

2. 外购需要安装的固定资产的账务处理

(1)按照购入需要安装的固定资产的取得成本,借记"在建工程"科目,按购入固定资产时可抵扣的增值税进项税额,借记"应交税费——应交增值税(进项税额)"科目,贷记"银行存款""应付账款"等科目。

(2)按照发生的安装调试成本,借记"在建工程"科目,按取得的外部单位提供的增值税专用发票上注明的增值税进项税额,借记"应交税费——应交增值税(进项税额)"科目,贷记"银行存款"等科目;安装调试中若耗用了本单位的材料或人工的,按应承担的成本金额,借记"在建工程"科目,贷记"原材料""应付职工薪酬"等科目。

(3)安装完成达到预定可使用状态时,由"在建工程"科目转入"固定资产"科目,借记"固定资产"科目,贷记"在建工程"科目。

【例5-16】　飞鹰公司用银行存款购入一台需要安装的设备,取得的增值税专用发票上注明的价款为 200 000 元,增值税额为 26 000 元。安装过程中支付安装费并取得增值税专用发票,注明安装费 40 000 元,税率9%,增值税税额 3 600 元。甲公司为增值税一般纳税人。

(1)购入进行安装时:

借:在建工程　　　　　　　　　　　　　　　　　　　　　200 000
　　应交税费——应交增值税(进项税额)　　　　　　　　　26 000
　　贷:银行存款　　　　　　　　　　　　　　　　　　　　226 000

(2)支付安装费时:

借:在建工程　　　　　　　　　　　　　　　　　　　　　40 000
　　应交税费——应交增值税(进项税额)　　　　　　　　　3 600
　　贷:银行存款　　　　　　　　　　　　　　　　　　　　43 600

(3)设备安装完毕交付使用时:

借:固定资产　　　　　　　　　　　　　　　　　　　　　240 000
　　贷:在建工程　　　　　　　　　　　　　　　　　　　　240 000

第四节 生产过程的核算

一、生产过程的主要内容

制造业企业的主要经济活动是生产产品。企业在生产经营过程中发生各项耗费,这是企业为获得收入而预先垫支的资金耗费,需要取得收入进行补偿。企业要生产产品就要发生各种生产费用,这些费用最终都要归集、分配到一定种类的产品中,从而形成各种产品的成本。

生产费用按其计入产品成本方式的不同,可以分为直接费用和间接费用。直接费用是指企业生产产品过程中实际消耗的直接材料、直接工资和其他直接支出,它们可以直接计入产品的生产成本;间接费用是指企业为生产产品和提供劳务而发生的各项间接支出,也称制造费用,它需要按一定标准分配后再计入产品的生产成本。上述各个项目在会计上被称为成本项目,它们是产品成本的构成内容。产品成本项目的具体构成内容如下:

$$产品生产成本＝直接材料＋直接人工＋制造费用$$

(1)直接材料,是指企业在生产产品和提供劳务过程中所消耗的、直接用于产品生产、构成产品实体的原材料及主要材料、外购半成品以及有助于产品形成的辅助材料等。

(2)直接人工,是指企业在生产产品和提供劳务过程中,直接从事产品生产的工人的薪酬。

(3)制造费用,是指企业为生产产品和提供劳务而发生的各项间接费用,包括车间管理人员的薪酬、车间房屋建筑物和机器设备等的折旧费、修理费、机物料消耗、低值易耗品摊销、办公费、差旅费、水电费、劳动保护费、季节性停工损失等。

生产过程中发生的经济业务主要有:车间领用制造产品和一般消耗的原材料;结转分配和发放职工工资,计提固定资产折旧费;归集分配制造费用;计算产品生产成本;产品完工结转完工产品成本等。

二、领用材料的核算

(一)材料发出的计价方法

生米变熟饭
——生产
业务核算(1)

实务中,企业发出的存货可以按实际成本核算,也可以按计划成本核算。如采用计划成本核算,会计期末应调整为实际成本。

在实际成本核算方式下,企业可以采用的发出存货成本的计价方法包括个别计价法、先进先出法、月末一次加权平均法和移动加权平均法等。本书只讲解个别计价法和先进先出法。

1.个别计价法

个别计价法的特征是注重所发出存货具体项目的实物流转与成本流转之间的联系,逐一辨认各批发出存货和期末存货所属的购进批别或生产批别,分别按其购入或生产时所确定的单位成本计算各批发出存货和期末存货的成本。即把每一种存货的实际成本作为计算

发出存货成本和期末存货成本的基础。

2. 先进先出法

先进先出法是以先购入的存货应先发出(销售或耗用)这样一种存货实物流动假设为前提,对发出存货进行计价。采用这种方法,先购入的存货成本在后购入存货成本之前转出,据此确定发出存货和期末存货的成本。

具体方法:收到存货时,逐笔登记收到存货的数量、单价和金额;发出存货时,按照先购进先发出的原则逐笔登记存货的发出成本和结存金额。

优缺点:可以随时结转存货发出成本,但较烦琐。如果存货收发业务较多且存货单价不稳定时,其工作量较大。

需要注意的是,在物价持续上升时,期末存货成本接近于市价,而发出成本偏低,会高估企业当期利润和库存存货价值;反之,会低估企业存货价值和当期利润。

【例5-17】 飞鹰公司采用先进先出法核算原材料,2019 年 3 月 1 日库存甲材料 500 千克,实际成本为 3 000 元,3 月 5 日购入甲材料 1 200 千克,实际成本为 7 440 元,3 月 8 日购入甲材料 300 千克,实际成本为 1 830 元,3 月 10 日发出甲材料 900 千克。具体如表 5.1 所示。不考虑其他因素,该企业发出的甲材料实际成本为( )元。

A. 5 550   B. 5 580   C. 5 521.5   D. 5 480

表 5.1 先进先出法核算原材料

日期	摘要	金额/元	数量/千克
3月1日	期初余额	3 000	500
3月5日	购入	7 440	1 200
3月8日	购入	1 830	300
3月10日	发出	3 000＋7 440÷1 200×400＝5 480	900

【解析】 本题中,3 月 10 日发出的 900 千克甲材料中,先发出期初结存的 500 千克,然后发出 3 月 5 日购入的 400 千克(900－500＝400)。所以,该企业发出的甲材料实际成本＝3 000＋7 440÷1 200×400＝5 480(元)。故答案为 D。

(二)领用材料设置的主要账户

1. "生产成本"账户

该账户的性质属于成本类,用以核算企业生产各种产品(产成品、自制半成品等)、自制材料、自制工具、自制设备等发生的各项生产成本。

该账户的借方登记应计入产品生产成本的各项费用,包括直接计入产品生产成本的直接材料费、直接人工费和其他直接支出,以及期末按照一定的方法分配计入产品生产成本的制造费用;贷方登记完工入库产成品应结转的生产成本。期末余额在借方,反映企业期末尚未加工完成的在产品成本(见图 5.17)。

借方	生产成本	贷方
登记为生产产品所发生的各种费用,包括直接材料、直接人工和分配的制造费用	完工入库产成品应结转的生产成本	
期末在产品成本		

图 5.17 生产成本的账户结构

2. "制造费用"账户

该账户的性质属于成本类账户,用以核算企业生产车间(部门)为生产产品和提供劳务而发生的各项间接费用。包括车间管理人员的工资及福利费,车间使用的固定资产折旧费、修理费,办公费,水电费,机物料消耗,季节性和修理期间的停工损失,等等。

该账户的借方登记实际发生的各项制造费用,贷方登记期末按照一定标准分配转入"生产成本"账户借方的应计入产品成本的制造费用。结转后,该账户期末一般无余额。该账户可按不同的生产车间、部门和费用项目设置明细分类账户(见图 5.18)。

借方	制造费用	贷方
为生产产品而发生的各项间接费用	期末分配转入有关产品的成本	

图 5.18 制造费用的账户结构

3. "管理费用"账户

该账户的性质属于损益类账户,用以核算企业行政管理部门为管理组织生产经营活动而发生的各项费用。管理费用包括的内容较多,以制造业企业为例,具体包括:企业筹建期间的开办费、公司经费(即企业管理人员的工资、福利费、差旅费、办公费、折旧费、修理费、物料消耗、低值易耗品摊销和其他经费)、工会经费、董事会费(即企业董事会或最高权力机构及其成员为执行职能而发生的差旅费、会议费等)、咨询费、审计费、诉讼费、排污费、绿化费、土地使用税、印花税、房产税、车船税、技术转让费、技术开发费、无形资产摊销、业务招待费、矿产资源补偿费以及其他管理费用。

该账户的借方登记发生的各项管理费用,贷方登记期末转入"本年利润"账户的管理费用,结转后,该账户期末无余额。该账户应按照费用项目设置明细账户,进行明细分类核算(见图 5.19)。

借方	管理费用	贷方
本期发生的各项管理费用	期末转入"本年利润"账户贷方的余额	

图 5.19 管理费用的账户结构

(三)领用材料的账务处理

制造业企业在生产经营过程中发出材料十分频繁,为简化手续,平时只根据领发料凭证逐笔登记材料明细账,不登记总分类账。月末,将各领料凭证按照领用部门和用途进行归类汇总,编制"发料凭证汇总表",据以进行材料发出的总分类核算。

企业发生的材料费用,应根据领料凭证区分车间、部门和不同用途,分别借记"生产成本"(直接生产产品用料)、"制造费用"(车间共同用料、一般性消耗)、"管理费用"(行政管理部门用料)等科目,贷记"原材料"等科目。对于直接用于某种产品生产的材料费用,应计入该产品生产成本明细账的直接材料费用项目;对于共同耗用、应由多种产品共同负担的材料费用,应按一定标准分配后分别计入各成本计算项目。

【例 5-18】 飞鹰公司 3 月仓库发出的材料汇总如表 5.2 所示。

表 5.2 发出材料汇总

生产产品领用	甲材料		乙材料		材料费用合计/元
	数量/千克	金额/元	数量/千克	金额/元	
A 产品耗用	2 000	1 000	5 000	1 000	2 000
B 产品耗用	4 000	2 000	5 000	1 000	3 000
车间一般耗用	1 400	700	2 000	400	1 100
管理部门耗用	1 000	500	2 000	400	900
合计	8 400	4 200	14 000	2 800	7 000

```
借:生产成本——A 产品                                    2 000
          ——B 产品                                    3 000
   制造费用                                            1 100
   管理费用                                              900
 贷:原材料——甲材料                                            4 200
        ——乙材料                                            2 800
```

【例 5-19】 飞鹰公司根据"发料凭证汇总表"的记录,20××年生产车间用于生产产品领用材料 500 000 元,车间管理部门领用材料 5 000 元,行政管理部门领用材料 4 000 元,共计 509 000 元。

```
借:生产成本                                          500 000
   制造费用                                            5 000
   管理费用                                            4 000
 贷:原材料                                                  509 000
```

三、职工薪酬的核算

(一)职工薪酬的主要内容

职工薪酬是指企业为获得职工提供的服务或解除劳动关系而给予各种形式的报酬或补偿。企业提供给职工配偶、子女、受赡养人、已故员工遗属及其他受益人等的福利,也属于职工薪酬。职工薪酬具体包括:短期薪酬、离职后福利、辞退福利和其他长期职工福利。在基础会计中,我们只讨论职工薪酬中的短期薪酬部分。

短期薪酬是指企业在职工提供相关服务的年度报告期间结束后12个月内需要全部予以支付的职工薪酬,因解除与职工的劳动关系给予的补偿除外。短期薪酬具体包括:

(1)职工工资、奖金、津贴和补贴,是指按照构成工资总额的计时工资、计件工资、支付给职工的超额劳动报酬和增收节支的劳动报酬、为补偿职工特殊或额外的劳动消耗和因其他特殊原因支付给职工的津贴,以及为保证职工工资水平不受物价影响支付给职工的物价补贴等。其中,企业按照短期奖金计划向职工发放的奖金属于短期薪酬,按照长期奖金计划向职工发放的奖金属于其他长期职工福利。

(2)职工福利费,是指企业向职工提供的生活困难补助、丧葬补助费、抚恤费、职工异地安家费、防暑降温费等职工福利支出。

(3)医疗保险费、工伤保险费等社会保险费,是指企业按照国家规定的基准和比例计算,向社会保险经办机构交纳的相关保险费。

(4)住房公积金,是指企业按照国家规定的基准和比例计算,向住房公积金管理机构缴存的住房储蓄。

(5)工会经费和职工教育经费,是指企业为了改善职工文化生活、为职工学习先进技术及提高文化水平和业务素质,用于开展工会活动和职工教育及职业技能培训等的相关支出。

(6)短期带薪缺勤,是指虽然职工缺勤但企业仍向其支付报酬的安排,包括年休假、病假、婚假、产假、丧假、探亲假等。长期带薪缺勤属于其他长期职工福利。

(7)短期利润分享计划,是指因职工提供服务而与职工达成的基于利润或其他经营成果提供薪酬的协议。长期利润分享计划属于其他长期职工福利。

(8)其他短期薪酬,是指除上述薪酬以外的其他为获得职工提供的服务而给予的短期薪酬。

(二)职工薪酬业务设置的主要账户

职工薪酬业务设置的主要账户是"应付职工薪酬"账户,该账户的性质属于负债类,用以核算企业根据有关规定应付给职工的各种薪酬。职工薪酬包括短期薪酬、离职后福利、辞退福利和其他长期职工福利。

该账户的贷方登记本月计算的应付职工薪酬总额,包括各种工资、奖金、津贴和福利费等;借方登记本月实际支付的职工薪酬数额。期末余额在贷方,反映企业应付而未付的职工薪酬。该账户可按"工资""职工福利费""社会保险费""住房公积金""工会经费""职工教育经费""非货币性按福利"等设置明细分类账户(见图5.20)。

借方	应付职工薪酬	贷方
本期实际发放职工薪酬的数额	本期应付而未付的职工薪酬	
	应付未付的职工薪酬	

图5.20 应付职工薪酬的账户结构

(三)职工薪酬业务的账务处理

对于短期职工薪酬,企业应当在职工为其提供服务的会计期间,按实际发生额确认为负债,并计入当期损益或相关资产成本。企业应当根据职工提供服务的受益对象,分别按下列情况处理:

(1)应由生产产品、提供劳务负担的短期职工薪酬,计入产品成本或劳务成本。其中,生产工人的短期职工薪酬应借记"生产成本"科目,贷记"应付职工薪酬"科目;生产车间管理人员的短期职工薪酬属于间接费用,应借记"制造费用"科目,贷记"应付职工薪酬"科目。

(2)应由在建工程、无形资产负担的短期职工薪酬,计入建造固定资产或无形资产成本。

(3)除上述两种情况之外的其他短期职工薪酬应计入当期损益。如企业行政管理部门人员和专设销售机构的销售人员的短期职工薪酬均属于期间费用,应分别借记"管理费用""销售费用"等科目,贷记"应付职工薪酬"科目。

【例 5-20】 飞鹰公司本月应付工资总额 462 000 元,工资费用分配汇总表中列示的产品生产人员工资为 320 000 元。其中,A 产品生产工人工资为 180 000 元,B 产品生产工人工资为 140 000 元,车间管理人员工资为 70 000 元,企业行政管理人员工资为 60 400 元,销售人员工资为 11 600 元。

```
借:生产成本——A 产品                              180 000
         ——B 产品                              140 000
   制造费用                                       70 000
   管理费用                                       60 400
   销售费用                                       11 600
   贷:应付职工薪酬——工资                                   462 000
```

【例 5-21】 根据【例 5-20】,按工资总额的 14% 计提福利费。

```
借:生产成本——A 产品                               25 200
         ——B 产品                               19 600
   制造费用                                        9 800
   管理费用                                        8 456
   销售费用                                        1 624
   贷:应付职工薪酬——职工福利费                              64 680
```

【例 5-22】 飞鹰公司通过银行代发本月职工工资 462 000 元。

```
借:应付职工薪酬——工资                             462 000
   贷:银行存款                                          462 000
```

生米变熟饭——生产业务核算(2)

四、折旧费用的核算

(一)固定资产折旧的主要内容

固定资产在生产过程中因使用而逐渐损耗的价值,即为折旧额,它是产品成本的主要组成部分。

固定资产折旧是指在固定资产使用寿命内,按照确定的方法对应计折旧额进行的系统分摊。其中,应计折旧额是指应当计提折旧的固定资产的原价扣除其预计净残值后的金额。已计提减值准备的固定资产,还应当扣除已计提的固定资产减值准备累计金额。

1.影响固定资产折旧的主要因素

(1)固定资产原价,是指固定资产的成本。

（2）预计净残值，是指假定固定资产预计使用寿命已满并处于使用寿命终了时的预期状态，企业目前从该项资产处置中获得的扣除预计处置费用后的金额。

（3）固定资产减值准备，是指固定资产已计提的固定资产减值准备累计金额。

（4）固定资产的使用寿命，是指企业使用固定资产的预计期间，或者该固定资产所能生产产品或提供劳务的数量。企业确定固定资产使用寿命时，应当考虑下列因素：该项资产预计生产能力或实物产量；该项资产预计有形损耗，如设备使用中发生磨损、房屋建筑物受到自然侵蚀等；该项资产预计无形损耗，如因新技术的出现而使现有的资产技术水平相对陈旧、市场需求变化使产品过时等；法律或者类似规定对该项资产使用的限制。

2.固定资产的折旧范围

除以下情况外，企业应当对所有固定资产计提折旧：一是已提足折旧仍继续使用的固定资产；二是单独计价入账的土地。

在确定计提折旧的范围时，还应注意以下几点：

（1）固定资产应当按月计提折旧。当月增加的固定资产，当月不计提折旧，从下月起计提折旧；当月减少的固定资产，当月仍计提折旧，从下月起不计提折旧。

（2）固定资产提足折旧后，不论能否继续使用，均不再计提折旧；提前报废的固定资产，也不再补提折旧。所谓提足折旧，是指已经提足该项固定资产的应计折旧额。

（3）已达到预定可使用状态但尚未办理竣工决算的固定资产，应当按照估计价值确定其成本，并计提折旧；待办理竣工决算后，再按实际成本调整原来的暂估价值，但不需要调整原已计提的折旧额。

3.固定资产的折旧方法

企业应当根据与固定资产有关的经济利益的预期实现方式，合理选择固定资产折旧方法。可选用的折旧方法包括年限平均法、工作量法、双倍余额递减法和年数总和法等。在基础会计中，我们主要采用的是年限平均法。

年限平均法，又称直线法，是指将固定资产的应计折旧额均匀地分摊到固定资产预计使用寿命内的一种方法。采用年限平均法计提固定资产折旧，其特点是将固定资产的应计折旧额均衡地分摊到固定资产预计使用寿命内，采用这种方法计算的每期折旧额是相等的。

年限平均法的计算公式如下：

年折旧额＝（固定资产原价－预计净残值）÷预计使用寿命（年）

月折旧额＝年折旧额÷12

或：

年折旧率＝（1－预计净残值率）÷预计使用寿命（年）

月折旧率＝年折旧率÷12

月折旧额＝固定资产原价×月折旧率

【例5-23】　飞鹰公司外购一台设备，原值为720 000元，预计可使用20年，该设备报废时的净残值率为4%。请计算飞鹰公司对这台设备每月应提的折旧额。

年折旧额＝（720 000－720 000×4%）÷20＝34 560（元）

月折旧额＝34 560÷12＝2 880（元）

或：

年折旧率＝(1－4％)/20＝4.8％

月折旧率＝4.8％/12＝0.4％

月折旧额＝720000×0.4％＝2 880(元)

(二)固定资产折旧业务设置的主要账户

1."固定资产"账户

该账户的性质属于资产类,用来核算企业使用寿命超过1个会计年度的为生产经营而持有的设备、厂房、器具等。

该账户的借方登记企业增加的固定资产的原始价值;贷方登记企业减少的固定资产的原始价值;期末借方余额表示企业结存的固定资产原始价值。该账户应按固定资产的种类设置明细分类账户。具体账户结构见图5.16。

2."累计折旧"账户

该账户的性质属于资产(调整)类账户,用以核算企业固定资产累计折旧的提取情况。

该账户的贷方登记按月计提的固定资产折旧的增加金额,即固定资产每期转移到产品成本或期间费用中的磨损价值;借方登记因各种原因转出固定资产(如出售、报废、盘亏等)注销的折旧,即已提固定资产折旧的减少或转销数额;期末余额在贷方,表示现有固定资产累计提取的折旧数(或者说累计磨损价值)。该账户不进行明细核算(见图5.21)。

借方	累计折旧	贷方
因销售、报废或毁损的固定资产转出的累计已提折旧	本期计提的折旧额	
	现有固定资产的累计折旧额	

图5.21 累计折旧的账户结构

【补充】 "固定资产"账户是借加贷减,"累计折旧"账户是贷加借减,两个账户结构相反,是为了便于比较,计算固定资产净值。

固定资产净值＝固定资产借方余额－累计折旧贷方余额

(三)固定资产折旧的账务处理

企业按月计提的固定资产折旧,应当记入"累计折旧"科目,并根据固定资产的用途计入相关资产的成本或者当期损益。基本生产车间所使用的固定资产,其计提的折旧应计入"制造费用"科目,管理部门所使用的固定资产,其计提的折旧应计入"管理费用"科目,销售部门所使用的固定资产,其计提的折旧应计入"销售费用"科目,经营租出的固定资产,其计提的折旧应计入"其他业务成本"科目,自行建造固定资产过程中使用的固定资产,其计提的折旧应计入"在建工程"科目。

企业计提折旧时,借记"制造费用""销售费用""管理费用""其他业务成本""在建工程"等科目,贷记"累计折旧"科目。

【例5-24】 月末,飞鹰公司提取固定资产折旧7 560元,其中生产车间5 160元,行政管理部门2 400元。

【解析】 这项经济业务说明,企业计提固定资产折旧,一方面使企业的累计折旧增加;另一方面使企业生产费用和期间费用增加。生产车间固定资产的折旧作为一种生产费用记入产品的制造费用,行政管理部门固定资产的折旧应记入期间费用。因此,这项经济业务的发生涉及"制造费用""管理费用"和"累计折旧"三个账户。

生产车间固定资产计提的折旧作为间接生产费用应记入"制造费用"账户的借方,行政管理部门固定资产计提的折旧作为期间费用应记入"管理费用"账户的借方;固定资产计提的折旧应记入"累计折旧"账户的贷方。

所以这项业务应编制的会计分录为:

借:制造费用 5 160
　　管理费用 2 400
　贷:累计折旧 7 560

【例5-25】 飞鹰公司为增值税一般纳税人,2019年3月份,管理部门、销售部门应分配的固定资产折旧额为:管理部门房屋建筑物计提折旧14 800 000元,运输工具计提折旧2 400 000元;销售部门房屋建筑物计提折旧3 200 000元,运输工具计提折旧2 630 000元。当月新购置管理用机器设备一台,成本为5 400 000元,预计使用寿命为10年,预计净残值为4 000元,飞鹰公司同类设备计提折旧采用年限平均法。

【解析】 本例中,新购置的机器设备本月不计提折旧,因为当月增加的固定资产,当月不计提折旧,从下月起计提折旧。本月计提的折旧费用中,对管理部门使用的固定资产计提的折旧额,记入"管理费用"科目的借方,对销售部门使用的固定资产计提的折旧额,记入"销售费用"科目的借方。

所以这项业务应编制的会计分录为:

借:管理费用 17 200 000
　　销售费用 5 830 000
　贷:累计折旧 23 030 000

五、制造费用的核算

(一)制造费用归集和分配的主要内容

制造费用是指生产单位(车间、分厂)为生产产品和提供劳务而发生的各项间接费用,包含间接材料费、间接人工费用、折旧费等。由于它们是进行产品生产时所发生的共同性费用,取得时一般难以直接判断其应归属的成本对象,所以发生时应先在"制造费用"账户归集,期末企业再根据制造费用的性质,合理地选择制造费用分配方法,分配转入"生产成本"账户和所属的明细分类账户。

(二)制造费用归集和分配设置的主要账户

1."制造费用"账户

该账户的性质属于成本类,用以核算企业生产车间(部门)为生产产品和提供劳务而发生的各项间接费用。包括车间管理人员的工资及福利费,车间所使用的固定资产的折旧费、修理费、办公费、水电费、机物料消耗,季节性和修理期间的停工损失,等等。

该账户的借方登记实际发生的各项制造费用,贷方登记期末按照一定标准分配转入"生

生米变熟饭
——生产
业务核算(3)

产成本"账户借方的应计入产品成本的制造费用。期末结转后,该账户一般无余额。该账户可按不同的生产车间、部门和费用项目设置明细分类账户。具体账户结构见图 5.18。

2."生产成本"账户

该账户的性质属于成本类,用以核算企业生产各种产品(产成品、自制半成品等)、自制材料、自制工具、自制设备等发生的各项生产成本。

该账户的借方登记应计入产品生产成本的各项费用,包括直接计入产品生产成本的直接材料费、直接人工费和其他直接支出,以及期末按照一定的方法分配计入产品生产成本的制造费用;贷方登记完工入库产成品应结转的生产成本。期末余额在借方,反映企业期末尚未加工完成的在产品成本。具体账户结构见图 5.17。

(三)制造费用归集和分配的账务处理

1.制造费用的归集

制造费用在发生时一般无法直接判定其应归属的产品成本核算对象,因而不能直接计入"生产成本"及其所属明细账户,必须将其按照发生的不同空间范围在"制造费用"账户中予以归集。归集时,根据实际发生的经济业务,借记"制造费用",贷记"原材料"(车间共同用料、一般性消耗)、"应付职工薪酬"(车间管理人员的工资和福利费)、"累计折旧"(车间使用的固定资产计提折旧)等科目。

2.制造费用的分配

制造费用的分配标准有生产工人工时比例法、生产工人工资比例法、机器工时比例法、年度计划分配率分配法。具体采用哪种分配方法由企业自行决定。分配方法一经确定,不得随意变更。计算公式如下:

制造费用分配率=制造费用总额÷分配标准(生产工时总数、生产工人工资总额等)

某种产品应负担的制造费用=该产品的分配标准(生产工时等)×制造费用分配率

【例 5-26】 飞鹰公司 5 月份发生下列经济业务,请根据资料编制相关会计分录:

(1)用现金购买办公用品 450 元,其中车间办公用品 200 元,行政管理部门办公用品 250 元。

(2)以银行存款支付水电费 5 000 元,其中车间水电费 3 700 元,行政管理部门水电费 1 300元。

(3)领用材料 6 000 元,其中车间一般消耗 5 500 元,行政管理部门消耗 500 元。

(4)计算分配管理人员薪酬 4 000 元,其中车间管理人员薪酬 2 500 元,行政管理部门人员工资 1 500 元。

(5)提取本月固定资产折旧 12 000 元,其中车间使用固定资产应提折旧 7 000 元,行政管理部门用固定资产应计提折旧 5 000 元。

(6)假定上述车间发生的间接费用是为了管理和组织 A、B 两种产品生产而发生的。将本月发生的制造费用按 A、B 两种产品的生产工时比例进行分配,已知 A、B 两种产品所耗工时分别是 10 000 小时、5 000 小时。

根据上述业务编制会计分录如下:

(1)借:制造费用　　　　　　　　　　　　　　　　　　　　　　　　　　200

　　　管理费用　　　　　　　　　　　　　　　　　　　　　　　　　　250

　　　　贷:库存现金　　　　　　　　　　　　　　　　　　　　　　　　　　　450

(2)借:制造费用　　　　　　　　　　　　　　　　　　　　　　　　　3 700

　　　管理费用　　　　　　　　　　　　　　　　　　　　　　　　　1 300

　　　　贷:银行存款　　　　　　　　　　　　　　　　　　　　　　　　　　5 000

(3)借:制造费用　　　　　　　　　　　　　　　　　　　　　　　　　5 500

　　　管理费用　　　　　　　　　　　　　　　　　　　　　　　　　　500

　　　　贷:原材料　　　　　　　　　　　　　　　　　　　　　　　　　　6 000

(4)借:制造费用　　　　　　　　　　　　　　　　　　　　　　　　　2 500

　　　管理费用　　　　　　　　　　　　　　　　　　　　　　　　　1 500

　　　　贷:应付职工薪酬　　　　　　　　　　　　　　　　　　　　　　　4 000

(5)借:制造费用　　　　　　　　　　　　　　　　　　　　　　　　　7 000

　　　管理费用　　　　　　　　　　　　　　　　　　　　　　　　　5 000

　　　　贷:累计折旧　　　　　　　　　　　　　　　　　　　　　　　　12 000

(6)制造费用总额＝200＋3 700＋5 500＋2 500＋7 000＝18 900(元)

A 产品承担的制造费用＝18 900/(10 000＋5 000)×10 000＝12 600(元)

B 产品承担的制造费用＝18 900/(10 000＋5 000)×5 000＝6 300(元)

借:生产成本——A 产品　　　　　　　　　　　　　　　　　　　　12 600

　　　　——B 产品　　　　　　　　　　　　　　　　　　　　6 300

　　　贷:制造费用　　　　　　　　　　　　　　　　　　　　　　　　18 900

六、产品完工的核算

(一)产品完工设置的主要账户

产品完工设置的主要账户是"库存商品"账户,该账户的性质属于资产类,用来核算企业全部完工并已验收入库可以用来直接对外销售的产成品增减变动及其结余情况。

该账户的借方登记验收入库完工产品的生产成本,贷方登记发出产品的生产成本,期末余额在借方,反映企业库存商品成本的期末结余额。该账户可按照商品的种类、名称和规格等设置明细账户,进行明细分类核算(见图 5.22)。

借方	库存商品	贷方
完工入库产品的实际生产成本	发出产品的实际成本	
期末库存产品的实际成本		

图 5.22　库存商品的账户结构

(二)产品完工的账务处理

根据前面几节内容的介绍,对生产费用的归集与分配,"生产成本"账户的借方已归集企业在生产过程中所发生的全部生产费用(直接材料、直接人工和制造费用),企业应设置产品生产成本的明细账,用以归集计算各种产品的生产成本。

产品生产成本＝直接材料费＋直接人工费＋归属该产品的制造费用

如果月末某种产品全部生产完工,则该产品生产成本明细账归集的费用总额就是该完工产品的总成本,用该完工产品的总成本除以完工总数量就是该完工产品的单位成本。

如果月末某种产品全部未完工,则该产品生产成本明细账归集的费用总额就是该种产品的在产品总成本。

如果月末某种产品仅部分完工,则期末时须将包括期初在产品成本在内的生产费用在完工产品与在产品之间进行分配(其方法将在后续课程中介绍),才能计算出完工产品的单位成本与总成本。

等到产品完工验收入库时,按完工产品的生产成本,借记"库存商品"科目,贷记"生产成本"科目。

【例5-27】 飞鹰公司结转本月完工产品成本,其中A产品6 346件全部完工,B产品3 400件全部未完工。完工产品成本的计算过程如表5.3和表5.4所示。

表5.3 产品生产成本明细账

产品名称:A产品 单位:元

××××年		摘要	直接材料	直接人工	制造费用	合计
月	日	生产领料	320 000			320 000
		分配工资		300 000		300 000
		计提福利费用		42 000		42 000
		分配制造费用			99 520	99 520
		生产费用合计	320 000	342 000	99 520	761 520
		结转完工产品成本	320 000	342 000	99 520	761 520
		完工产品的单位成本	50.43	53.89	15.68	120

表5.4 产品生产成本明细账

产品名称:B产品 单位:元

××××年		摘要	直接材料	直接人工	制造费用	合计
月	日	生产领料	330 000			330 000
		分配工资		200 000		200 000
		计提福利费用		28 000		28 000
		分配制造费用			149 282	149 282
		生产费用合计	330 000	228 000	149 282	707 282
		月末在产品成本	330 000	228 000	149 282	707 282

由于只有 A 产品完工验收入库,所以只需将 A 产品的完工产品成本由"生产成本"账户的贷方转入"库存商品"账户的借方。

借:库存商品——A 产品   761 520

    贷:生产成本——A 产品   761 520

第五节　销售过程的核算

一、销售过程核算的主要内容

企业经过生产过程,生产出符合要求、可供对外销售的产品,这些产品形成了存货。接下来就进入销售过程。销售过程是企业资金循环的第三阶段,也是企业再生产过程的最后一个阶段。在销售过程中,企业要将在生产过程中所完成的产品销售出去并收回货币,以补偿生产产品的资金耗费,保证再生产正常进行的资金需要。

因此,销售过程核算的主要内容包括售出产品确认实现的销售收入,与购货单位办理货款结算,支付各项销售费用,结转已售产品的销售成本,计算应向国家交纳的税金及附加,确定销售的经营成果。

二、销售过程设置的主要账户

(一)"主营业务收入"账户

该账户的性质属于收入类,用以核算企业销售产品和提供劳务所实现的收入。

该账户的贷方登记企业实现的产品销售收入,即主营业务收入的增加,借方登记发生销售退回和销售折让时应冲减本期的主营业务收入和期末转入"本年利润"账户的主营业务收入额(按净额结转),结转后,该账户期末无余额。该账户可按产品类型或品种设置明细分类账户(见图 5.23)。

王婆卖瓜
——销售
业务核算

借方	主营业务收入	贷方
①销售退回或销售折扣与折让冲减的主营业务收入 ②期末转入"本年利润"账户贷方的主营业务收入	本期取得的主营业务收入	

图 5.23　主营业务收入的账户结构

(二)"应收账款"账户

该账户的性质属于资产类,用以核算企业因销售商品、提供劳务等经营活动而与购货方进行货款结算时有关债权的账户,代购买方垫付的各种款项也在该账户中核算。

该账户借方登记由于销售商品以及提供劳务等而发生的应收账款的增加数,包括应收取的价款、税款和代垫款等;贷方登记已经收回的应收账款,即应收账款的减少数。期末余额如果在借方,表示企业尚未收回的应收账款;期末余额如果在贷方,表示预收的账款。"应收账款"账户应按照债务人设置明细账,加强其明细核算(见图5.24)。

借方	应收账款	贷方
本期发生的应收账款	已收回的应收账款	
期末尚未收回的应收账		

图 5.24　应收账款的账户结构

(三)"应收票据"账户

该账户的性质属于资产类,用以核算企业因销售商品、提供劳务等经营活动而与购货方进行货款结算时收到的商业汇票,包括商业承兑汇票和银行承兑汇票。

该账户的借方登记企业收到的商业汇票的面值,贷方登记企业因商业汇票到期收回的票款或背书转让等情况而减少的商业汇票的面值。期末余额在借方,表示企业持有的尚未到期的商业汇票的面值。该账户可按开出承兑商业汇票的单位设置明细分类账户。企业应设置应收票据备查簿,对商业汇票进行详细记录(见图5.25)。

借方	应收票据	贷方
本期收到的商业汇票的票面金额	本期回收商业汇票的票面金额	
期末持有的尚未到期的商业汇票票面金额		

图 5.25　应收票据的账户结构

(四)"预收账款"账户

该账户的性质属于负债类,用以核算企业按照合同的规定预收购买方订货款的增减变动及其结余情况。

该账户的贷方登记企业预收货款的数额和对方补付货款的数额;借方登记企业偿付商品、劳务的数额及归还余款的数额。期末余额在贷方,表示企业尚未付出商品、劳务的预收款数额;如为借方余额则表示应收的款项金额。该账户可按购货单位设置明细分类账户。预收货款情况不多的,也可不设该账户,将其款项直接记入"应收账款"账户(见图5.26)。

借方	预收账款	贷方
企业偿付商品、劳务的数额及归还余款的数额	企业预收货款的数额和对方补付货款的数额	
应收的款项金额	尚未交付商品、劳务的预收款数额	

图 5.26　预收账款的账户结构

(五)"主营业务成本"账户

该账户的性质属于损益类,用以核算已经销售的产品的实际生产成本及其结转情况。

该账户的借方登记已销售产品的实际生产成本,贷方登记期末转入"本年利润"账户的结转数,结转后,该账户期末无余额。该账户可按产品类别或品种设置明细分类账户(见图5.27)。

借方	主营业务成本	贷方
登记已销产品的实际成本		①销售退回冲减的主营业务成本 ②期末转入"本年利润"账户借方的主营业务成本

图 5.27 主营业务成本的账户结构

(六)"税金及附加"账户

该账户的性质属于损益类,用以核算企业经营活动发生的消费税、城市维护建设税、资源税和教育费附加、房产税、车船税、城镇土地使用税、印花税等税费。

该账户的借方登记企业应按规定计算确定的与经营活动相关的税费,贷方登记期末转入"本年利润"账户的与经营活动相关的税费,结转后,该账户期末无余额(见图5.28)。

借方	税金及附加	贷方
本期经营活动应负担的相关税费		①登记需要冲减的税金及附加 ②期末将其差额转到"本年利润"账户的借方

图 5.28 税金及附加的账户结构

(七)"销售费用"账户

该账户的性质属于损益类,用以核算产品销售过程中发生的各项费用,包括运输费、装卸费、包装费、保险费、展览费、广告费、商品维修费、预计产品质量保证以及为销售产品而专设的销售机构(含销售网点、售后服务网点等)的职工薪酬、折旧费、业务费等。

该账户的借方登记销售费用的发生数,贷方登记期末转入"本年利润"账户的数额,结转后,该账户期末无余额。该账户可按费用项目设置明细分类账户(见图5.29)。

借方	销售费用	贷方
本期发生的销售费用		期末转入"本年利润"账户借方的销售费用

图 5.29 销售费用的账户结构

(八)"其他业务收入"账户

该账户的性质属于损益类,用以核算企业除主营业务以外的其他业务收入(如销售材料、出租固定资产、出租无形资产、出租包装物和商品等)的实现及其结转情况。

该账户的贷方登记企业实现其他业务收入的金额,借方登记期末转入"本年利润"账户的其他业务收入额,结转后,该账户期末无余额。该账户可按其他业务的种类设置明细分类账户(见图5.30)。

借方	其他业务收入	贷方
期末收入"本年利润"账户贷方的主营业务收入	本期取得的其他业务收入	

图 5.30　其他业务收入的账户结构

（九）"其他业务成本"账户

该账户的性质属于损益类，用以核算企业除主营业务以外的其他业务经营活动所发生的支出。

该账户借方登记企业发生的其他业务成本，贷方登记期末转入"本年利润"账户的其他业务成本，结转后，该账户期末无余额。该账户可按其他业务的种类设置明细分类账户（见图 5.31）。

借方	其他业务成本	贷方
登记发生的其他业务成本	期末转入"本年利润"账户借方的其他业务成本	

图 5.31　其他业务成本的账户结构

三、销售过程中业务的账务处理

（一）取得主营业务收入业务

企业销售商品或提供劳务实现的收入，应按实际收到、应收或者预收的金额，借记"银行存款""应收账款""应收票据""预收账款"等科目，按确认的营业收入，贷记"主营业务收入"科目，对于增值税销项税额，一般纳税人应贷记"应交税费——应交增值税（销项税额）"科目。

【例 5-28】　飞鹰公司销售甲产品 150 件，销售单价 240 元，共计 36 000 元，开出增值税发票，该产品的增值税税率为 13％，发票上注明增值税销项税额为 4 680 元，产品发出，货款收存银行。

```
借：银行存款                                          40 680
    贷：主营业务收入——甲产品                           36 000
        应交税费——应交增值税（销项税额）                 4 680
```

【例 5-29】　飞鹰公司销售 300 件乙产品给大华公司，每件售价 300 元，共计 90 000 元，增值税专用发票上注明增值税税率为 13％，销项税额为 11 700 元，合同约定运杂费由大华公司负担，企业用银行存款代垫运费 2 000 元，产品已发出，款项尚未收到。

```
借：应收账款——大华公司                               103 700
    贷：主营业务收入——乙产品                           90 000
        应交税费——应交增值税（销项税额）                11 700
        银行存款                                        2 000
```

【例 5-30】　承【例 5-29】,12 天后,飞鹰公司收到大华公司转来的销货款 103 700 元,存入银行。

借:银行存款　　　　　　　　　　　　　　　　　　　　　　　103 700

　　贷:应收账款——大华公司　　　　　　　　　　　　　　　　　103 700

【例 5-31】　飞鹰公司预收中宏公司转来的货款 50 000 元,该款现已存入银行。

借:银行存款　　　　　　　　　　　　　　　　　　　　　　　50 000

　　贷:预收账款——中宏公司　　　　　　　　　　　　　　　　　50 000

【例 5-32】　14 天后,飞鹰公司销售给中宏公司甲产品 700 件,单位产品售价 240 元,乙产品 100 件,单位产品售价 300 元,全部价款共计 198 000 元,增值税专用发票上注明产品销项税额为 25 740 元。冲销已预收的货款,差额款收到存入银行。

借:银行存款　　　　　　　　　　　　　　　　　　　　　　　173 740

　　预收账款——中宏公司　　　　　　　　　　　　　　　　　　50 000

　　贷:主营业务收入——甲产品　　　　　　　　　　　　　　　　168 000

　　　　　　　　　　——乙产品　　　　　　　　　　　　　　　　30 000

　　　　应交税费——应交增值税(销项税额)　　　　　　　　　　25 740

【例 5-33】　飞鹰公司销售乙产品 500 件,每件售价 320 元,增值税销项税额为 20 800 元,收到购货单位开出的商业汇票一张,金额为 180 800 元。

借:应收票据　　　　　　　　　　　　　　　　　　　　　　　180 800

　　贷:主营业务收入——乙产品　　　　　　　　　　　　　　　　160 000

　　　　应交税费——应交增值税(销项税额)　　　　　　　　　　20 800

(二)主营业务成本结转的业务

月末,企业应根据本月销售产品、提供劳务等的实际成本,计算应结转的主营业务成本,借记"主营业务成本"账户,贷记"库存商品"等账户。

【例 5-34】　飞鹰公司月末结转【例 5-28】至【例 5-33】中已销甲、乙产品的销售成本。甲产品的销售量为 850 件,单位成本为 134 元;乙产品的销售量为 900 件,单位成本为 185 元。

甲、乙两种产品的销售成本计算如下:

甲产品的销售成本=850×134=113 900(元)

乙产品的销售成本=900×185=166 500(元)

借:主营业务成本——甲产品　　　　　　　　　　　　　　　　113 900

　　　　　　　　——乙产品　　　　　　　　　　　　　　　　166 500

　　贷:库存商品——甲产品　　　　　　　　　　　　　　　　　113 900

　　　　　　　　——乙产品　　　　　　　　　　　　　　　　　166 500

(三)销售费用的核算业务

销售费用是指企业在销售商品过程中发生的费用,包括运输费、装卸费、包装费、保险费、展览费和广告费、商品维修费、预计产品质量保证以及为销售本企业商品而专设的销售机构(含销售网点、售后服务网点等)的职工工资及福利费、类似工资性质的费用、业务费、折旧费等经营费用。

企业发生销售费用时,借记"销售费用"账户,贷记"银行存款""应付账款""累计折旧""应付职工薪酬"等有关账户。需要注意的是,企业支付的业务招待费不作为销售费用,统一记入"管理费用"账户。

【例 5-35】 飞鹰公司用银行存款支付本月广告费 22 800 元。

借:销售费用　　　　　　　　　　　　　　　　　　　　　　　　22 800
　　贷:银行存款　　　　　　　　　　　　　　　　　　　　　　　　　22 800

【例 5-36】 飞鹰公司专设销售机构领用原材料 500 元。

借:销售费用　　　　　　　　　　　　　　　　　　　　　　　　　500
　　贷:原材料　　　　　　　　　　　　　　　　　　　　　　　　　　500

(四)计算交纳税金及附加的业务

企业根据税费相关规定计算应交纳的消费税、城市维护建设税、教育费附加等,计算时,借记"税金及附加"账户,贷记"应交税费"账户;实际交纳时,借记"应交税费"账户,贷记"银行存款"账户。

【例 5-37】 飞鹰公司销售的甲、乙产品按规定需交纳 7% 的城市维护建设税和 3% 的教育费附加。根据计算,本期应负担的城市维护建设税为 5 600 元,教育费附加为 2 400 元。

借:税金及附加　　　　　　　　　　　　　　　　　　　　　　　8 000
　　贷:应交税费——应交城市维护建设税　　　　　　　　　　　　　5 600
　　　　　　　　——应交教育费附加　　　　　　　　　　　　　　　2 400

(五)取得其他业务收支的业务

所谓其他业务收支,是指企业除主营业务以外的其他销售或其他业务的收入和支出。相比主营业务来说,其他业务具有非经常性、兼营性或在营业收入中不占主要比例等特征。其他业务的业务性质与主营业务相同,但业务范围不同。例如,某棉纺织厂的主营业务是出售棉纱和棉布,而另一家棉纺织厂急需一批纺织机械的机配件,一时来不及去外地采购,求助该企业转让一些急需的机配件。该企业转让的这批机配件的收入就属于其他业务收入。可见,主营业务和其他业务的划分不是绝对的,会随着企业经营业务的转变而变化。

制造业企业其他经营业务主要有材料销售、包装物出租、固定资产或无形资产出租、商品出租、用原材料进行非货币性资产交换或债务重组等。企业发生其他经济业务收支,在会计上也必须如实地反映和监督,并正确地组织核算。

当企业发生其他业务收入时,按已收取或应收的款项,借记"银行存款""应收账款""应收票据"等科目,按确定的收入金额,贷记"其他业务收入"科目,同时确认有关税金;在结转其他业务收入的同一会计期间,企业应根据本期应结转的其他业务成本金额,借记"其他业务成本"科目,贷记"原材料""累计折旧""应付职工薪酬"等科目。

【例 5-38】 飞鹰公司出售一批不需用的材料,价款 5 400 元,增值税销项税额为 702 元,款项已存入银行。

借:银行存款　　　　　　　　　　　　　　　　　　　　　　　6 102
　　贷:其他业务收入　　　　　　　　　　　　　　　　　　　　　5 400
　　　　应交税费——应交增值税(销项税额)　　　　　　　　　　　702

【例 5-39】 飞鹰公司结转上述已售材料的成本 5 000 元。

借:其他业务成本　　　　　　　　　　　　　　　　　　　　　5 000
　　贷:原材料　　　　　　　　　　　　　　　　　　　　　　　　5 000

第六节 利润形成及分配过程的核算

一、利润形成及分配过程核算的主要内容

利润总额是指企业在一定会计期间所实现的最终经营成果,包括收入减去费用后的净额、直接计入当期利润的利得或损失等。利得是指由企业非日常活动所发生的、会导致所有者权益增加的、与所有者投入资本无关的经济利益的流入。损失是指由企业非日常活动所发生的、会导致所有者权益减少的、与向所有者分配利润无关的经济利益的流出。

利润是按照配比原则的要求,将一定时期内存在因果关系的收入与费用进行配比而产生的结果,收入大于相关的成本与费用,企业盈利;收入小于相关的成本与费用,则企业亏损。利润是考核企业经营情况的一个重要的综合性指标。企业各方面的情况,诸如劳动生产率的高低、产品是否适销对路、产品成本和期间费用节约与否,都会通过利润指标得到综合反映。因此,获取利润就成为企业生产经营的主要目的之一。一个企业获利与否,不仅关系到企业的稳定发展和职工生活水平的提高,而且也会影响社会财富的积累与发展。所以,企业必须采取一切措施,增收节支,增强盈利能力,提高经济效益。

利润形成及分配的主要内容一般包括利润总额的计算、所得税的计算和交纳、利润分配或亏损弥补等。

二、利润形成的核算

（一）利润形成设置的主要账户

1.“营业外收入”账户

该账户的性质是损益类,用以核算企业发生的与其日常活动无直接关系的各项利得,主要包括非货币性资产交换利得、债务重组利得、盘盈利得、捐赠利得、政府补助等。

鼓鼓的腰包——利润业务核算(1)

该账户的贷方登记确认的各项利得,借方登记期末转入“本年利润”账户的余额,结转后该账户期末无余额。该账户可按营业外收入项目设置明细分类账户（见图 5.32）。

借方	营业外收入	贷方
期末转入“本年利润”账户贷方的营业外收入		本期取得的营业外收入

图 5.32 营业外收入的账户结构

2.“营业外支出”账户

该账户的性质是损益类,用以核算企业发生的与其日常活动无直接关系的各项损失,主要包括非货币性资产交换损失、债务重组损失、盘亏损失、罚款支出、公益性捐赠支出、非常损失等。

该账户的借方登记确认的各项损失,贷方登记期末转入"本年利润"账户的余额,结转后该账户期末无余额。该账户可按支出项目设置明细分类账户(见图5.33)。

借方	营业外支出	贷方
登记发生的营业外支出	期末转入"本年利润"账户借方的营业外支出	

图 5.33 营业外支出的账户结构

3."所得税费用"账户

该账户的性质是损益类,用以核算企业确认的应从当期利润总额中扣除的所得税费用。根据相关税法规定,企业的生产经营所得和其他所得都要交纳企业所得税。

该账户的借方登记企业计算应交纳的所得税数额,贷方登记其结转到"本年利润"账户的数额,结转后,该账户期末无余额(见图5.34)。

借方	所得税费用	贷方
登记应交纳的所得税数额	期末转入"本年利润"账户借方的所得税费用	

图 5.34 所得税费用的账户结构

4."投资收益"账户

该账户的性质是损益类,用以核算企业对外投资所获得的收益的实现或损失的发生及其结转情况。

该账户的贷方登记实现的投资收益和期末转入"本年利润"账户的投资净损失,借方登记发生的投资损失和期末转入"本年利润"账户的投资净收益。结转后,该账户期末无余额。该账户可按投资的种类设置明细分类账户(见图5.35)。

借方	投资收益	贷方
登记发生的投资损失和期末转入"本年利润"账户的投资净收益	登记实现的投资收益和期末转入"本年利润"账户的投资净损失	

图 5.35 投资收益的账户结构

5."本年利润"账户

该账户的性质是所有者权益类,用以核算企业利润的形成。企业期(月)末结转利润时,应将各损益类账户的金额转入本账户,结平各损益类账户。

该账户的贷方登记期末各收益类账户的转入数额,借方登记期末各费用或支出类账户的转入数额(见图5.36)。

借方	本年利润	贷方
期末从有关账户转入的各种费用支出		期末从有关账户转入的各种收入

图 5.36　本年利润的账户结构

若把所有损益类(收入费用类)账户进行具体结转,则"本年利润"账户结构如图 5.37 所示。

借方	本年利润	贷方
主营业务成本 其他业务成本 税金及附加 管理费用 销售费用 财务费用 投资收益 资产处置损益 营业外支出 所得税费用		主营业务收入 其他业务收入 投资收益 资产处置损益 营业外收入

图 5.37　"本年利润"的账户结构(具体)

上述结转完成后,余额如在贷方,即为当期实现的净利润;余额如在借方,即为当期发生的净亏损。

年度终了,应将本年实现的净利润(或发生的净亏损),转入"利润分配——未分配利润"账户贷方(或借方),结转后,该账户期末无余额。

6.“利润分配”账户

该账户的性质是所有者权益类,用以核算企业利润的分配(或亏损的弥补)和历年分配(或弥补)后的余额。

该账户可按"提取法定盈余公积""提取任意盈余公积""应付现金股利(或利润)""转作股本的股利""盈余公积补亏"和"未分配利润"等设置明细分类账户。

借方登记实际分配的利润额,包括提取的盈余公积和分配给投资者的利润,以及年末从"本年利润"账户转入的全年发生的净亏损。贷方登记用盈余公积弥补的亏损额等其他转入数,以及年末从"本年利润"账户转入的全年实现的净利润。

年末,应将"利润分配"账户下的其他明细账户的余额转入"未分配利润"明细账户。结转后,除"未分配利润"明细账户可能有余额外,其他各个明细账户均无余额(见图 5.38)。

借方	利润分配	贷方
①年末从"本年利润"账户转入的本年累计发生的净亏损 ②实际分配的利润数		①年末从"本年利润"账户转入的全年实现的净利润 ②用盈余公积弥补的亏损数
期末尚未弥补的亏损数		期末尚未分配的利润数

图 5.38　利润分配的账户结构

(二)利润形成的计算

企业的利润一般分为营业利润、利润总额和净利润三个部分。

1.营业利润

营业利润是反映企业管理者经营业绩的重要指标,是企业利润的主要来源。

营业利润＝营业收入－营业成本－税金及附加－销售费用－管理费用－财务费用－信用减值损失－资产减值损失＋公允价值变动收益(－公允价值变动损失)＋投资收益(－投资损失)＋其他收益＋资产处置收益(－资产处置损失)

其中：营业收入＝主营业务收入＋其他业务收入

营业成本＝主营业务成本＋其他业务成本

2.利润总额

利润总额也称税前利润,是指企业在生产经营过程中各种收入扣除各种耗费后的盈余,反映企业在报告期内实现的盈亏总额,由营业利润和营业外收支净额两部分构成。

利润总额＝营业利润＋营业外收入－营业外支出

3.净利润

净利润也称税后利润,利润总额扣除所得税费用后即形成净利润。

净利润＝利润总额－所得税费用

(三)利润形成的账务处理

1.管理费用的业务

【例5-40】 飞鹰公司用银行存款支付业务招待费10 000元。

借:管理费用　　　　　　　　　　　　　　　　　　　　　10 000
　　贷:银行存款　　　　　　　　　　　　　　　　　　　　10 000

【例5-41】 飞鹰公司的员工报销差旅费1 040元(原借440元)。

借:管理费用　　　　　　　　　　　　　　　　　　　　　1 040
　　贷:其他应收款　　　　　　　　　　　　　　　　　　　440
　　　　库存现金　　　　　　　　　　　　　　　　　　　　600

【例5-42】 飞鹰公司计提行政管理人员工资25 000元及福利费3 500元。

借:管理费用　　　　　　　　　　　　　　　　　　　　　28 500
　　贷:应付职工薪酬——工资　　　　　　　　　　　　　25 000
　　　　　　　　——职工福利费　　　　　　　　　　　　3 500

2.财务费用的业务

【例5-43】 飞鹰公司用现金支付短期借款利息6 000元。

借:财务费用　　　　　　　　　　　　　　　　　　　　　6 000
　　贷:库存现金　　　　　　　　　　　　　　　　　　　　6 000

3.营业外收支的业务

营业外收支是指企业发生的与其生产经营活动无直接关系的各项收入和各项支出,包括营业外收入和营业外支出两个部分。营业外收支具有以下特点：

(1)营业外收入和营业外支出一般相互独立,不具有因果关系。

(2)营业外收支通常意外出现,企业难以控制。

(3)营业外收支通常偶然发生,不重复出现,企业难以预见。

营业外收支虽然与企业正常的生产经营活动没有直接关系,但它们同样会对企业的利润总额造成影响,因此在会计核算中,应根据营业外收支项目发生的时间,按其实际发生的金额分别予以确认和计量,并在利润表中分列项目反映。

营业外收入是指企业偶然发生的与其日常活动无直接关系的各项利得,包括政府补助、盘盈利得(除固定资产盘盈外)、捐赠利得、非货币性资产交换利得、债务重组利得等。营业外支出是指企业偶然发生的与其日常活动无直接关系的各项损失,包括捐赠支出、盘亏损失、罚款支出、非货币性资产交换损失、债务重组损失等。

【例 5-44】 飞鹰公司取得违约赔款收入 10 000 元存入银行。

借:银行存款　　　　　　　　　　　　　　　　　　　　10 000

　　贷:营业外收入　　　　　　　　　　　　　　　　　　　　10 000

【例 5-45】 飞鹰公司用银行存款 30 000 元向疫情灾区捐款。

借:营业外支出　　　　　　　　　　　　　　　　　　　　30 000

　　贷:银行存款　　　　　　　　　　　　　　　　　　　　30 000

4.结转各类收入的业务

【例 5-46】 年末,据统计,飞鹰公司本期共发生主营业务收入 454 000 元,其他业务收入 5 400 元,营业外收入 10 000 元。年末需要结转以上业务的各类收入。

【解析】 该项经济业务的发生使企业本年利润增加 469 400 元,应记入"本年利润"账户的贷方;同时使企业各类收入共减少 469 400 元,应分别记入"主营业务收入""其他业务收入""营业外收入"账户的借方。会计处理如下:

借:主营业务收入　　　　　　　　　　　　　　　　　　454 000

　　其他业务收入　　　　　　　　　　　　　　　　　　　5 400

　　营业外收入　　　　　　　　　　　　　　　　　　　10 000

　　贷:本年利润　　　　　　　　　　　　　　　　　　　　469 400

5.结转各类成本、费用的业务

【例 5-47】 年末,据统计,飞鹰公司本期共发生主营业务成本 280 400 元,其他业务成本 5 000 元,营业外支出 30 000 元,税金及附加 8 000 元,销售费用 23 300 元,管理费用 39 540元,财务费用 6 000 元。飞鹰公司期末结转各类成本、费用。

【解析】 该项经济业务的发生,使企业本年利润减少 368 940 元,记入"本年利润"账户的借方;同时使企业各类成本、费用共减少 368 940 元,应分别记入"主营业务成本""其他业务成本""营业外支出""税金及附加""销售费用""管理费用""财务费用"账户的贷方。会计处理如下:

借:本年利润　　　　　　　　　　　　　　　　　　　368 940

　　贷:主营业务成本　　　　　　　　　　　　　　　　　　280 400

　　其他业务成本　　　　　　　　　　　　　　　　　　　5 000

　　营业外支出　　　　　　　　　　　　　　　　　　　30 000

税金及附加		8 000
销售费用		23 300
管理费用		39 540
财务费用		6 000

6. 结转所得税的业务

【例5-48】 若飞鹰公司本年应纳税所得税额为469 400－368 940＝100 460（元），按税法规定25%的税率计算，应纳所得税税额为25 115元。

【解析】 该项经济业务的发生，使企业所得税增加25 115元，应分别记入"所得税费用"账户的借方和"应交税费——应交所得税"账户的贷方。会计处理如下：

借：所得税费用 25 115
　　贷：应交税费——应交所得税 25 115

【例5-49】 承【例5-48】，飞鹰公司期末结转上述所得税。

【解析】 该项经济业务的发生，使企业的本年利润减少25 115元，应分别记入"本年利润"账户的借方和"所得税费用"账户的贷方。会计处理如下：

借：本年利润 25 115
　　贷：所得税费用 25 115

7. 年终结转全年净利润的业务

企业利润的分配（或亏损的弥补）应通过"利润分配"账户进行。会计期末，企业应将当年实现的净利润转入"利润分配——未分配利润"账户，即借记"本年利润"账户，贷记"利润分配——未分配利润"账户，如为净亏损，则作相反分录。结转前，若"利润分配——未分配利润"明细账户的余额在借方，上述结转当年净利润的分录同时反映了当年实现的净利润自动弥补以前年度亏损的情况。因此，用当年实现的净利润弥补以前年度亏损时，不需要另行编制会计分录。

【例5-50】 年终，飞鹰公司将实现的全年净利润469 400－368 940－25 115＝75 345（元）转入"利润分配"账户。

【解析】 该项经济业务的发生，使企业向投资者分配的利润增加75 345元，应记入"利润分配"账户的贷方；同时使企业的本年净利润减少75 345元，应记入"本年利润"账户的借方。会计处理如下：

借：本年利润 75 345
　　贷：利润分配——未分配利润 75 345

鼓鼓的腰包
——利润业
务核算(2)

三、利润分配的核算

（一）利润分配的主要内容

利润分配是指企业根据国家有关规定和企业章程、投资者的决议等，对企业当年可供分配的利润所进行的分配。

可供分配的利润＝净利润（或亏损）＋年初未分配利润－弥补以前年度亏损＋其他转入金额

根据《中华人民共和国公司法》（简称《公司法》）等相关法律、法规的规定，企业如果以前

年度有亏损的话,要先弥补以前年度亏损,如果没有,一般按以下顺序进行利润分配:

(1)提取法定盈余公积。根据《公司法》的规定,公司制企业应当按照当年实现的净利润的 10％计提法定盈余公积,法定盈余公积累计额达到注册资本的 50％时可不再提取。

(2)提取任意盈余公积。一般按股东大会决议提取。

(3)向投资者分配利润(或股利)。企业可供分配的利润扣除提取的盈余公积后,形成可供投资者分配的利润,即可供投资者分配的利润＝可供分配的利润－提取的盈余公积。

可供投资者分配的利润应按以下顺序进行分配:①支付优先股股利,即企业按照利润分配方案分配给优先股股东的现金股利;②支付普通股股利,即企业按照利润分配方案分配给普通股股东的现金股利;转作资本(或股本)的普通股股利,是指企业按照利润分配方案以分派股票股利的形式转作的资本(或股本)。

可供投资者分配的利润经过上述分配后,剩余部分为企业的未分配利润(或未弥补亏损)。年末未分配利润可按以下公式计算:

本年末未分配利润＝可供投资者分配的利润－优先股股利－普通股股利

未分配利润是企业实现的净利润经过弥补亏损、提取盈余公积和向投资者分配利润后留在企业的、历年结存的利润。未分配利润通常用于留待以后年度向投资者进行分配。由于未分配利润相对于盈余公积而言,属于未确定用途的留存收益,因此企业在使用未分配利润上有较大的自主权,受国家法律法规的限制较少。

(二)利润分配设置的主要账户

1."盈余公积"账户

该账户的性质是所有者权益类,用以核算企业从净利润中提取盈余公积和盈余公积使用情况的账户。

该账户的贷方登记提取的盈余公积,即盈余公积的增加;借方登记实际使用的盈余公积,即盈余公积的减少。期末余额在贷方,反映结余的盈余公积。该账户可按"法定盈余公积""任意盈余公积"等设置明细分类账户(见图 5.39)。

借方	盈余公积	贷方
盈余公积的实际使用数额	盈余公积的提取金额	
	盈余公积的结余金额	

图 5.39　盈余公积的账户结构

2."应付股利"账户

该账户的性质是负债类,用以核算企业经董事会或股东大会,或类似权力机构决议确定分配的现金股利或利润。

该账户的贷方登记应付给投资人股利(现金股利)或利润的增加额,借方登记实际支付给投资人的股利(现金股利)或利润,即应付股利的减少额。期末余额在贷方,表示尚未支付的股利(现金股利)或利润。这里需要注意的是,企业分配给投资人的股票股利不在该账户核算。该账户可按投资人设置明细分类账户(见图 5.40)。

借方	应付股利	贷方
实际支付给投资者的利润	计算出的应付的股利或利润	
	尚未支付的股利或利润	

图 5.40 应付股利的账户结构

(三)利润分配的账务处理

1.提取法定盈余公积

【例 5-51】 飞鹰公司按净利的 10％ 提取法定盈余公积 7 534.5 元。

【解析】 该项经济业务的发生,使企业提取的法定盈余公积增加 7 534.5 元,应记入"盈余公积——法定盈余公积"账户的贷方;同时使企业的利润分配减少 7 534.5 元,应记入"利润分配——提取法定盈余公积"账户的借方。会计处理如下:

借:利润分配——提取法定盈余公积   7 534.5

  贷:盈余公积——法定盈余公积   7 534.5

2.提取任意盈余公积

【例 5-52】 飞鹰公司按净利的 5％ 提取任意盈余公积 3 767.25 元。

【解析】 该项经济业务的发生,使企业提取的任意盈余公积增加 3 767.25 元,应记入"盈余公积——任意盈余公积"账户的贷方;同时使企业的利润分配减少 3 767.25 元,应记入"利润分配——提取任意盈余公积"账户的借方。会计处理如下:

借:利润分配——提取任意盈余公积   3 767.25

  贷:盈余公积——任意盈余公积   3 767.25

3.向投资者分配利润或股利

(1)若分配现金股利,按应支付的现金股利和利润,借记"利润分配——应付现金股利"账户,贷记"应付股利"账户。

(2)若分配股票股利,以股票股利转作股本的金额,借记"利润分配——转作股本的股利"账户,贷记"股本"账户。

【例 5-53】 飞鹰公司按已批准的分配方案向投资者分配现金股利 30 000 元。

【解析】 该项经济业务的发生使企业向投资者分配的股利增加 30 000 元,应记入"应付股利"账户的贷方;同时使企业的利润分配减少 30 000 元,应记入"利润分配——应付现金股利"账户的借方。会计处理如下:

借:利润分配——应付现金股利   30 000

  贷:应付股利   30 000

4.结转"利润分配"所属各明细账户,企业未分配利润形成

年度终了,企业应将"利润分配"科目所属其他明细科目的余额转入该科目"未分配利润"明细科目,即:

借:利润分配——未分配利润

  贷:利润分配——提取法定盈余公积

利润分配——提取任意盈余公积

利润分配——应付现金股利

利润分配——转作股本的股利

"未分配利润"明细账户的贷方余额表示历年累积的未分配利润（即可供以后年度分配的利润）；借方余额表示历年累积的未弥补亏损（即留待以后年度弥补的亏损）。

【例5-54】 年终，飞鹰公司将"利润分配"账户所属各明细账户的贷方分配数结转到"利润分配——未分配利润"的借方账户。

借：利润分配——未分配利润		41 301.75
贷：利润分配——提取法定盈余公积		7 534.50
——提取任意盈余公积		3 767.25
——应付现金股利		30 000

【复习思考题】

1. 资金筹集过程有哪些基本业务？

2. 企业供应过程有哪些基本业务？

3. 企业生产过程有哪些基本业务？

4. 企业销售过程有哪些基本业务？

5. 企业利润的形成和分配如何核算？

【测一测】

在线测试

第六章

会计凭证

■■■ 学习目标

通过本章的学习,要求了解会计凭证的意义和种类、会计凭证的传递和保管;掌握会计凭证的基本内容和填制方法;掌握原始凭证、记账凭证的审核要求。

■■■ 关键知识点

会计凭证的填制与审核。

■■■ 案例导入

2019 年 8 月 10 日,长江公司采购员李某出差回来报销差旅费。酒店开具的增值税发票记载单价50 元,人数1 人,住宿时间10 天,金额为500 元。李某报销时将发票单价50 元改为350 元,小写金额改为3 500 元,在大写金额前加了一个"叁仟"。出纳员给予报销3 500元,现金支付。

■■■ 思　考

1. 出纳人员业务处理正确吗? 如不对应承担什么责任?

2. 对采购员李某应怎样处理?

3. 出纳人员应如何提高业务处理能力,遵守会计法律法规与会计职业道德?

第一节　会计凭证概述

一、会计凭证的概念

会计凭证,简称凭证,是记录经济业务、明确经济责任和据以登记账簿的具有法律效力的书面证明。例如,购买商品取得的发票,报销差旅费的差旅费报销单,等等,这些单据都属于会计凭证。

会计主体为了确保会计记录的真实与可靠,会计核算应当以实际发生的经济业务为依据,并要求对记入账户的每一项经济业务都有真实可靠的会计凭证。因此,填制和审核会计凭证是会计核算的基础环节,也是会计监督的一种专门方法。

二、会计凭证的作用

在会计核算中,会计凭证对于客观反映和有效监督会计主体的经济活动,确保会计信息真实、完整、合法,发挥会计在经济管理中的作用,维护整个国家的社会经济秩序等方面具有重要的作用。

会计的初级
作业——会计
凭证概述

(一)会计凭证是提供经济活动原始资料,传递经济信息的工具

会计信息是经济信息的重要组成部分。它一般是通过数据,以凭证、账簿、报表等形式反映出来的。随着生产的发展,及时准确的会计信息在企业管理中的作用越来越重要。任何一项经济业务的发生,都要编制或取得会计凭证。会计凭证是记录经济活动的最原始资料,是经济信息的载体。通过会计凭证的加工、整理和传递,可以直接取得和传递经济信息,既协调了会计主体内部各部门、各单位之间的经济活动,保证生产经营各个环节的正常运行,又为会计分析和会计预测提供了基础资料。

(二)会计凭证是进行会计核算的依据

会计凭证是反映每一项经济业务完成情况的最基础、最原始资料,做好会计凭证的填制和审核工作,是保证会计账簿资料真实性、完整性和正确性的重要条件。因此,任何单位每发生一项经济业务,其经办业务的有关人员都必须按照规定的程序和要求,认真填制会计凭证,记录经济业务发生或完成的日期,经济业务的内容、数量和金额,然后经过严格审核,才能登记账簿。

(三)会计凭证是实行会计监督的条件

通过审核会计凭证,可以查明会计主体发生的各项经济业务是否符合国家的有关方针、政策、法规、制度;是否符合企业有关的预算标准;是否符合客观实际情况;从而确保各项经济业务的真实性和合法性,充分发挥会计监督的作用,提高企业的经济效益。

（四）会计凭证是明确经济责任，加强经济管理的手段

经济责任是指有关人员依照经济法律法规的规定必须履行的义务和职责。由于会计凭证记录了每项经济业务的内容，并要由有关部门和经办人员签章，因此，经办人员必须在各自的岗位上对该项经济业务负责任。这样有效地增强了有关部门和有关人员的责任感，促使他们严格按照有关政策、法规、计划办事，加强经营管理的岗位责任制。同时，各经办部门和人员通过会计凭证的传递，可以加强内部联系，互相协作、互相牵制，起到相互明确经济责任、相互监督的作用。

三、会计凭证的种类

由于不同的企业，经济业务性质与内容各有特点，会计凭证千差万别，种类较多，为了在会计核算中正确运用会计凭证，有必要按一定特征对会计凭证进行分类，以充分认识和发挥不同会计凭证的不同作用。会计凭证按照其填制程序和用途的不同分为原始凭证和记账凭证。

第二节　原始凭证

原始凭证是在经济业务发生或完成时直接取得或填制的，用以记录经济业务的主要内容和完成情况，明确经济责任，并据以填制记账凭证的书面证明。例如，增值税专用发票、领料单、产品入库单等。原始凭证是进行会计核算的原始资料和重要依据。

一、原始凭证的种类

纷繁复杂的经济业务导致原始凭证的品种繁多，为了更好地认识和利用原始凭证，必须按照一定标准对原始凭证进行分类。原始凭证按照不同的分类标准，可以分为不同的种类。

（一）原始凭证按其来源不同分类

原始凭证按其来源不同分类，可以分为外来原始凭证和自制原始凭证两种。

外来原始凭证是在经济业务活动发生或完成时，从其他单位或个人直接取得的原始凭证，如增值税专用发票、非增值税及小规模纳税人的发票、铁路运输部门的火车票、由银行转来的结算凭证和对外支付款项时取得的收据等，格式如图 6.1 所示。

自制原始凭证是指本单位内部具体经办业务的部门和人员，在执行或完成某项经济业务时所填制的原始凭证，如"收料单""领料单""销货发票""产品入库单""工资结算表"等，格式如图 6.2 所示。

增值税专用发票

开票日期:2016 年 8 月 2 日

| 购货单位 | 名称 | 富丰有限公司 | 纳税人登记号 | 3 | 6 | 0 | 7 | 0 | 1 | 7 | 0 | 1 | 5 | 8 | 7 | 2 | 6 | 7 |
| | 地址电话 | 8118625 | 开户银行及账号 | 中行赣州分行营业部 738622580041103221 | | | | | | | | | | | | | | |

货物或应税劳务名称	规格型号	计量单位	数量	单价	金　额								税率（%）	税　额							
					万	千	百	十	元	角	分		万	千	百	十	元	角	分
甲产品		吨	2	2500		5	0	0	0	0	0	17			8	5	0	0	0
合计						5	0	0	0	0	0				8	5	0	0	0

| 价税合计 | 零拾零万伍仟捌佰伍拾零元零角零分 | ￥ 5850.00 |
| 备注 | | |

| 销货单位 | 名称 | 万利工厂 | 税务登记号 | 4 | 2 | 1 | 3 | 7 | 6 | 5 | 2 | 0 | 1 | 8 | 1 | 9 | 6 | 3 |
| | 地址电话 | 82163756 | 开户银行及账号 | 建行兴大分处理 24180066235 | | | | | | | | | | | | | | |

销货单位(章):　　　　收款人:×××　　　　复核:×××　　　　开票人:×××

图 6.1　外来原始凭证格式

领料单

领料部门:　　　　　　　　　　　　　　　　　　　　凭证编号:
用　途:　　　　　　　　年　月　日　　　　　　　收料仓库:

材料编号	材料规格及名称	计量单位	数量		价格	
			请领	实领	单价	金额(元)
备注					合计	

记账　　　　　　发料　　　　　　审批　　　　　　领料

产品入库单

　　　　　　　　　　　　　　　　　　　　　　　　凭证编号:
交库单位:　　　　　　　年　月　日　　　　　　　收料仓库:

产品编号	产品名称	规格	计量单位	交付数量	检验结果		实收数量	单价	金额
					合格	不合格			
备注							合计		

图 6.2　自制原始凭证格式

（二）原始凭证按其填制方法不同分类

原始凭证按其填制方法不同分类，可以分为一次凭证、累计凭证和汇总凭证三种。

一次凭证，是指一次填制完成的原始凭证。它反映一笔经济业务或同时反映若干同类经济业务的内容。外来原始凭证一般均属一次凭证，自制原始凭证大多数也是一次凭证。日常的原始凭证多属此类，如"现金收据""发货票""收料单"等。一次凭证能够清晰地反映经济业务活动情况，使用方便灵活，但数量较多。

累计凭证，是指在一张凭证上连续登记一定时期内不断重复发生的若干同类经济业务，直到期末才能填制完毕的原始凭证。累计凭证可以连续登记相同性质的经济业务，随时计算出累计数及结余数，期末按实际发生额记账，如"费用限额卡""限额领料单"等，格式如图6.3所示。

限额领料单

领料部门：　　　　　　　　　　　　　　　　　　凭证编号：

产品名称、号码：　　　　　　　年　　月　　日

计划产量：　　　　　　单位消耗定额：　　　　　　编号：

材料编号	材料名称	规格	计量单位	计划单位	领料限额	全月实用	
						数量	金额
领料日期	请领数量	实发数量	领料人签章	发料人签章		限额结余	
合计							

供应部门负责人：　　　　　生产部门负责人：　　　　　仓库管理员：

图6.3　累计凭证格式

汇总凭证，也叫原始凭证汇总表，是根据许多同类经济业务的原始凭证或会计核算资料定期加以汇总而重新编制的原始凭证。汇总凭证既可以提供经营管理所需的总量指标，又可以大大简化核算手续，如"发出材料汇总表""差旅费报销单"等，格式如图6.4所示。

（三）原始凭证按其用途不同分类

原始凭证按其用途不同分类，可以分为通知凭证、执行凭证和计算凭证三种。

通知凭证是指要求、指示或命令企业进行某项经济业务的原始凭证，如"罚款通知书""付款通知单"等。

执行凭证是用来证明某项经济业务发生或已经完成的原始凭证，如"销货发票""材料验收单""领料单"等。

计算凭证是指根据已完成经济业务的资料，按其内在关系，经过一定计算而填制的原始凭证。计算凭证一般是为了便于以后记账和了解各项数据来源和产生的情况而编制的，如"制造费用分配表""产品成本计算单""工资结算表"等。

发出材料汇总表

年　　　　　月　　　　　日

会计科目		领料部门	原材料	燃料	合计
生产成本	基本生产车间	一车间			
		二车间			
		小计			
	辅助生产车间	供电车间			
		供气车间			
		小计			
制造费用		一车间			
		二车间			
		小计			
管理费用		行政部门			
合计					

财会负责人：　　　　　　　复核：　　　　　　　　制表：

图 6.4　发出材料汇总表格式

(四)原始凭证按其格式不同分类

原始凭证按其格式不同分类,可以分为通用凭证和专用凭证两种。

通用凭证是指全国或某一地区、某一部门统一格式的原始凭证。如由银行统一印制的结算凭证、税务部门统一印制的发票等。

专用凭证是指一些单位具有特定内容、格式和专门用途的原始凭证。如高速公路通过费收据、养路费缴款单等。

以上是按不同的标准对原始凭证进行的分类。它们之间是相互依存,密切联系的,有些原始凭证按照不同的分类标准分别属于不同的种类。如现金收据对出具收据的单位来说是自制原始凭证;而对接收收据的单位来说则是外来原始凭证;同时,它既是一次凭证,又是执行凭证,也是专用凭证。外来的凭证大多为一次凭证,计算凭证、累计凭证大多为自制原始凭证。

根据上述原始凭证的分类,归纳如图 6.5 所示。

二、原始凭证的填制

(一)原始凭证的基本内容

企业发生的经济业务纷繁复杂,反映其具体内容的原始凭证也品种繁多。虽然原始凭证反映经济业务的内容不同,但无论哪一种原始凭证,都应该说明有关经济业务的执行和完成情况,都应该明确有关经办人员和经办单位的经济责任。因此,各种原始凭证,尽管名称和格式不同,但都应该具备一些共同的基本内

可靠的证据
——原始凭证的填制与审核

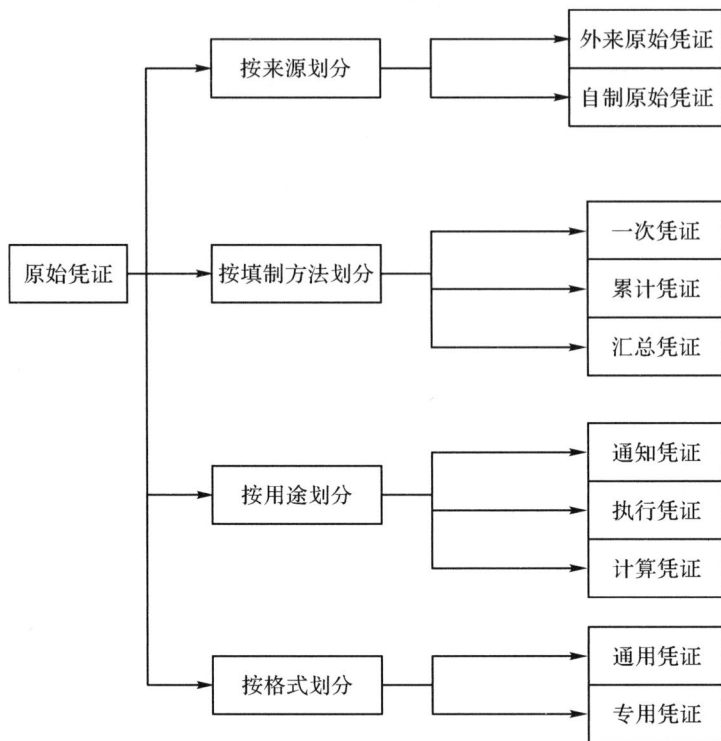

图 6.5 原始凭证的分类

容。这些基本内容就是每一张原始凭证所应该具备的要素。原始凭证必须具备以下基本内容:

（1）原始凭证的名称。任何原始凭证都必须有名称。例如,购货发票、差旅费报销单等。

（2）填制单位的名称。

（3）填制凭证的日期和凭证编号。原始凭证上填写的日期,应是经济业务发生或完成时的日期。特别是对于一些现金收支业务的原始凭证,其凭证是否顺序连续编号对充分发挥凭证的监督作用显得尤为重要。

（4）接受凭证的单位名称。接受凭证的单位名称通常是该项经济业务的对方,即往来方。

（5）经济业务的内容摘要。经济业务的内容摘要是对该原始凭证所记载经济业务的简要说明。

（6）经济业务中的实物名称、数量、计量单位、单价和金额。

（7）经办人员的签名或盖章。外来原始凭证必须盖有填制单位的公章或填制人员的签章。

在实际工作中,各单位根据会计核算和管理的需要,可自行设计印制适合本单位需要的各种原始凭证。但是对于在一个地区范围内经常发生的大量同类经济业务,应由各主管部门统一设计印制原始凭证。如银行统一印制的银行汇票、转账支票和现金支票等,铁路部门统一印制的火车票,税务部门统一印制的有税务登记的发票,财政部门统一印制的收款收据等。这样,可以使原始凭证的内容格式统一,便于加强监督管理。

(二)原始凭证的填制方法

原始凭证是具有法律效力的证明文件,是进行会计核算的依据,必须认真填制。为了保证原始凭证能清晰地反映各项经济业务的真实情况,原始凭证的填制必须符合以下要求:

(1)记录要真实。原始凭证上填制的日期、经济业务内容和数字必须是经济业务发生或完成的实际情况,不得弄虚作假,不得以匡算数或估计数填入,不得涂改、挖补。

(2)内容要完整。原始凭证中应该填写的项目要逐项填写,不可缺漏;名称要写全,不要简化;品名和用途要填写明确,不能含糊不清;有关部门和人员的签名和盖章必须齐全。

(3)手续要完备。单位自制的原始凭证必须有经办业务的部门和人员签名盖章;对外开出的凭证必须加盖本单位的公章或财务专用章;从外部取得的原始凭证必须有填制单位公章或财务专用章。总之,取得的原始凭证必须符合手续完备的要求,以明确经济责任,确保凭证的合法性、真实性。

(4)填制要及时。所有业务的有关部门和人员,在经济业务实际发生或完成时,必须及时填写原始凭证,做到不拖延、不积压,不事后补填,并按规定的程序审核。

(5)编号要连续。原始凭证要顺序连续或分类编号,在填制时要按照编号的顺序使用,跳号的凭证要加盖"作废"戳记,连同存根一起保管,不得撕毁。

(6)书写要规范。原始凭证中的文字、数字的书写都要清晰、工整、规范,做到字迹端正、易于辨认,不草、不乱、不造字,大小写金额要一致。复写的凭证要不串行、不串格、不模糊,一式几联的原始凭证,应当注明各联的用途。数字和货币符号的书写要符合下列要求:

①数字要一个一个地写,不得连笔写。特别是在要连写几个"0"时,也一定要单个地写,不能将几个"0"连在一起一笔写完。数字排列要整齐,数字之间的空格要均匀,不宜过大。此外,阿拉伯数字的书写还应有高度的标准,一般要求数字的高度占凭证横格的 1/2 为宜。书写时还要注意紧靠横格底线,使上方能有一定的空位,以便需要进行更正时可以再次书写。

②阿拉伯数字前面应该书写货币币种或者货币名称简写和币种符号。币种符号与阿拉伯数字之间不得留有空白。凡阿拉伯金额数字前写有货币币种符号的,数字后面不再写货币单位。所有以元为单位(其他货币种类为货币基本单位,下同)的阿拉伯数字,除表示单价等情况外,一律填写到角分;无角分的,角位和分位写"00"或者符号"—";有角无分的,分位应当写"0",不得用符号"—"代替。在发货票等须填写大写金额数字的原始凭证上,如果大写金额数字前未印有货币名称,应当加填货币名称,然后在其后紧接着填写大写金额数字,货币名称和金额数字之间不得留有空白。

③汉字填写金额如零、壹、贰、叁、肆、伍、陆、柒、玖、拾、佰、仟、万、亿等,应一律用正楷或行书填写,不得用〇、一、二、三、四、五、六、七、八、九、十等简化字代替。不得任意自造简化字。大写金额数字到元或角为止的,在"元"或"角"之后应当写"整"或"正"字。阿拉伯金额数字之间有"0"时,汉字大写金额应写"零"字;阿拉伯金额数字中间连续有几个"0"

时,大写金额中可以只有一个"零";阿拉伯金额数字元位为"0"或者数字中间连续有几个"0",元位也是"0",但角位不是"0"时,汉字大写金额可以只写一个"零"字,也可以不写"零"字。

三、原始凭证的审核

原始凭证必须经过严格认真的审核才能据以填制记账凭证,才能记账。原始凭证的审核是保证会计记录客观真实、正确合法,充分发挥会计监督作用的重要环节。对于规范财经纪律,加强经营管理,提高经济效益具有十分重要的作用。原始凭证的审核主要有以下内容。

（一）审查原始凭证所反映经济业务的合理性、合法性和真实性

这种审查是以有关政策、法规、制度和计划合同等为依据,审查凭证所记录的经济业务是否符合有关规定,有无贪污盗窃、虚报冒领、伪造凭证等违法乱纪现象,有无不讲经济效益、违反计划和标准的要求,等等。对于不合理、不合法及不真实的原始凭证,财会人员应拒绝受理。如发现伪造或涂改凭证弄虚作假、虚报冒领等不法行为,除拒绝办理外,还应立即报告有关部门,提请严肃处理。

（二）审核原始凭证的填制是否符合规定的要求

首先审查所用的凭证格式是否符合规定,凭证的要素是否齐全,是否有经办单位和经办人员签章;其次审查凭证上的数字是否完整,大小写是否一致;最后审查凭证上数字和文字是否有涂改、污损等不符合规定之处。如果通过审查发现凭证不符合上述要求,那么凭证本身就失去作为记账依据的资格,会计部门应把那些不符合规定的凭证退还给原编制凭证的单位或个人,要求重新补办手续。

原始凭证的审核,是一项很细致而且十分严肃的工作。要做好原始凭证的审核,充分发挥会计监督的作用,会计人员应该做到精通会计业务;熟悉有关的政策、法令和各项财务规章制度;对本单位的生产经营活动有深入的了解;同时还要求会计人员具有维护国家法令、制度和本单位财务管理的高度责任感,敢于坚持原则,才能在审核原始凭证时正确掌握标准,及时发现问题。

原始凭证经过审核后,对于符合要求的原始凭证,及时编制记账凭证并登记账簿;并对于手续不完备、内容记载不全或数字计算不正确的原始凭证,应退回有关经办部门或人员补办手续或更正;对于伪造、涂改或经济业务不合法的凭证,应拒绝受理,并向本单位领导汇报,提出拒绝执行的意见;对于弄虚作假、营私舞弊、伪造涂改凭证等违法乱纪行为,必须及时揭露并严肃处理。

第三节　记账凭证

记账凭证是由会计人员根据审核后的原始凭证或原始凭证汇总表进行归类整理,用于明确会计分录,并为登记账簿需要而填制的一种会计凭证。

一、记账凭证的种类

记账凭证从不同的角度,可以分为不同的种类。

(一)记账凭证按适用内容不同,可分为专用记账凭证和通用记账凭证

1.专用记账凭证

专用记账凭证按其反映的经济业务是否与现金和银行存款收付有关,分为收款凭证、付款凭证、转账凭证。

收款凭证,是指专门用于记录库存现金和银行存款、收款业务的会计凭证。收款凭证是出纳人员收讫款项的依据,也是登记总账、库存现金日记账和银行存款日记账以及有关明细账的依据,一般按库存现金和银行存款分别编制。收款凭证格式如图6.6所示。

收款凭证

借方科目:　　　　　　　　　　　　年　　月　　日　　　　　　　　　字　　第　　号

摘　要	借方科目		记账√	金　额									
	总账科目	明细科目		千	百	十	万	千	百	十	元	角	分
附件　张	合　计												

会计主管　　　　　　记账　　　　　　出纳　　　　　　审核　　　　　　制单

图6.6　收款凭证格式

付款凭证,是指专门用于记录库存现金和银行存款付款业务的会计凭证。付款凭证是出纳人员支付款项的依据,也是登记总账、库存现金日记账和银行存款日记账以及有关明细账的依据,一般按库存现金和银行存款分别编制。付款凭证格式如图6.7所示。

转账凭证,是指专门用于记录不涉及现金和银行存款、收付款业务的会计凭证。它是登记总账和有关明细账的依据。转账凭证格式如图6.8所示。

付款凭证

贷方科目：　　　　　　　　　　　　年　月　日　　　　　　　　字　第　号

摘　要	借方科目		记账√	金　额									
	总账科目	明细科目		千	百	十	万	千	百	十	元	角	分
附件　张	合计												

会计主管　　　　　记账　　　　　出纳　　　　　审核　　　　　制单

图 6.7　付款凭证格式

转账凭证

年　月　日　　　　　　　　字　第　号

摘　要	会计科目		记账√	借方金额										贷方金额									
	总账科目	明细科目		千	百	十	万	千	百	十	元	角	分	千	百	十	万	千	百	十	元	角	分
附件张	合计																						

会计主管　　　　　记账　　　　　出纳　　　　　审核　　　　　制单

图 6.8　转账凭证格式

收款凭证、付款凭证和转账凭证分别用以记录库存现金,银行存款收款业务、付款业务和转账业务(与库存现金、银行存款收支无关的业务)。为了便于识别,各种凭证印制成不同的颜色。在会计实务中,对于库存现金和银行存款之间的收付款业务,为了避免记账重复,一般只编制付款凭证,不编制收款凭证。

2.通用记账凭证

通用记账凭证,是指用来反映所有经济业务的记账凭证,为各类经济业务所共同使用,其格式与转账凭证基本相同。适合规模小、业务量不多的单位,具体格式如图6.9所示。

通用记账凭证

年　　月　　日　　　　　　　　　　　　　　字　　第　　号

摘　要	会计科目		记账√	借方金额										贷方金额									
	总账科目	明细科目		千	百	十	万	千	百	十	元	角	分	千	百	十	万	千	百	十	元	角	分
附件　张	合　计																						

会计主管　　　　　　记账　　　　　　出纳　　　　　　审核　　　　　　制单

图 6.9　通用记账凭证格式

(二) 记账凭证按填制方式不同, 可分为单式记账凭证和复式记账凭证

1. 单式记账凭证

单式记账凭证是在一张凭证上只填每笔会计分录中的一方科目, 一项经济业务至少要填制两张单式记账凭证。编制这类凭证的优点是便于汇总每一个会计科目的发生额, 加强了企业会计内部的岗位责任制; 不足之处在于凭证数量多, 填制凭证的工作量大, 不易保管。

2. 复式记账凭证

复式记账凭证是指在一张凭证上填列每笔会计分录所涉及的全部科目。上面所列举的收款凭证、付款凭证和转账凭证均属复式记账凭证。这类凭证的优点是通过一张凭证就可以看出经济业务的全貌以及账户的对应关系, 且填写方便, 附件集中, 便于凭证的分析及审核。不足之处是不便于汇总计算每一会计科目的发生额和分工记账。

(三) 记账凭证按汇总方法不同, 可分为分类汇总凭证和全部汇总凭证

1. 分类汇总凭证

分类汇总凭证是指定期按库存现金、银行存款及转账业务进行分类汇总, 也可以按科目进行汇总。如可以将一定时期的收款凭证、付款凭证、转账凭证分别汇总, 编制汇总收款凭证、汇总付款凭证、汇总转账凭证。

2. 全部汇总凭证

全部汇总凭证是指将单位一定时期内编制的会计分录, 全部汇总在一张记账凭证上。将一定时期的所有记账凭证按相同会计科目的借方和贷方分别汇总, 编制记账凭证汇总表 (或称科目汇总表)。

汇总凭证是将许多同类记账凭证逐日或定期 (3 天、5 天、10 天等) 加以汇总后编制的记账凭证, 有利于简化总分类账的登记工作。

收款凭证、付款凭证和转账凭证, 称为专用记账凭证。实际工作中, 货币资金的管理

是财会人员的一项重要工作。为了单独反映货币资金的收付情况,在货币资金收付业务量较多的单位,往往对货币资金的收付业务编制专用的收、付款凭证。目前,现实工作中大多数单位,都使用一种通用格式的记账凭证。这种通用格式的记账凭证既可用于收、付款业务,又可用于转账业务,所以称为通用记账凭证,更加具有普遍性。通用记账凭证的格式如图 6.10 所示。

记账凭证

年　　　月　　　日　　　　　　　　　　　字　　　第　　　号

摘要	会计科目		记账√	借方金额										记账√	贷方金额									
	总账科目	明细科目		千	百	十	万	千	百	十	元	角	分		千	百	十	万	千	百	十	元	角	分
附件　张	合计																							

会计主管　　　　　　　　　记账　　　　　　　审核　　　　　　　　　制单

图 6.10　通用记账凭证格式

综上所述,记账凭证的分类如图 6.11 所示。

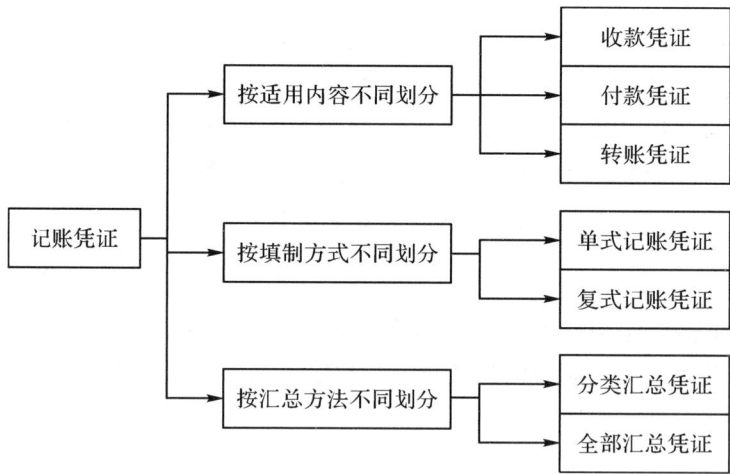

图 6.11　记账凭证的分类

二、记账凭证的填制

（一）记账凭证的基本内容

记账凭证种类甚多,格式不一,但各种记账凭证的主要作用都在于对原始凭证进行归类整理,运用账户和复式记账法,编制会计分录,据以登记账簿。为了满足会计核算的要求,一切单位所使用的记账凭证,不论格式如何都必须具备以下内容:

（1）记账凭证的名称。

（2）填制凭证的日期和凭证编号。

（3）经济业务内容的摘要。

（4）账户名称（总分类账户和明细分类账户名称）、记账方向（借或贷）及金额。

（5）记账符号（即是否过账）。

（6）所附原始凭证张数。

（7）制单、审核、记账、会计主管等相关人员的签章;如系收付款凭证,还必须有出纳人员的签章。

（二）记账凭证的填制要求

1. 以审核无误的原始凭证为记账依据

在对原始凭证审核无误的基础上填制记账凭证,这是内部牵制制度的一个重要环节。

2. 正确运用科目

正确运用会计制度统一规定的会计科目名称,根据实际经济业务的性质,对应关系明确。不得任意变更或简化科目的名称及其核算内容,应该按国家统一规定的会计规范科目。除此之外,还必须针对经济业务的性质,编制一借一贷、一借多贷和一贷多借的会计分录,这样才可能使会计核算符合规范。

3. 记账凭证的日期

收、付款凭证的日期以收付现金和银行存款的日期填写,转账凭证则可按收到原始凭证的日期填写。如果记账凭证根据不同日期的某类原始凭证填制时,可按填制凭证日期填写。

4. 附件齐全,便于日后查账验证

记账凭证是否附有原始凭证,所附原始凭证是否与记账凭证所列附件张数相符,这是日后查账验证的一个书面证据,也是证明记账凭证所记录经济业务客观真实的一个证明材料。如果根据同一原始凭证填制的两张或两张以上的记账凭证,未附有原始凭证的记账凭证,应注明"原始凭证附在第××号记账凭证上",以便复核和日后查验。但更正错账和结账的凭证可以不附原始凭证。

5. 记账凭证的编号

如果企业采用通用记账凭证,记账凭证的编号可以采取顺序编号法,即按经济业务发生的先后顺序编号,每月从第 1 号编起;若采用专用记账凭证,则按凭证类别顺序编号,例如,收字第××号、付字第××号、转字第××号等;如果一笔经济业务需要编制多张记账凭证时,可采用"分数编号法"。例如,一笔转账业务需填制两张转账凭证,且该项业务的发生顺序为第八,即第一张凭证的编号为"转字 8 1/2 号",第二张应为"转字 8 2/2 号";前面的整数为总号,表示经济业务的顺序;后面的分数为分号,分母表示该项业务共有两张凭证,分子表示两张凭证中的第一张或第二张。但是无论采用何种编号法,都应该在月末最后一张记账凭证的编号旁加注"全"字,以免凭证散失。

6. 内容完整,借贷平衡,责任明确

记账凭证中各要素要填列齐全,摘要栏是对经济业务的简要说明,不仅要概括出经济业务的主要内容,而且要文字简洁、含义清楚。金额的登记方向和数字要正确填写,角分位不留空白,且合计金额栏要注意借贷平衡。相关人员要在记账凭证上签章以做到责任明确。

7. 错误的更正

记账凭证填制时,如果发现错误,不得在原始凭证上作任何修改,而应该重新填制。如果发现已登记入账的记账凭证有误,则应采用错账更正法中的红字更正法或补充登记法来改正。对已经登记入账的记账凭证,在当年内发现填写错误时,可以用红字填写一张与原内容相同的记账凭证,在摘要栏注明"注销某月某日某号凭证"字样,同时再用蓝字重新填制一张正确的记账凭证,注明"订正某月某日某号凭证"字样。

(三)记账凭证的填制程序

(1)审核原始凭证;

(2)按原始凭证或原始凭证汇总表所列的经济业务,根据会计制度的规定,运用借贷记账法,确定应借、应贷会计科目和金额;

(3)按照记账凭证的内容、格式及填制方法,填制记账凭证;

(4)记账凭证填制审核后,交记账人员记账。

(四)记账凭证的填制方法

现按借贷记账法,分别说明收款凭证、付款凭证和转账凭证的填制方法。

1. 收款凭证的填制

根据现金或银行存款的收款单据填制收款凭证,其填制方法如下:

(1)收款凭证左上方"借方科目"只可填"现金"或"银行存款"科目。

(2)收款凭证上的年、月、日为填制记账凭证的日期,右上方为记账凭证的编号,应按填制记账凭证的日期的先后顺序编写,一般每月重编一次。即分别自"银收字 1 号""现收字 1 号"顺序编起,不得漏号、重号。

(3)摘要栏填写经济业务简要说明,贷方科目填列与上述"现金""银行存款"科目相对应的一级科目和明细分类科目,各贷方科目金额栏按经济业务实际发生的数额填入本科目同一行的"金额"栏中。

(4)"过账"栏应注明所记入总账或明细账页次或以"√"表示已经过账。

(5)附件张数,填写记账凭证所附原始凭证张数。

(6)最后是相关人员的签章以明确所负责任。

2. 付款凭证的填制

付款凭证的填制方法与收款凭证的填制方法基本相同。所不同的是左上方"贷方科目"

应填列"现金"或"银行存款"科目。借方科目应填列相对应的有关科目。

对于将现金存入银行，从银行提取现金以及各银行之间的划转业务，为避免重复填制凭证，在实际工作中一律只填制付款凭证。

收款凭证和付款凭证都是登记现金和银行存款日记账及总账和有关明细账的依据，同时也是出纳人员收付款项的依据。为此，出纳人员应在已经收付的收款凭证和付款凭证后所附的原始凭证上加盖"收讫"或"付讫"戳记，以避免重复收付。

3.转账凭证的填制

转账凭证是根据不涉及现金和银行存款收付的有关转账业务的原始凭证填制的。凭证中的"总账科目"和"明细科目"栏分别填写借方总账科目和明细科目，贷方总账科目和明细科目，借方金额在同一行的"借方金额"栏中填写，贷方金额在同一行的"贷方金额"栏中填写，借贷方金额合计数应当相等。

三、记账凭证的审核

为了提供准确可靠的会计资料，记账前还必须由专人对编制好的记账凭证进行认真严格的审核。记账凭证审核的基本内容包括以下几项：

(1)内容是否真实。审核记账凭证是否有原始凭证为依据，所附原始凭证的内容是否与记账凭证的内容一致，记账凭证汇总表的内容与其所依据的记账凭证的内容是否一致等。

(2)项目是否齐全。审核记账凭证各项目的填写是否齐全，如日期、凭证编号、摘要、金额、所附原始凭证张数及有关人员签章等。

(3)科目是否准确。审核记账凭证的应借、应贷科目是否正确，是否有明确的账户对应关系，所使用的会计科目是否符合国家统一的会计制度的规定等。

(4)金额是否正确。审核记账凭证所记录的金额与原始凭证的有关金额是否一致、计算是否正确，记账凭证汇总表的金额与记账凭证的金额合计是否相符等。

(5)书写是否规范。审核记账凭证中的记录是否文字工整、数字清晰，是否按规定进行更正等。

在审核过程中，如果发现不符合要求的地方，应要求有关人员采取正确的方法进行更正。只有经过审核无误的记账凭证，才能作为登记账簿的依据。

四、原始凭证与记账凭证的关系

原始凭证与记账凭证之间存在着密切的关系，原始凭证与记账凭证都属于会计凭证，原始凭证是经济业务发生或完成时填制或取得的，是填制记账凭证和登记明细账的依据。记账凭证是会计人员对审核无误的原始凭证进行整理、归档并据以编制的会计分录，是登记账簿的依据，所以同是会计凭证，同是登记账簿的基础，但在时间概念上一前一后，即先根据原始凭证填制记账凭证，原始凭证附在记账凭证后面，作为附件，然后根据记账凭证登记账簿。但并不是所有的记账凭证都应附有原始凭证，有些会计事项，如更正错账、期末结账等无法取得原始凭证时，也可由会计人员根据账簿直接填制记账凭证。

第四节　会计凭证的传递和保管

一、会计凭证的传递

会计凭证传递是指会计凭证从填制或取得日起,到归档保管为止,在单位内部各有关部门和人员之间按规定的时间、路线进行传递和处理的过程。会计凭证应及时传递,不得积压。会计凭证传递的过程,既是组织协调经济活动的过程,又是传递会计数据的过程。所以,会计凭证传递对于经济活动的开展和确保会计数据的质量,有重要和直接的影响;另外,会计凭证的传递程序对有关部门之间的相互监督和相互制约也有很重要的作用。

会计凭证的传递程序应当科学、合理,根据各单位经济业务的特点,组织机构以及人员分工情况来规定传递的环节。在制定会计凭证的传递程序时,通常要考虑以下几点。

(一)制定科学严密的凭证传递程序

会计凭证所记载的经济业务各不相同,涉及的部门和人员也不同。为此,针对各式各样的会计凭证,制定与之适应的传递程序,即会计凭证填制后先交到哪个部门,再交到哪个部门,设置必要的环节,科学合理地保证会计凭证的传递。

(二)节约会计凭证的传递时间

根据有关部门和人员办理业务手续所需的时间,确定凭证在各个环节的停留时间。要求各部门在规定的时间完成凭证的传递,以此提高各部门的工作效率,确保会计凭证以最短的途径、最快的速度流转。

(三)建立会计凭证交接的签收制度

为了确保会计凭证的安全和完整,在会计凭证传递的各个环节要建立会计凭证交接的签收制度,即各个环节应指定专人办理交接手续,做到责任明确,手续完整。

二、会计凭证的保管

会计凭证保管是指会计凭证登账后的整理、装订和归档存查。会计凭证是一个单位重要的经济档案,其保管既要考虑到安全可靠,不得丢失或任意销毁,又要便于本单位日后随时调阅、查证和外部有关部门审计或查账征询,为此,应做到妥善保管,会计凭证的保管方法和要求如下。

(一)记账凭证的整理、装订

会计部门在记账以后,应定期(一般为每月)将记账凭证连同所附的原始凭证或原始凭证汇总表,按照记账凭证的编号顺序,在确保记账凭证及其附原始凭证或原始凭证汇总表完整无缺后,折叠整齐,并加具封面、封底,按期装订成册。封面上注明单位名称、年度、月份和起讫日期、凭证种类、起讫号码,并由装订人在装订线封签处签名或盖章,然后入档由专人保管。如果一个月内凭证数量过多可分装若干册,在封面上加注共几册字样。

（二）原始凭证单独装订保管

某些记账凭证所附原始凭证数量很多，对于这些原始凭证，可单独装订保管，在封面上注明记账凭证日期、编号、种类，同时在记账凭证上注明"附件另订"。

（三）其他重要凭证的装订保管

各种经济合同，存出保证金收据以及涉外文件等重要凭证，应当另编目录，单独登记保管，并在有关的记账凭证和原始凭证上相互注明日期和编号。

（四）原始凭证的查阅复制

原始凭证不得外借其他单位，如因特殊原因，需要使用本单位原始凭证时，须经本单位会计机构负责人、单位负责人批准，可以使用。但向外单位提供的原始凭证复制件，应当在专设的登记簿上登记，并由提供人员和收取人员共同签名或盖章。

（五）外单位取得的原始凭证遗失的处理

从外单位取得的原始凭证如有遗失，应取得原开出单位盖有公章的证明，并注明原来凭证的号码、金额和内容等，由经办单位会计机构负责人、会计主管人员和单位领导批准后，才能代作原始凭证。如确定无法取得证明的，如火车票、轮船票、飞机票等，由当事人出具详细证明，由经办单位会计机构负责人、会计主管人员和单位领导人批准后，代作原始凭证。

（六）会计凭证保管的规定

会计凭证应指定专人保管，并按国家规定的期限保管。根据财政部、国家档案局令第79号发布的，现行最新的《会计档案管理办法》规定：其中会计凭证、会计账簿等主要会计档案的最低保管期限已延长至30年，其他辅助会计资料的最低保管期限延长至10年。保管期未满，任何人都不得随意销毁会计凭证；保存期满需要销毁时，应开列清单，经批准后，由档案部门和会计部门共同派员监销。在销毁会计凭证前，监销人员应认真清点核对，销毁后，在销毁清册上签名或盖章，并将监销情况报本单位负责人。

【复习思考题】

1.原始凭证的填制应遵循哪些具体要求？
2.记账凭证填制的基本要求包括哪些？
3.记账凭证的审核包括哪些主要内容？

【测一测】

在线测试

第七章

会计账簿

■■■ **学习目标**

通过本章的学习,要求了解会计账簿的分类、更换和保管等相关要求;掌握会计账簿的登记、对账与结账的方法,运用正确的错账方法更正错账。

■■■ **关键知识点**

会计账簿的登记要求和登记方法;对账与结账及错账更正方法的运用。

■■■ **案例导入**

某市财政部门在 2019 年 5 月份对一家小型企业进行《会计法》执法检查中发现下列问题:

(1)2018 年 12 月份入账的记账凭证所附的原始凭证上的出票日期为 2016 年 11 月 20 日。

(2)库存现金日记账和银行日记账均采用圆珠笔登记,且有跳行、隔页、刮、擦等随意修改现象;库存现金日记账账面余额 85 650 元,而保险箱内的现金只有 560 元,另有一张 2017 年 11 月份厂长签字的白条 85 000 元。

(3)因企业没有会计人员,也不设置总账;每月的报表也是由出纳员编制并签章后报送。

(4)企业发放工资时,编制工资单、提取现金、分发工资、记账均由出纳一人兼办。

■■■ **思 考**

1.试对该公司的会计核算工作进行分析,作出你的判断。

2.通过学习相关法律规范,指出该公司违背了哪些会计法律规范的要求?

3.本案例对你有哪些启示?

第一节 会计账簿概述

一、会计账簿的概念与作用

会计账簿是指由一定格式的账页组成的,以经过审核的会计凭证为依据,全面、系统、连续地记录各项经济业务的簿籍。设置和登记账簿,是编制财务报表的基础,是连接会计凭证和财务报表的中间环节。设置和登记账簿的作用主要包括以下几方面。

会计凭证与报表的桥梁——会计账簿概述

(一)记载和储存会计信息

将会计凭证所记录的经济业务记入有关账簿,可以全面反映会计主体在一定时期内所发生的各项资金运动,储存所需要的各项会计信息。

(二)分类和汇总会计信息

账簿由不同的相互关联的账户构成,通过账簿记录,一方面可以分门别类地反映各项会计信息,提供一定时期内经济活动的详细情况;另一方面可以通过发生额、余额计算,提供各方面所需要的总括会计信息,反映财务状况及经营成果。

(三)检查和校正会计信息

账簿记录是会计凭证信息的进一步整理。如在永续盘存制下,通过有关盘存账户余额与实际盘点或核查结果的核对,可以确认财产的盘盈或盘亏,并根据实际结存数额调整账簿记录,做到账实相符,提供真实、可靠的会计信息。

(四)编报和输出会计信息

为了反映一定日期的财务状况及一定时期的经营成果,应定期进行结账工作,进行有关账簿之间的核对,计算出本期发生额和余额,据以编制会计报表,向有关各方提供所需要的会计信息。

二、会计账簿的基本内容

在实际工作中,由于各种会计账簿所记录的经济业务不同,账簿的格式也多种多样,但各种账簿都应具备以下基本内容:

(1)封面。主要标明账簿的名称,比如现金日记账、库存商品明细账等。

(2)扉页。主要用来标明会计账簿的使用信息,如科目索引表、账簿启用和经管人员一览表等。

(3)账页。账页是账簿用来记录经济业务事项的载体,其格式因反映的经济业务内容的不同而有所不同,但都包括账户名称、记账日期栏、记账凭证的种类和号数栏、经济业务摘要栏、金额栏、总页次和分户页次栏等基本内容。

三、设置账簿的原则

(一)统一性原则

各企业单位应当按照国家统一会计制度的规定和会计业务的需要设置账簿,所设置账簿要能保证全面、系统地反映和监督各单位经济活动情况,满足经济单位内部加强经济管理的需要。

(二)科学性原则

账簿的设置要组织严密、层次分明。账簿之间要互相衔接、互相补充、互相制约,能清晰地反映账户的对应关系,以便能提供完整、系统的资料。

(三)实用性原则

设置账簿要在满足实际需要的前提下,考虑人力或物力的节约,力求避免重复设账。账簿的格式,要按照所记录的经济业务内容和需要的核算指标进行设计,力求简明、清晰、实用。

四、会计账簿的种类

会计账簿的种类很多,不同类别的会计账簿可以提供不同的信息,满足不同的需要。账簿可以按三种不同的标准进行分类。

(一)按用途分类

会计账簿按用途不同,可以分为序时账簿、分类账簿和备查账簿。

1. 序时账簿

序时账簿,又称日记账,是按照经济业务发生时间的先后顺序逐日、逐笔登记的账簿。序时账簿按其记录的内容,可分为普通日记账和特种日记账。

普通日记账是对全部经济业务按其发生时间的先后顺序逐日、逐笔登记的账簿;特种日记账是对某一特定种类的经济业务按其发生时间的先后顺序逐日、逐笔登记的账簿。

2. 分类账簿

分类账簿,是指对全部经济业务按照会计要素的具体类别而设置的分类账户进行分类登记的账簿。账簿按其反映经济业务的详略程度不同,可分为总分类账簿和明细分类账簿。

总分类账簿,简称总账,是指根据总分类科目(一级科目)开设账户,用来登记全部经济业务,进行总分类核算,提供总括核算资料的分类账簿。

明细分类账簿,简称明细账,是指根据总账科目所属的二级或明细科目开设账户,用来分类登记某一类经济业务,进行明细核算,提供比较详细的核算资料的账簿。如生产成本明细账,见图 7.1。

总账对所属的明细账起统驭作用,明细账对总账进行补充和说明。

3. 备查账簿

备查账簿,又称辅助登记簿或补充登记簿,是指对某些在序时账簿和分类账簿中未能记载或记载不全的经济业务进行补充登记的账簿。备查账簿只是对其他账簿记录的一种补充,与其他账簿之间不存在严密的依存和勾稽关系。备查账簿根据企业的实际需要设置,没有固定的格式要求,如:租入固定资产登记簿、应收账款登记簿等。

图 7.1　生产成本明细账

(二)按账页格式分类

会计账簿按账页格式不同,可以分为两栏式账簿、三栏式账簿和多栏式账簿。

1. 两栏式账簿

两栏式账簿是指只有借方和贷方两个金额栏目的账簿。普通日记账和转账日记账一般采用两栏式。

2. 三栏式账簿

三栏式账簿是指设有借方、贷方和余额三个金额栏目的账簿。

三栏式的账页是最简单的一种格式,几乎适用于所有的账簿,金额栏最少应当分别设"借方""贷方"和"余额"三个栏次。不同的账簿,记账要求即使不同,其格式也不外乎三栏式的变形。

现金日记账、银行存款日记账,资本类、债权债务类明细账,总分类账等,都可以采用三栏式账簿。根据账簿摘要栏和借方金额栏之间是否设"对方科目"栏,又分为设对方科目和不设对方科目两种,前者称为设对方科目栏的三栏式账簿,后者称为不设对方科目栏的三栏式账簿,也称一般三栏式账簿。

3. 多栏式账簿

多栏式账簿是指在账簿的两个金额栏目(借方和贷方)按需要分设若干专栏的账簿。

按照专栏设置的具体位置,多栏式账簿又可以细分为借方多栏式账簿、贷方多栏式账簿和借贷方多栏式账簿三种形式。借方多栏式账簿是指账簿的借方金额栏分设若干专栏的多栏式账簿,一般适用于成本、费用明细账,如生产成本明细账、管理费用明细账等;贷方多栏式账簿是指账簿的贷方金额栏分设若干专栏的多栏式账簿,一般适用于收入明细账,如主营业务收入明细账等;借贷方多栏式账簿是指账簿的借方金额栏和贷方金额栏分别分设若干专栏的多栏式账簿,最典型的适用对象是一般纳税人使用的应交增值税明细账。

4. 数量金额式账簿

数量金额式账簿是指在账簿的借方、贷方和余额三个栏目内,每个栏目再分设数量、单价和金额三小栏,借以反映财产物资的实物数量和价值量的账簿。

5. 横线登记式账簿

横线登记式账簿,又称平行式账簿,是指将前后密切相关的经济业务登记在同一行上,以便检查每笔业务的发生和完成情况的账簿。它主要适用于需要逐笔结算的经济业务的明细账,如物资采购、应收账款等明细账。

(三)按外形特征分类

会计账簿按外形特征不同,可以分为订本式账簿、活页式账簿、卡片式账簿和磁盘式账簿。

1. 订本式账簿

订本式账簿,简称订本账,是在启用前将编有顺序页码的一定数量账页装订成册的账簿。订本式账簿的账页固定,既可以防止散失,又可以防止抽换账页,较为安全;但采用这种账簿,要为每一账户预留若干空白账页,若预留账页不够会影响账户的连续记录,预留账页过多又会造成浪费;而且这种账簿,在同一时间内只能由一人登记,不便于记账人员分工协作记账,使用起来欠灵活。因此,订本式账簿,一般适用于具有统驭性、重要性,只应该或只需要一个人登记的账簿,库存现金日记账、银行存款日记账以及总分类账都必须使用订本式账簿。

2. 活页式账簿

活页式账簿,简称活页账,是将一定数量的账页置于活页夹内,可根据记账内容的变化而随时增加或减少部分账页的账簿。活页账在启用前没有编写账页顺序号,在使用过程中将各张账页置放在活页账夹内,或者临时拴扎成册。

活页式账簿可以根据实际增添账页,不会造成浪费,使用比较灵活,便于分工记账。但是这种账簿的账页容易散失和被抽换。因此,在采用这种账簿时,空白账页在使用时必须连续编号,并且有关人员在账页上盖章,并应定期装订成册,以防止弊端的产生。活页式账簿一般适应于明细分类账。

3. 卡片式账簿

卡片式账簿,简称卡片账,是将一定数量的卡片式账页存放于专设的卡片箱中,可以根据需要随时增添账页的账簿,可跨年度使用。使用时应将卡片连续编号,使用完毕不再登记账簿时,应将卡片穿孔固定保管。采用这种账簿,灵活方便,可以使记录的内容详细具体,可以跨年度使用而无须更换账页,也便于分类汇总和根据管理的需要转移卡片,但这种账簿的账页容易散失和被抽换。因此,使用时,应在卡片上连续编号,以保证安全。卡片式账簿一般适应于账页需要随着物资使用或存放地点的转移而重新排列的明细账,如固定资产明细分类账,一般采用卡片式。严格说来,卡片账也是一种活页账,不过它不是装在活页夹中,而是保存在卡片箱内。

4. 磁盘式账簿

磁盘式账簿是指电脑磁盘储存的账簿。这种账簿没有"账"的形式。在实行会计电算化后，"账"在电脑内作为"文件"打印输出前，是看不见、摸不着的。打印输出后，才有实体账簿。这种账簿体积小，信息量大，可以随时启用和分析。

第二节　会计账簿的启用与登记要求

一、会计账簿的启用

大部分会计账簿一年更换一次，因此，在年初应启用新的账簿。启用会计账簿时，应当在账簿封面上写明单位名称和账簿名称，并在账簿扉页上附启用表。启用订本式账簿应当从第一页到最后一页顺序编定页数，不得跳页、缺号。使用活页式账簿应当按账户顺序编号，并须定期装订成册，装订后再按实际使用的账页顺序编定页码，另加目录以便于记明每个账户的名称和页次。

二、会计账簿的登记规则

(1) 登记会计账簿时，应将会计凭证日期、编号、业务内容摘要、金额和其他有关资料逐项记入账内，做到数字准确、摘要清楚、登记及时、字迹工整。

(2) 登记完毕后，要在记账凭证上签名或者盖章，并注明已经登账的符号表示已经登账。

(3) 账簿中书写的文字和数字上面要留有适当空格，不要写满格，一般应占格距的1/2。

(4) 登记账簿必须使用蓝黑墨水或碳素墨水书写，不得使用圆珠笔或者铅笔书写。

(5) 下列情况，可以使用红色墨水：

① 按照红字冲账的记账凭证，冲销错误记录；

② 在不设借贷等栏的多栏式账页中，登记减少数；

③ 在三栏式账户的"余额栏"前，如未印明余额方向的，在"余额栏"内登记负数余额；

④ 根据国家统一的会计准则的规定可以用红字登记的其他会计记录。

(6) 各种账簿应按页次顺序连续登记，不得跳行、隔页。如发生跳行、隔页，应当将空行、空页划线注销，或者注明"此行空白""此页空白"字样，并由记账人员签名或者盖章。详见图7.2。

(7) 凡需要结出余额的账户，结出余额后，应在"借或贷"栏中注明"借"或"贷"字样。没有余额的账户，在"借"或"贷"栏内注明"平"字，并在"余额"栏中用"0"表示。

(8) 每一账页登记完毕结转下页时，应当结出本页合计数及余额，写在本页最后一行和下页第一行有关栏内，并在本页最后一行"摘要"栏内注明"过次页"字样，下页第一行"摘要"栏内注明"承前页"字样；也可以将本页合计数及金额只写在下页第一行有关栏内，并在"摘要"栏内注明"承前页"字样，以保证账簿的连续性，便于对账和结账。详见图7.3。

对需要结计本月发生额的账户,结计"过次页"的本页合计数应当为自本月初起至本页末止的发生额合计数;对需要结计本年累计发生额的账户,结计"过次页"的本页合计数应当为自年初起至本页末时的累计数;对既不需要结计本月发生额,也不需要结计本年累计发生额的账户,可以只将每页末的余额结转次页。

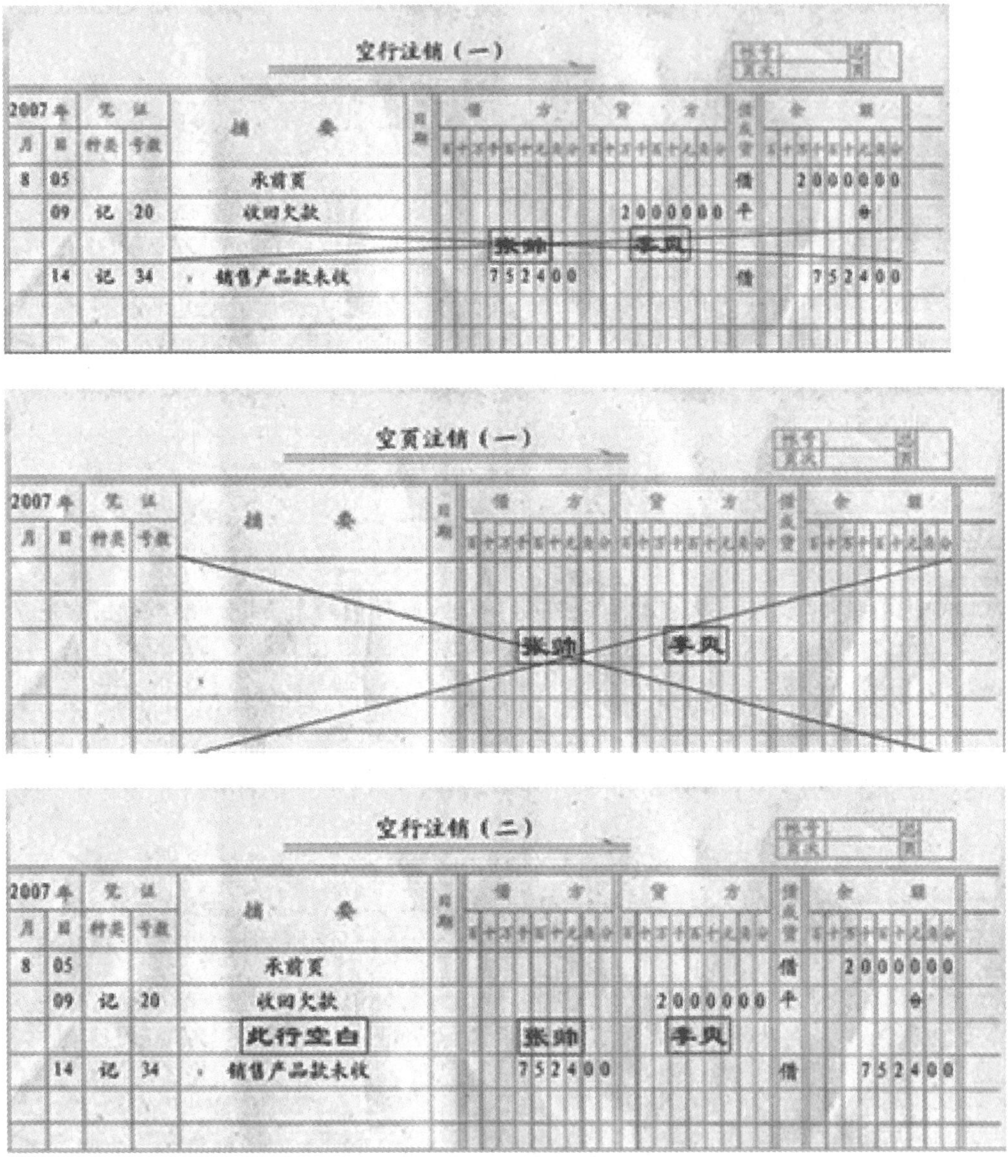

图 7.2　空行注销的方式

图 7.3 过次页和承前页

（9）不得刮擦涂改。如发生账簿记录错误,不得刮、擦、挖补或用褪色药水更改字迹,而应采用规定的方法更正。

第三节 会计账簿的格式与登记方法

一、日记账的格式与登记方法

日记账是按照经济业务发生或完成的时间先后顺序逐日逐笔进行登记的账簿。设置日记账的目的是为了使经济业务的时间顺序清晰地反映在账簿记录中。日记账按其所核算和监督经济业务的范围,可分为特种日记账和普通日记账。在我国,大多数企业一般只设库存现金日记账和银行存款日记账。

（一）库存现金日记账的格式与登记方法

库存现金日记账是用来核算和监督库存现金日常收、付和结存情况的序时账簿。库存现金日记账的格式主要有三栏式和多栏式两种,库存现金日记账必须使用订本账。

1. 三栏式库存现金日记账

三栏式库存现金日记账是用来登记库存现金的增减变动及其结果的日记账。设借方、贷方和余额三个金额栏目,一般将其分别称为收入、支出和结余三个基本栏目。

三栏式库存现金日记账是由出纳人员根据库存现金收款凭证、库存现金付款凭证以及银行存款的付款凭证,按照库存现金收、付款业务和银行存款,付款业务发生时间的先后顺序逐日逐笔登记。库存现金日记账格式如表 7.1 所示。

记账那点事——日记账、总账、明细账的设置和登记

123

表 7.1　库存现金日记账格式

第　　页

2017 年		凭证		摘　要	对方科目	收入	支出	结余
月	日	字	号					
11	1			期初余额				210.00
11	1	银付	011	从银行提取备用金	银行存款	5 000.00		
	1	现付	021	报销差旅费	管理费用		1 366.00	
	1	现付	032	购买办公用品	管理费用		501.00	
	1			本日合计		5 000.00	1 867.00	3 343.00

2. 多栏式库存现金日记账

多栏式库存现金日记账是在三栏式库存现金日记账基础上发展起来的。这种日记账的借方(收入)和贷方(支出)金额栏都按对方科目设专栏,也就是按收入的来源和支出的用途设专栏。这种格式在月末结账时,可以结出各收入来源专栏和支出用途专栏的合计数,便于对现金收支的合理性、合法性进行审核分析,便于检查财务收支计划的执行情况,其全月发生额还可以作为登记总账的依据。

(二)银行存款日记账的格式与登记方法

银行存款日记账是用来核算和监督银行存款每日的收入、支出和结余情况的账簿。银行存款日记账应按企业在银行开立的账户和币种分别设置,每个银行账户设置一本日记账。由出纳员根据与银行存款收付业务有关的记账凭证,按时间先后顺序逐日逐笔进行登记。根据银行存款、收款凭证和有关的库存现金付款凭证登记银行存款收入栏,根据银行存款付款凭证登记其支出栏,每日结出存款余额。银行存款日记账格式如表 7.2 所示。

表 7.2　银行存款日记账

第　　页

2017年		结算凭证	凭证		摘　要	对方科目	收入	支出	结余
月	日		字	号					
11	1				期初余额				190 000.00
11	1	现金支票001#	银付	1	从银行提取现金	银行存款		5 000.00	
	1	转账支票016#	银收	1	收入存银行	主营业务收入	80 000.00		
	1	转账支票076#	银付	2	购买材料	物资采购		90 000.00	
	1				本日合计		80 000.00	95 000.00	175 000.00

— 124 —

二、总分类账的格式与登记方法

（一）总分类账的格式

总分类账是指按照总分类账户分类登记以提供总括会计信息的账簿。总分类账最常用格式为三栏式，设有借方、贷方和余额三个金额栏目。总分类账的格式如表7.3所示。

表7.3 总分类账格式

第　　页

2017 年		凭证		摘　　要	借方	贷方	借或贷	余额
3 月	日	字	号					
				期初余额			贷	40 000.00
				1—10 日汇总	50 000.00	50 000.00	贷	40 000.00
				11—20 日汇总	60 000.00	50 000.00	贷	30 000.00
				21—31 日汇总	60 000.00	100 000.00	贷	70 000.00
				本月发生额及期末余额	170 000.00	200 000.00	贷	100 000.00

（二）总分类账的登记方法

总分类账的登记方法因登记的依据不同而有所不同。经济业务少的小型单位的总分类账可以根据记账凭证逐笔登记；经济业务多的大中型单位的总分类账可以根据记账凭证汇总表（又称科目汇总表）或汇总记账凭证等定期登记。

三、明细分类账的格式与登记方法

明细分类账是根据有关明细分类账户设置并登记的账簿。它能提供交易或事项比较详细、具体的核算资料，以补充总账所提供核算资料的不足。因此，各企业单位在设置总分类账的同时，还应设置必要的明细分类账。明细分类账一般采用活页式账簿、卡片式账簿。明细分类账一般根据记账凭证和相应的原始凭证来登记。

根据各种明细分类账所记录经济业务的特点，明细分类账的常用格式主要有以下四种。

（一）三栏式

三栏式账页是设有借方、贷方和余额三个栏目，用以分类核算各项经济业务，提供详细核算资料的账簿，其格式与三栏式总账格式相同，如表7.4所示。这种明细分类账适用于只需要进行金额核算，不要求进行数量核算的明细账户，如"应收账款""应付账款"等账户。

表7.4 应收账款明细分类账

明细科目:甬勤公司   第　页

2017年		凭证		摘　要	借方	贷方	借或贷	余额
月	日	字	号					
3	1			期初余额			借	60 000.00
	15	转	3	销售商品款未收	35 000.00		借	90 000.00
	19	银收	10	收回期初欠款		60 000.00	借	30 000.00
	31			本期发生额及期末余额	30 000.00	60 000.00	借	30 000.00

(二)多栏式

多栏式账页是将属于同一个总账科目的各个明细科目合并在一张账页上进行登记,即在这种格式账页的借方或贷方金额栏内按照明细项目设若干专栏。这种格式适用于收入、成本、费用类账户的明细核算。多栏式账页格式如表7.5、表7.6所示。

表7.5 生产成本明细分类账

产品名称:B产品   完工数量:80件

2017年		凭证		摘　要	成本项目			合计
月	日	字	号		直接材料	直接人工	制造费用	
4	1			期初余额	19 000	700	200	19 900
	10	转	7	原材料	32 000			32 000
	11	转	14	生产工人工资		8 000		8 000
	11	转	15	生产工人福利费		1 120		1 120
	30	转	20	分配制造费用			3 980	3 980
	30			生产费用合计	51 000	9 820	4 180	65 000
	30			结转完工产品成本	32 326	6 224	2 650	41 200
	30			期末余额	18 674	3 596	1 530	23 800

注:表中数字外加框表示红字。

表7.6 管理费用明细分类账　总第　　页　分第　　页

年		凭证		摘　要	合计	工资	福利费	办公费	材料费	差旅费	车辆费	通信费	税费	招待费	……
月	日	字	号												

（三）数量金额式

数量金额式账页适用于既要进行金额核算又要进行数量核算的账户,如原材料、库存商品等存货账户,其借方(收入)、贷方(发出)和余额(结存)都分别设有数量、单价和金额三个专栏。数量金额式明细分类账格式如表7.7所示。

表7.7　原材料明细分类账

最高存量:　　　　最低存量:　　　　计量单位:吨　　　　分页:　　　　总页:

存放地点:5号仓库　　　　名称:圆钢　　　　规　格:H　　　　类别:主要材料

2017年		凭证		摘　　要	收　　入			发　　出			结　　存		
月	日	字	号		数量	单价	金额	数量	单价	金额	数量	单价	金额
2	1			期初余额							30	2 000.00	60 000.00
	17	转	32	材料验收入库	27	2 000.00	54 000.00				57	2 000.00	114 000.00
	18	转	43	生产领用				20	2 000.00	40 000.00	37	2 000.00	74 000.00
	28			本期发生额及余额	27	2 000.00	54 000.00	20	2 000.00	40 000.00	37	2 000.00	74 000.00

数量金额式账页提供了企业有关财产物资数量和金额收、发、存的详细资料,从而能加强财产物资的实物管理和使用监督,保证这些财产物资的安全完整。

（四）横线登记式

横线登记式账页是采用横线登记,即将每一相关的业务登记在一行,从而可依据每一行各个栏目的登记是否齐全来判断该项业务的进展情况。这种格式适用于登记材料采购、在途物资、应收票据和一次性备用金业务。横线登记式账页格式如表7.8所示。

表7.8　在途物资明细分类账

明细科目:槽钢　　　　规格型号:H　　　　计量单位:吨　　　　第　　页

2017年		凭证		摘要	借　　方					2005年		凭证		摘要	贷　　方		
月	日	字	号		数量	采购成本	运杂费	其他	合计	月	日	字	号		数量	单价	金额
2	15	银付	13	购买材料	27	54 000	1 000	350	55 350	2	18	转	17	材料验收入库	27	2 050	55 350

四、总分类账与明细分类账的平行登记

（一）总分类账与明细分类账的关系

总分类账是所属明细分类账的统驭账户，对所属明细分类账起着控制作用；明细分类账则是总分类账的从属账户，对其所隶属的总分类账起着辅助作用。总分类账及其所属明细分类账的核算对象是相同的，它们所提供的核算资料互相补充，只有把两者结合起来，才能既总括又详细地反映同一核算内容。因此，总分类账和明细分类账必须平行登记。

（二）总分类账与明细分类账平行登记的要点

平行登记就是指对发生的经济业务，根据同一会计凭证，在同一会计期间内以相等的金额和相同的方向，既在有关总分类账中进行总括登记，又在有关明细分类账中进行明细登记的方法。

总分类账与明细分类账平行登记的要点可以概括为"依据相同，方向相同，期间相同，金额相等"。即登记总分类账与登记其所属明细分类账时应以相同的会计凭证为依据；将经济业务登记到某一总分类账和它所属的明细分类账时，登记的方向必须保持一致；登记总分类账和明细分类账必须在同一会计期间内完成；记入总分类账的金额，必须与记入其所属一个或多个明细分类账的金额合计数相等。只有这样，才能证明总分类账与其所属明细分类账的平行登记正确。

第四节　错账更正的方法

账簿记录如果发生错误，不准涂改、挖补、刮擦或者用药水消除字迹，不准重新抄写，而必须根据错误的情况和性质，采用规范的方法予以更正。错账更正方法通常有三种：划线更正法、红字更正法和补充登记法。

一、划线更正法

记账凭证填制正确，在记账或结账过程中发现账簿记录中文字或数字有错误，应采用划线更正法。具体做法是：先在错误的文字或数字上划一条红线，表示注销，划线时必须使原有字迹仍可辨认；然后将正确的文字或数字用蓝字写在划线处的上方，并由记账人员在更正处盖章，以明确责任。

对于文字的错误，可以只划去错误的部分，并更正错误的部分；对于错误的数字，应当全部划红线更正，不能只更正其中的个别错误数字，例如，把"3 457"元误记为"8 457"元时，应将错误数字"8 457"全部用红线注销后，再写上正确的数字"3 457"，而不是只删改一个"8"字。如记账凭证中的文字或数字发生错误，在尚未过账前，也可用划线更正法更正。

二、红字更正法

红字更正法是指由于记账凭证错误而使账簿记录发生错误，而用红字冲销原记账凭证，以更正账簿记录的一种方法。红字更正法一般适用于以下两种错账的更正：

(1)记账以后，发现账簿记录的错误，是因记账凭证中的应借、应贷会计科目或记账方向有错误而引起的，更正时应先用红字填写一张内容与原错误凭证完全相同的记账凭证，在摘要栏内注明更正某月某日的错账，并据以用红字登记入账，冲销错账；再用蓝字填写一张正确的记账凭证，同样注明更正某月某日的错账，并据以用蓝字登记入账。

【例 7-1】 基本生产车间为生产甲产品领用 A 材料 5 000 元。

该笔经济业务应借记“生产成本”账户，贷记“原材料”账户，但编制记账凭证时却错误地记为：借记“制造费用”账户，贷记“原材料”账户，并已登记到了有关账簿中。原错误的会计分录为：

①借：制造费用　　5 000
　　贷：原材料　　5 000

发现上述错误时，应先用红字填制一张与上述错误分录完全相同的记账凭证，表示对原分录的注销。并分别用红字登记到“制造费用”和“原材料”两个账户（以下用[ ]表示红字，下同）。

②借：制造费用　　[5 000]
　　贷：原材料　　[5 000]

最后再用蓝字编制一张正确的记账凭证，并登记到“生产成本”和“原材料”两个账户。其正确的记账凭证如下：

③借：生产成本　　5 000
　　贷：原材料　　5 000

上述记账凭证过账后，有关账户的记录如图 7.4、图 7-5 和图 7-6 所示。

借　　制造费用	贷
①5 000	
②[5 000]	
0	

图 7.4　制造费用账户

借　　生产成本	贷
③5 000	
5 000	

图 7.5　生产成本账户

借	原材料	贷
	①5 000	
	②5 000	
	③5 000	
	5 000	

图 7.6　原材料账户

（2）记账以后，发现记账凭证和账簿记录的金额中所记金额大于应记的正确金额，而应借、应贷的会计科目及方向均没有差错。更正时只需将多记的金额，用红字填写一张科目名称、记账方向与原记账凭证一样的记账凭证，在摘要栏内注明更正某月某日的错账，并据以用红字登记入账即可。

【例 7-2】　上例中该工厂基本生产车间生产甲产品领用 A 材料 5 000 元，编制记账凭证时，将金额误记为 5 500 元，并已登记入账。原错误分录为：

① 借：生产成本　　　　　　　　　　　　　　　　　　　　　　　　　　　　5 500

　　 贷：原材料　　　　　　　　　　　　　　　　　　　　　　　　　　　　　　5 500

该记账凭证的账户对应关系正确，只是金额多记了 500 元，这时，只需用红字填制一张账户名称和借贷方向与原错误凭证相同，金额为 500 元的记账凭证，并据此登记入账。所编制的红字分录如下：

② 借：生产成本　　　　　　　　　　　　　　　　　　　　　　　　　　　　　 500

　　 贷：原材料　　　　　　　　　　　　　　　　　　　　　　　　　　　　　　　 500

上述记账凭证过账后，有关账户的记录如图 7.7、图 7.8 所示。

借	生产成本	贷
①5 500		
②500		
5 000		

图 7.7　生产成本账户

借	原材料	贷
	①5 500	
	②500	
	5 000	

图 7.8　原材料账户

三、补充登记法

补充登记法是指用蓝字补记金额，以更正原错误账簿记录的一种方法。

补充登记法是在记账后，发现记账凭证与账簿中所记金额小于应记金额，而科目对应关系无误时采用的一种更正方法。

　　具体更正步骤:用蓝字编制一张与原记账凭证应借、应贷科目完全相同,金额为少记部分的记账凭证,在摘要中注明"补记第几号凭证少记金额",并据以登记入账,以补充登记少记的金额。

　　【例7-3】　生产车间为生产甲产品领用A材料5 000元。在编制记账凭证时误将金额记为4 500元,比正确金额少记了500元,并已根据该凭证登记到了有关账簿。其错误分录为:

　　　　①借:生产成本——甲产品　　　　　　　　　　　　　　　　　　　　　　　　4 500
　　　　　　贷:原材料　　　　　　　　　　　　　　　　　　　　　　　　　　　　　　　4 500

　　发现错误后,将少记金额500元用蓝字填制一张记账凭证,并据以用蓝字登记到相关账簿中去。其更正分录为:

　　　　②借:生产成本——甲产品　　　　　　　　　　　　　　　　　　　　　　　　　500
　　　　　　贷:原材料　　　　　　　　　　　　　　　　　　　　　　　　　　　　　　　　500

　　上述记账凭证过账后,有关账户的记录如图7.9、图7.10所示。

借	生产成本－甲产品	贷
①4 500		
② 500		
5 000		

图7.9　生产成本——甲产品账户

借	原材料	贷
	①4 500	
	② 500	
	5 000	

图7.10　原材料账户

■■■**知识小卡片**:用红字更正法和补充登记法更正错误时,在更正的错误的记账凭证上,应注明被更正的原记账凭证的日期和编号,以便核对查证。这两种方法均适用于凭证错误引起账簿错误的情况。

第五节　对账与结账

　　登记账簿作为会计核算的方法之一,它除了包括记账外,还包括对账和结账两项工作。

一、对账

　　对账,就是核对账目,是保证会计账簿记录质量的重要程序。在会计工作中,由于种种原因,难免会发生记账、计算等差错,也难免会出现账实不符的现象。为了保证各账簿记录和会计报表的真实、完整和正确,如实地反映和监督经济活动,各单位必须做好对账工作。

亲兄弟明算账——对账与结账、错账更正方法

账簿记录的准确与真实可靠,不仅取决于账簿的本身,还涉及账簿与凭证的关系、账簿记录与实际情况是否相符的问题等。所以,对账应包括账簿与凭证的核对、账簿与账簿的核对、账簿与实物的核对,把账簿记录的数字核对清楚,做到账证相符、账账相符和账实相符。对账工作至少每年进行一次。对账的主要内容如下。

（一）账证核对

账证核对是指将会计账簿记录与会计凭证包括记账凭证和原始凭证有关的内容进行核对。由于会计账簿是根据会计凭证登记的,两者之间存在勾稽关系,因此,通过账证核对,可以检查、验证会计账簿记录与会计凭证的内容是否正确无误,以保证账证相符。各单位应当定期将会计账簿记录与其相应的会计凭证记录（包括时间、编号、内容、金额、记录方向等）逐项核对,检查是否一致。如有不符之处,应当及时查明原因,予以更正。保证账证相符,是会计核算的基本要求之一,也是账账相符、账实相符和账表相符的基础。

（二）账账核对

账账核对是指将各种会计账簿之间相对应的记录进行核对。由于会计账簿之间相对应的记录存在着内在联系,因此,通过账账相对,可以检查、验证会计账簿记录的正确性,以便及时发现错账,予以更正,保证账账相符。账账核对的内容主要包括：

（1）总分类账各账户借方余额合计数与贷方余额合计数核对相符。

（2）总分类账各账户余额与其所属明细分类账各账户余额之和核对相符。

（3）现金日记账和银行存款日记账的余额与总分类账中"现金"和"银行存款"账户余额核对相符。

（4）会计部门有关财产物资的明细分类账余额与财产物资保管或使用部门登记的明细账核对相符。

（三）账实核对

账实核对是在账账核对的基础上,将各种财产物资的账面余额与实存数额进行核对。由于实物的增减变化、款项的收付都要在有关账簿中如实反映,因此,通过会计账簿记录与实物、款项的实有数进行核对,可以检查、验证款项、实物会计账簿记录的正确性,以便于及时发现财产物资和货币资金管理中存在的问题,查明原因,分清责任,改善管理,保证账实相符。账实核对的主要内容包括：

（1）现金日记账账面余额与现金实际库存数核对相符。

（2）银行存款日记账账面余额与开户银行对账单核对相符。

（3）各种材料、物资明细分类账账面余额与实存数核对相符。

（4）各种债权债务明细账账面余额与有关债权、债务单位或个人的账面记录核对相符。

实际工作中,账实核对一般要结合财产清查进行。有关财产清查的内容和方法将在后续的章节中介绍。

二、结账

结账,是在把一定时期内发生的全部经济业务登记入账的基础上,按规定的方法将各种账簿的记录进行小结,计算并记录本期发生额和期末余额。为了正确反映一定时期内在账簿中已经记录的经济业务,总结有关经济活动和财务状况,为编制会计报表提供资料,各单位应在会计期末进行结账。会计期间一般按日历时间划分为年、季、月,结账于各会计期末进行,所以分为年结、季结、月结。

(一)结账的基本程序

结账前,必须将属于本期内发生的各项经济业务和应由本期受益的收入、负担的费用全部登记入账。在此基础上,才可保证结账的有用性,确保会计报表的正确性。不得把将要发生的经济业务提前入账,也不得把已经在本期发生的经济业务延至下期(甚至以后期)入账。结账的基本程序具体表现为:

(1)将本期发生的经济业务事项全部登记入账,并保证其正确性。

(2)根据权责发生制的要求,调整有关账项,合理确定本期应计的收入和应计的费用。

①应计收入和应计费用的调整。应计收入是指那些已在本期实现、因款项未收而未登记入账的收入。企业发生的应计收入,主要是本期已经发生且符合收入确认标准,但尚未收到相应款项的商品或劳务。对于这类调整事项,应确认为本期收入,借记"应收账款"等科目,贷记"营业收入"等科目;待以后收妥款项时,再借记"现金"或"银行存款"等科目,贷记"应收账款"等科目。

②收入分摊和成本分摊的调整。收入分摊是指企业已经收取有关款项,但未完成或未全部完成销售商品或提供劳务,需在期末按本期已完成的比例,分摊确认本期已实现收入的金额,并调整以前预收款项时形成的负债,如企业销售商品预收定金、提供劳务预收佣金。在收到预收款项时,应借记"银行存款"等科目,贷记"预收账款"等科目;在以后提供商品或劳务、确认本期收入时,借记"预收账款"等科目,贷记"营业收入"等科目。

成本分摊是指企业的支出已经发生、能使若干个会计期间受益,为正确计算各个会计期间的盈亏,将这些支出在其受益期间进行分配。如企业已经支出,但应由本期或以后各期负担的待摊费用,购建固定资产和无形资产的支出等。企业在发生这类支出时,应借记"固定资产""无形资产"等科目,贷记"银行存款"等科目。在会计期末进行摊销时,应借记"制造费用""管理费用""销售费用"等科目,贷记"累计折旧""累计摊销"等科目。

③将损益类账户转入"本年利润"账户,结平所有损益类账户。

④结算出资产、负债和所有者权益账户的本期发生额和余额,并结转下期。

(二)结账的基本方法

结账时,应当结出每个账户的期末余额。需要结出当月(季、年)发生额的账户,如各项收入、费用账户等,应单列一行登记发生额,在摘要栏内注明"本月(季)合计"或"本年累计"。结出余额后,应在余额前的"借或贷"栏内写"借"或"贷"字样,没有余额的账户,应在余额栏前的"借或贷"栏内写"平"字,并在余额栏内用"0"表示。为了突出本期发生额及期末余额,表示本会计期间的会计记录已经截止或者结束,应将本期与下期的会计记录明显分开,结账一般都划"结账线"。划线时,月结、季结用单线,年结划双线。划线应划红线并应划通栏线,不能只在账页中的金额部分划线。

结账时应根据不同的账户记录,分别采用不同的结账方法:

(1)总账账户的结账方法。总账账户平时只需结计月末余额,不需要结计本月发生额。每月结账时,应将月末余额计算出来并写在本月最后一笔经济业务记录的同一行内,并在下面通栏划单红线。年终结账时,为了反映全年各会计要素增减变动的全貌,便于核对账目,要将所有总账账户结计全年发生额和年末余额,在摘要栏内注明"本年累计"字样,并在"本年累计"行下划双红线。

(2)库存现金日记账、银行存款日记账和需要按月结计发生额的收入、费用等明细账的结账方法。库存现金日记账、银行存款日记账和需要按月结计发生额的各种明细账,每月结账时,要在每月的最后一笔经济业务下面通栏划单红线,结出本月发生额和月末余额,写在红线下面,并在摘要栏内注明"本月合计"字样,再在下面通栏划单红线。

(3)不需要按月结计发生额的债权、债务和财产物资等明细分类账的结账方法。对这类明细账,每次记账后,都要在该行余额栏内随时结出余额,每月最后一笔余额即为月末余额。也就是说月末余额就是本月最后一笔经济业务记录的同一行内的余额。月末结账时只需在最后一笔经济业务记录之下通用栏划单红线即可,无须再结计一次余额。

(4)需要结计本年累计发生额的收入、成本等明细账的结账方法。对这类明细账,先根据需要按月结计发生额的明细账的月结方法进行月结,再在"本月合计"行下的摘要栏内注明"本年累计"字样,并结出自年初起至本月末止的累计发生额,再在下通栏划单红线。12月末的"本年累计"就是全年累计发生额,全年累计发生额下面通栏划双红线。

(5)年度终了结账时,有余额的账户,要将其余额结转到下一会计年度,并在摘要栏内注明"结转下年"字样;在下一会计年度新建的有关会计账簿的第一行余额栏内填写上年结转的余额,并在摘要栏内注明"上年结转"字样。结转下年时,既不需要编制记账凭证,也不必将余额再记入本年账户的借方或贷方,使本年有余额的账户的余额变为零,而是使有余额的账户的余额如实反映在账户中,以免混淆有余额的账户和无余额的账户的区别。

若由于会计准则或会计制度改变而需要在新账户中改变原有账户名称及其核算内容的,可将年末余额按新会计准则或会计制度的要求编制余额调整分录,或编制余额调整工作底稿,将调整后的账户余额抄入新账户的有关账户余额栏内。

■■■ **知识小卡片:** 月末时结账,划单红线,单红线下可以再记录经济业务;年终时结账,划双红线,双红线下不能再记录经济业务。

第六节　会计账簿的更换与保管

一、会计账簿的更换

一般来说,现金日记账、银行存款日记账、总分类账以及大多数明细分类账应每年更换一次。但是有些财产物资明细分类账和债权债务明细分类账,由于材料品种、规格和往来单位较多,更换新账,重抄一遍的工作量较大,因此,可以跨年度使用,不必每年更换一次,第二年使用时,可直接在上年终了的双线下面记账。各种备查簿也可以连续使用。

二、会计账簿的保管

年末结账后,会计人员应在活页账簿前面加放"科目索引表""账簿启用和经管人员一览表",装订成册,并加上封面,统一编号后,与各种订本账一并归档。被更换下来的各种账簿是会计档案的重要组成部分,应按年度分类归档,编制目录,妥善保管。一般的,会计账簿暂由单位财务会计部门保管一年,期满之后,由财务会计部门移交本单位的档案部门保管。根据财政部、国家档案局令第 79 号发布的、现行最新的《会计档案管理办法》规定:其中会计凭证、会计账簿等主要会计档案的最低保管期限已延长至 30 年,其他辅助会计资料的最低保管期限延长至 10 年。

各种账簿应当按年度分类归档,编造目录,妥善保管。这样既保证在需要时迅速查阅,又保证各种账簿的安全和完整。保管期满后,还要按照规定的审批程序经批准后才能销毁。

【复习思考题】

1.会计账簿的登记规则包括哪些具体内容?

2.错账的更正方法包括哪些,如何运用正确的方法更正错账?

3.结账的程序和方法包括哪些主要内容?

【测一测】

在线测试

第八章

财产清查

学习目标

    通过本章的学习,要求正确理解财产清查的意义,熟知财产清查的种类和范围;掌握存货的两种盘存制度及会计处理方法、货币资金的清查方法,以及财产清查的方法;能够对财产清查结果进行正确处理。

■■■ 关键知识点

    财产清查的方法、货币资金、存货的财产清查、财产清查结果的处理。

■■■ 案例导入

    王强毕业后到了一家规模不大的私营企业上班,负责仓库物资的保管工作。该企业是一家高档保温瓶厂,由于企业的管理人员都是老板的家人或者亲戚,规章制度缺失,管理上比较混乱。一天老板的侄子,市场部负责人张总想从仓库拿几个保温瓶回家用。王强性格外向,善于交际,一直希望能到市场部工作,张总也几次说想调王强到市场部任总经理助理。王强一看是市场部的张总,二话没说,就拿了几个保温瓶给了张总。期末盘存库存的商品时,王强将张总拿走的几个保温瓶,都算入了本期销售的商品数量中。

■■■ 思　考

    1.王强的做法对吗?如果你是王强你会怎么做?

    2.企业的实物盘点应该用什么方法?

    3.你对提高该企业的管理水平有何建议?

第一节　财产清查的意义和种类

一、财产清查的意义

(一)财产清查的基本含义

财产清查也叫财产检查,是指通过对实物、现金的实地盘点和对银行存款、往来款项的核对,查明各项财产物资、货币资金、往来款项的实有数和账面数是否相符的一种会计核算的专门方法。

企业的会计工作,都要通过会计凭证的填制和审核,及时地在账簿中进行

企业财产
的守护者
——财产清查

连续登记。应该说,这一过程能保证账簿记录的正确性,也能真实反映企业各项财产的实有数,各项财产的账实应该是一致的。但是,在实际工作中,由于种种原因,账簿记录会发生差错,各项财产的实际结存数也会发生差错,造成账存数与实存数发生差异。原因是多方面的,一般有以下几种情况:①在收发物资中,由于计量、检验不准确而造成品种、数量或质量上的差错;②财产物资在运输、保管、收发过程中,在数量上发生自然增减变化;③在财产增减变动中,由于手续不齐或计算、登记上发生错误;④由于管理不善或工作人员失职,造成财产损失、变质或短缺等;⑤贪污盗窃、营私舞弊造成的损失;⑥自然灾害造成的非常损失;⑦未达账项引起的账账、账实不符等。

所以,财产清查的目的主要是为了确保账实相符。其结果有三种,如表8.1所示。

表8.1　财产清查结果列示

序号	两数比较	结果	是否需要会计处理
1	账存数>实存数	盘亏	是
2	账存数<实存数	盘盈	是
3	账存数=实存数	账实相符	否

(二)财产清查的作用

上述种种原因都会影响账实的一致性。因此,运用财产清查的手段,对各种财产物资进行定期或不定期的核对和盘点,具有十分重要的意义。

1.保证账实相符,使会计资料真实可靠

通过财产清查可以确定各项财产物资的实际结存数,将账面结存数和实际结存数进行核对,可以揭示各项财产物资的溢缺情况,从而及时地调整账面结存数,保证账簿记录真实、可靠。

2.保护财产的安全和完整

通过财产清查,可以查明企业单位财产、商品、物资是否完整,有无缺损、霉变现象,以便堵塞漏洞,改进和健全各种责任制,切实保证财产的安全和完整。

3.挖掘财产潜力,加速资金周转

通过财产清查可以及时查明各种财产物资的结存和利用情况。如发现企业有限制不用

的财产物资应及时加以处理,以充分发挥它们的效能;如发现企业有呆滞积压的财产物资,也应及时加以处理,并分析原因,采取措施,改善经营管理。这样,可以使财产物资得到充分合理地利用,加速资金周转,提高企业的经济效益。

4. 保证财经纪律和结算纪律的执行

通过对财产物资、货币资金及往来款项的清查,可以查明有关业务人员是否遵守财经纪律和结算纪律,有否有贪污盗窃、挪用公款的情况;查明货币资金使用是否合理,是否符合党和国家的方针政策和法规,从而使工作人员更加自觉地遵纪守法,自觉维护和遵守财经纪律。

二、财产清查的种类

财产清查,按照清查的对象和范围,可以分为全面清查和局部清查;按照清查的时间,可以分为定期清查和不定期清查。下面分别加以说明。

(一)全面清查与局部清查

全面清查是指对所有的财产和资金进行全面盘点与核对。其清查对象主要包括:原材料、在产品、自制半成品、库存商品、库存现金、短期存(借)款、有价证券及外币、在途物资、委托加工物资、往来款项、固定资产等。全面清查范围广,工作量大,一般在年终决算或企业撤销、合并或改变隶属关系时进行。

局部清查也称重点清查,是指根据需要只对财产中某些重点部分进行的清查。如流动资金中变化较频繁的原材料、库存商品等,除年度全面清查外,还应根据需要随时轮流盘点或重点抽查。各种贵重物资要每月至少清查一次,库存现金要天天核对,银行存(借)款要按银行对账单逐笔核对。

(二)定期清查和不定期清查

定期清查是指在规定的时间内所进行的财产清查。一般是在年、季、月终了后进行。

不定期清查也称临时清查,是指根据实际需要临时进行的财产清查。一般是在更换财产物资保管人员,企业撤销、合并或发生财产损失等情况时进行。

定期清查和不定期清查的范围应视具体情况而定,可全面清查也可局部清查。

第二节　财产清查的方法

一、财产清查的准备工作

财产清查是一项复杂细致的工作,它涉及面广、政策性强、工作量大。为了加强领导,保质保量完成此项工作,一般应在企业单位负责人(如厂长、经理等)的领导下,由会计、业务、仓库等有关部门的人员组成财产清查的专门班子,具体负责财产清查的领导工作。在清查前,必须首先做好以下几项准备工作:

(1)清查小组制订计划,确定清查对象、范围、配备清查人员,明确清查任务。

(2)财务部门要将总账、明细账等有关资料登记齐全,核对正确,结出余额。保管部门对所保管的各种财产物资以及账簿、账卡挂上标签,标明品种、规格、数量,以备查对。

（3）银行存款和银行借款应从银行取得对账单,以便查对。

（4）对需要使用的度量衡器,要提前校验正确,保证计量准确。对应用的所有表册,都要准备妥当。

二、财产清查的方法概述

(一)实物资产的清查

对于各种实物如材料、半成品、在产品、产成品、低值易耗品、包装物、固定资产等,都要从数量和质量上进行清查。由于实物的形态、体积、重量、堆放方式等不尽相同,因而所采用的清查方法也不尽相同。实物数量的清查方法,比较常用的有以下几种:

（1）实物盘点。即通过逐一清点或用计量器具来确定实物的实存数量。其适用的范围较广,在多数财产物资清查中都可以采用这种方法。

（2）技术推算。采用这种方法,对于财产物资不是逐一清点计数,而是通过量方、计尺等技术推算财产物资的结存数量。这种方法只适用于成堆、量大而价值又不高,难以逐一清点的财产物资的清查,例如,露天堆放的煤炭等。

对于实物的质量,应根据不同的实物采用不同的检查方法,例如有的采用物理方法,有的采用化学方法来检查实物的质量。

实物清查过程中,实物保管人员和盘点人员必须同时在场。对于盘点结果,应如实登记盘存单,并由盘点人和实物保管人签字或盖章,以明确经济责任。盘存单既是记录盘点结果的书面证明,也是反映财产物资实存数的原始凭证。其一般格式如表8.2所示。

表8.2　盘存单

单位名称:　　　　　　　盘点时间:　　　　　　　编号:

财产类别:　　　　　　　存放地点:　　　　　　　金额单位:

编号	名称	计量单位	数量	单价	金额	备注

盘点人签章:　　　　　　　　　　　　　保管人:

为了查明实存数与账存数是否一致,确定盘盈或盘亏情况,应根据盘存单和有关账簿的记录,编制实存账存对比表。实存账存对比表是用以调整账簿记录的重要原始凭证,也是分析产生差异的原因,明确经济责任的依据。实存账存对比表的一般格式如表8.3所示。

表8.3　实存账存对比表

编号	类别及名称	计量单位	单价	实存		账存		对比结果				备注
								盘盈		盘亏		
				数量	金额	数量	金额	数量	金额	数量	金额	

主管人员:　　　　　　　　会计:　　　　　　　　制表:

对于委托外单位加工、保管的材料、商品、物资以及在途的材料、商品、物资等,可以用询证的方法与有关单位进行核对,以查明账实是否相符。

(二)库存现金的清查

库存现金的清查,包括人民币和各种外币的清查,都是采用实地盘点,即通过点票数来确定现金的实存数,然后以实存数与现金日记账的账面余额进行核对,以查明账实是否相符及盈亏情况。

由于现金的收支业务十分频繁,容易出现差错,需要出纳人员每日进行清查和定期及不定期的专门清查。每日业务终了,出纳人员都应将现金日记账的账面余额与现金的实存数进行核对,做到账款相符。专门班子清查盘点时,出纳人员必须在场,现钞应逐张查点,还应注意有无违反现金管理制度的现象,编制现金盘点报告表,并由盘点人员和出纳人员签章。现金盘点报告表兼有盘存单和实存账存对比表的作用,是反映现金实有数和调整账簿记录的重要原始凭证。其一般格式如表8.4所示。

表8.4 现金盘点报告表

单位名称: 年 月 日

实存金额	账存金额	对比结果		备注
		盘盈	盘亏	

盘点人: 出纳员:

国库券、其他金融债券、公司债券、股票等有价证券的清查方法和现金相同。

(三)银行存款的清查

银行存款的清查,与实物和现金的清查方法不同,它是采用与银行核对账目的方法来进行的。即将企业的银行存款日记账与从银行取得的对账单逐比核对,以查明银行存款的收入、付出和结余的记录是否正确。

开户银行送来的银行对账单是银行在收付企业存款时复写的账页,它完整地记录了企业存放在银行的款项的增减变动情况及结存余额,是进行银行存款清查的重要依据。

在实际工作中,企业银行存款日记账余额与银行对账单余额往往不一致,其主要原因如下:一是双方账目发生错账、漏账。所以在与银行核对账目之前,应先仔细检查企业银行存款日记账的正确性和完整性,然后再将其与银行送来的对账单逐笔进行核对。二是正常的"未达账项"。所谓"未达账项",是指由于双方记账时间不一致而发生的一方已经入账,而另一方尚未入账的款项。企业与银行之间的未达账项,有以下四种情况:

(1)企业已入账,但银行尚未入账

①企业送存银行的款项,企业已作为存款增加入账,但银行尚未入账;

②企业开出支票或其他付款凭证,企业已作为存款减少入账,但银行尚未付款、未记账。

(2)银行已入账,但企业尚未入账

①银行代企业收进的款项,银行已作为企业存款的增加入账,但企业尚未收到通知,因而未入账;

②银行代企业支付的款项,银行已作为企业存款的减少入账,但企业尚未收到通知,因而未入账。

上述任何一种情况的发生,都会使双方的账面存款余额不一致。因此,为了查明企业和银行双方账目的记录有无差错,同时也是为了发现未达账项,在进行银行存款清查时,必须将企业的银行存款日记账与银行对账单逐笔核对;核对的内容包括收付金额、结算凭证的种类和号数、收入来源、支出的用途、发生的时间及存款余额等。通过核对,如果发现企业有错账或漏账,应立即更正;如果发现银行有错账或漏账,应及时通知银行查明更正;如果发现有未达账项,则应据以编制银行存款余额调节表进行调节,并验证调节后余额是否相等。

【例 8-1】　20××年 6 月 30 日,某企业银行存款日记账的账面余额为 155 000 元,银行对账单的余额为 180 000 元,经逐笔核对,发现有下列未达账项:

(1)29 日,企业销售产品收到转账支票一张计 10 000 元,将支票存入银行,银行尚未办理入账手续。

(2)29 日,企业采购原材料开出转账支票一张计 5 000 元,企业已作银行存款付出,银行尚未收到支票而未入账。

(3)30 日,企业开出现金支票一张计 1 250 元,银行尚未入账。

(4)30 日,银行代企业收回货款 40 000 元,收款通知尚未到达企业,企业尚未入账。

(5)30 日,银行代付电费 8 750 元,付款通知尚未到达企业,企业尚未入账。

(6)30 日,银行代付水费 2 500 元,付款通知尚未到达企业,企业尚未入账。

根据以上资料编制银行存款余额调节表,如表 8.5 表示。

表 8.5　银行存款余额调节表

20××年 6 月 30 日　　　　　　　　　　　　　　　　　　　　　　　　　　　　　　　单位:元

项　　目	金额	项　　目	金额
企业银行存款账面余额	155 000	银行对账单账面余额	180 000
加:银行已记增加,企业未记增加的账项		加:企业已记增加,银行未记增加的账项	
银行代收货款	40 000	存入的转账支票	10 000
减:银行已记减少,企业未记减少的账项		减:企业已记减少,银行未记减少的账项	
银行代付电费	8 750	开出转账支票	5 000
银行代付水费	2 500	开出现金支票	1 250
调节后存款余额	183 750	调节后存款余额	183 750

如果调节后双方余额相等,则一般说明双方记账没有差错;若不相等,则表明企业方或银行方或双方记账有差错,应进一步核对,查明原因予以更正。

需要注意的是,对于银行已经入账而企业尚未入账的未达账项,不能根据银行存款余额调节表来编制会计分录,作为记账依据,必须在收到银行的有关凭证后方可入账。另外,对于长期悬置的未达账项,应及时查明原因,予以解决。

上述银行存款的清查方法,也适用于各种银行借款的清查。但在清查银行借款时,还应检查借款是否按规定的用途使用,是否按期归还。

(四)往来款项的清查

往来款项的清查,采用与对方单位核对账目的方法。在检查自己单位结算往来款项账目正确性和完整性的基础上,根据有关明细分类账的记录,按用户编制对账单,送交对方单位进行核对。对账单一般一式两联,其中一联作为回单。如果对方单位核对相符,应在回单上盖章后退回;如果数字不符,则应将不符的情况在回单上注明,或另抄对账单退回,以便进一步清查。在核对过程中,如果发现未达账项,双方都应采用调节账面余额的方法,来核对往来款项是否相符。尤其应注意查明有无双方发生争议的款项、没有希望收回的款项以及无法支付的款项,以便及时采取措施进行处理,避免或减少坏账损失。

第三节 财产清查结果的处理

一、处理步骤

通过财产清查所发现的财产管理和核算方面存在的问题,应当认真分析研究,以有关的法令、制度为依据进行严肃处理。为此,应切实做好以下几个方面的工作。

(一)查明差异,分析原因

通过财产清查所确定的清查资料和账簿记录之间的差异,比如财产的盘盈、盘亏和多余积压,以及逾期债权、债务,等等,都要认真查明其性质和原因,明确经济责任,提出处理意见,按照规定程序经有关部门批准后,予以认真严肃的处理。财产清查人员应以高度的责任心,深入调查研究,实事求是,问题定性要准确,处理方法要得当。

(二)认真总结,加强管理

财产清查以后,针对所发现的问题和缺点,应当认真总结经验教训,表彰先进,巩固成绩,发扬优点,克服缺点,做好工作。同时,要建立和健全以岗位责任制为中心的财产管理制度,切实提出改进工作的措施,进一步加强财产管理,保护社会主义财产的安全和完整。

(三)调整账目,账实相符

财产清查的重要任务之一就是为了保证账实相符,财会部门对于财产清查中所发现的差异必须及时进行账簿记录的调整。由于财产清查结果的处理要报请审批,所以,在账务处理上通常分两步进行。第一步,将财产清查中发现的盘盈、盘亏或毁损数,通过"待处理财产损溢"账户,登记有关账簿,以调整有关账面记录,使账存数和实存数相一致。第二步,在审批后,应根据批准的处理意见,再从"待处理财产损溢"账户转入有关账户。

二、会计账务处理

(一)"待处理财产损溢"账户的设置

"待处理财产损溢"是一个暂记账户,它是专门用来核算企业在财产清查过程中查明的各种财产物资的盘盈、盘亏数,以及经批准后的转销数,属于资产类账户。该账户结构具有资产、负债双重性质,其借方登记各种财产物资的盘亏数及经过批准转销的盘盈数,贷方登记各种财产物资的盘盈数及经过批准转销的盘亏数。期末一般没有余额。为了分别反映和监督企业固定资产和流动资产的盈亏情况,"待处理财产损溢"账户应设置"待处理固定资产损溢"和"待处理流动资产损溢"两个明细分类账户,进行明细分类核算。

"待处理财产损溢"账户的结构如图 8.1 表示。

借方 待处理财产损溢	贷方
清查时发现的盘亏数	清查时发现的盘盈数
经批准转销的盘盈数	经批准转销的盘亏数

图 8.1 "待处理财产损溢"账户的结构

■■■ **知识小卡片:** 由于固定资产盘盈不通过"待处理财产损溢"账户进行核算,而是通过"以前年度损益调整"账户进行,而且还要一起调整应交税费,其会计处理与其他财产清查结果处理思路不同、相差较大,故在此不作介绍,也不举例。

(二)账务处理

对于财产清查中各种材料、在产品和产成品的盘盈和盘亏,属于以下正常原因的,一般增加或冲减费用:在收发物资中,由于计量、检验不准确发生的错误;财产物资在运输、保管、收发过程中,在数量上发生的自然增减变化;由于手续不齐或计算、登记发生的错误。上述属于管理不善或工作人员失职,造成财产损失、变质或短缺的,应由过失人负责赔偿的,应增加其他应收款;属于贪污盗窃、营私舞弊造成的损失或自然灾害造成的非常损失,应增加营业外支出。另外,对于财产清查中固定资产盘亏,在按规定报请审批后,其盘亏净值增加营业外支出。

1.财产盘盈的财务处理

【例 8-2】 某公司在清查盘点库存现金时,发现溢余 800 元,其中 500 元系应付某员工的工资,300 元系无法查明的其他原因造成。

(1)财产清查中发现库存现金溢余应先调整账簿记录,做到账实相符,根据"库存现金盘点报告表"编制会计分录如下:

借:库存现金　　　　　　　　　　　　　　　　　　　　800
　　贷:待处理财产损溢——待处理流动资产损溢　　　　　　800

(2)上述现金溢余董事会批准后予以转销。

根据批准文件溢余现金应支付某员工 500 元,其余 300 元记入"营业外收入"。编制会计分录如下:

借:待处理财产损溢——待处理流动资产损溢　　　　　　800
　　贷:其他应付款　　　　　　　　　　　　　　　　　500
　　　营业外收入　　　　　　　　　　　　　　　　　300

【例 8-3】 某公司在财产清查中,发现 E 材料盘盈 1 000 千克,价值 5 000 元。

(1)财产清查中发现材料盘盈应先调整账面记录,做到账实相符,根据"实存账存对比表"编制会计分录如下:

借:原材料——E材料 5 000
 贷:待处理财产损溢——待处理流动资产损溢 5 000

（2）上述E材料盘盈经董事会批准后予以转销。

经查明，E材料的盘盈是计量不准造成的，经董事会批准，直接冲减期间费用计入"管理费用"账户，根据批准文件编制会计分录如下：

借:待处理财产损——待处理流动资产损溢 5 000
 贷:管理费用 5 000

2.财产盘亏的财务处理

【例8-4】 某公司在清查盘点库存现金时，发现短缺800元，其中500元系出纳员过失造成，300元系无法查明的其他原因造成。

（1）财产清查中发现库存现金短缺应先调整账簿记录，做到账实相符，根据"库存现金盘点报告表"编制会计分录如下：

借:待处理财产损溢——待处理流动资产损溢 800
 贷:库存现金 800

（2）上述现金短缺经董事会批准后予以转销。

根据批准文件短缺现金应由出纳员赔偿500元，其余300元记入"管理费用"，编制会计分录如下：

借:其他应收款——出纳员 500
  管理费用 300
 贷:待处理财产损溢——待处理流动资产损溢 800

【例8-5】 某公司在财产清查中，发现B材料短缺和毁损价值7 000元。

（1）在清查中发现盘亏材料，在报经批准前应先调整账面记录，使账实相符，根据"实存账存对比表"编制会计分录如下：

借:待处理财产损溢——待处理流动资产损溢 7 000
 贷:原材料——B材料 7 000

（2）上项盘亏的材料，报批准后予以转销。材料盘亏，报经董事会批准分别作如下处理：
①材料短缺的800元由过失人赔偿；
②由于非常灾害造成的材料毁损3 500元，列入"营业外支出"；
③材料2 700元短缺是经营不善造成的，列入"管理费用"。

根据上述处理意见，编制会计分录如下：

借:其他应收款——应收材料短缺 800
  营业外支出 3 500
  管理费用 2 700
 贷:待处理财产损溢——待处理流动资产损溢 7 000

【例8-6】 某公司在财产清查中发现短缺设备一台，原价80 000元，已提折旧20 000元。

（1）发现盘亏固定资产，报经批准前应先调整账面记录，编制会计分录如下：

借:待处理财产损溢——待处理固定资产损溢 60 000
  累计折旧 20 000

　　贷:固定资产 　　　　　　　　　　　　　　　　　　　　　　　　　　　80 000

　　(2)经董事会批准,盘亏设备列入"营业外支出"处理。根据批准文件编制会计分录如下:

　　借:营业外支出 　　　　　　　　　　　　　　　　　　　　　　　　　　60 000
　　　　贷:待处理财产损溢——待处理固定资产损溢 　　　　　　　　　　　　60 000

　　企业在财产清查中查明的有关债权、债务的坏账收入或坏账损失,经批准后,按照上述会计分录直接进行转销,不需要通过"待处理财产损溢"账户核算。

　　【例 8-7】 在财产清查中,查明确实无法收回的账款 30 000 元,经批准作为坏账损失。

　　坏账损失是指无法收回的应收账款而使企业遭受的损失。按制度规定,在会计核算中对坏账损失的处理采用备抵法,即按期估计坏账损失,按一定比例提取"坏账准备"计入当期管理费用,待实际发生坏账时,冲销已经提取的坏账准备金。这是谨慎性原则在会计核算过程中的具体应用。因此,对于这笔确属无法收回的应收账款,应按照规定的手续审批后,以批准的文件为原始凭证,作坏账损失处理,冲减"坏账准备"账户。"坏账准备"是资产类账户,是"应收账款"的抵减账户,用来核算坏账准备的提取和转销情况,贷方登记提取数,借方登记冲销数,余额在贷方表示已经提取尚未冲销的坏账,编制会计分录如下:

　　借:坏账准备 　　　　　　　　　　　　　　　　　　　　　　　　　　　30 000
　　　　贷:应收账款(或其他应收款) 　　　　　　　　　　　　　　　　　　30 000

　　【例 8-8】 在财产清查中,发现应付某单位的货款 2 000 元已经无法支付,经批准予以转销。

　　借:应付账款——××单位 　　　　　　　　　　　　　　　　　　　　　2 000
　　　　贷:营业外收入 　　　　　　　　　　　　　　　　　　　　　　　　2 000

　　需要指出的是,如果企业清查的各种财产的损溢,在期末结账前尚未批准,应在对外提供财务会计报告时先按上述规定进行处理,并在会计报表附注中作出说明;如果其后批准处理的金额与已处理的金额不一致,还应调整会计报表相关项目的年初数。

【复习思考题】

　　1.什么是财产清查? 为什么要进行财产清查? 财产清查有什么作用?
　　2.哪些因素会造成各项财产账面数与实际数不一致?
　　3.对现金、银行存款进行清查的方法是什么? 实物资产和往来款项的清查方法又是什么?
　　4.什么是"未达账项"? 企业能否根据银行存款余额调节表将未达账项登记入账? 为什么?
　　5.说明"待处理财产损溢"账户的用途和结构。

【测一测】

在线测试

第九章

财务会计报告

■■■ 学习目标

通过本章的学习,了解财务会计报告的意义、种类和编制要求;掌握资产负债表和利润表的含义、作用、结构和编制方法;重点掌握资产负债表、利润表的内容、作用和编制原理;能够根据所提供的会计凭证、会计账簿编制资产负债表、利润表。

■■■ 关键知识点

财务报告的概述、资产负债表的编制、利润表的编制。

■■■ 案例导入

曾是中国特钢行业先锋的抚顺特殊钢股份有限公司(600399,SH,下称 ST 抚钢),因涉嫌财务造假被中国证监会处罚。ST 抚钢为东北特钢集团旗下上市公司,"六五"计划经济期间曾承担 844 项新品研发国家项目,主攻航空航天、航海、核能和军民两方面的急需钢材。其在 20 世纪辉煌一时,航天用的高温合金占国内市场的一半份额,航空航天高强度钢占国内市场的66%。2019 年 7 月 8 日收到中国证监会的《行政处罚及市场禁入事先告知书》(下称《告知书》)。

经过调查,中国证监会认为,ST 抚钢自 2010 年至 2017 年连续多年存在信息披露有虚假记载的违法行为,违法行为持续时间长,手段特别恶劣,涉案数额特别巨大,严重扰乱市场秩序并造成严重社会影响,致使投资者利益遭受特别严重的损害。ST 抚钢通过伪造、变造原始凭证及记账凭证、修改物供系统、成本核算系统、财务系统数据等方式,累计虚增存货近19.89 亿元,少结转主营业务成本约 19.89 亿元,并累计虚增利润总额约 19 亿元。

此外,在 2013 年至 2014 年年度报告中,ST 抚钢披露的期末在建工程余额存在虚假记载,累计虚增在建工程约 11.39 亿元;在 2013 年至 2015 年年度报告中,累计虚增固定资产约 8.42 亿元;2014 年至 2016 年年度报告、2017 年第三季度报告中,累计虚增固定资产折旧约 8 739 万元。

中国证监会责令 ST 抚钢改正,给予警告,并处以 60 万元的罚款。对赵明远、单志强等7 人给予警告,并分别处以 30 万元的罚款;对邵福群、王朝义等 23 人给予警告,并分别处以10 万元罚款;对徐庆祥、赵振江等 15 人给予警告,并分别处以 5 万元罚款。据统计,这 45 名高管共计罚款 515 万元。此外,中国证监会拟决定对 ST 抚钢原董事长赵明远、董事孙启,以及原总经理单志强、张晓军采取终身市场禁入措施,对原财务总监王勇、姜臣宝采取 10 年市场禁入措施。

■■■ 思 考

1. 分析 ST 抚钢财务造假的动因以及采用的手段有哪些?

2. 试讨论上市公司财务造假的危害,对我们当代大学生有哪些启示?

第一节　财务会计报告概述

一、财务会计报告的概念

财务会计报告，又称财务报告，是指企业对外提供的反映企业某一特定日期财务状况和某一会计期间经营成果、现金流量等财务信息的文件。

财务报告是通过整理、汇总日常会计核算资料而定期编制的，用来集中、总括地反映企业单位在某一特定日期的财务状况以及某一特定时期的经营成果和现金流量等财务信息的书面报告。编制财务报告是会计核算的最后一个专门核算方法，是会计核算程序的最后一个程序，也是会计循环的最后一个环节。

家底的展示台——会计报表概述

企业通过财务报告对外全面系统地揭示企业财务状况、经营成果和现金流量等会计信息，可以满足财务报告使用者对企业会计信息的需求，财务报告的作用具体表现在以下几个方面：

（1）为投资者和潜在投资者提供有关企业的盈利能力和股利分配政策等方面的信息，以及管理者对受托责任的履行情况，便于他们作出正确的投资决策。

（2）为债权人和潜在债权人提供有关企业的偿债能力和支付能力情况，包括资本结构、资产状况和盈利能力等方面的信息，便于他们作出正确的信贷决策和赊销决策。

（3）为财政、工商、税务等行政管理部门提供对企业实施监督的各项信息资料，便于各部门监督和检查企业资金的筹集运用情况，成本计算和费用支出情况，企业利润的形成和分配情况，税金计算与解缴情况、企业的财经法规、结算纪律的遵守情况。

（4）为审计部门提供企业详尽、全面的财务状况和经营成果等方面的信息资料，便于其监督和检查企业的经营管理。财务报告可以为进一步的凭证审计和账簿审计指明方向，从而为财务审计和经济效益审计提供重要的数据资料。

（5）为统计部门提供宏观经济管理的基础信息资料。通过对各单位提供的财务报告资料进行逐级汇总和分析，可以为国家进行宏观调控、综合管理、优化资源配置、制订国民经济计划等提供重要的信息资料。

（6）为企业主管部门提供评价企业经营管理水平的信息资料。单位主管部门，利用账务报告，考核所属单位的经营业绩以及各项经济政策贯彻执行情况，并通过各单位同类指标的对比分析，可及时总结成绩，推广先进经验；对所发现的问题分析原因，采取措施，提高企业的经营管理水平。

总之，财务报告为企业管理者进行日常经营管理、预测和决策提供了必要的信息资料，从而为企业的生产经营决策和改善经营管理提供了依据。经营管理者通过财务报告，可以分析、检查企业的财务计划、预算的执行情况；考核企业资金、成本、利润等计划指标的完成程度；分析、评价经营管理中的成绩和缺点，采取措施，改善经营管理，提高经济效益。

二、财务会计报告的构成

财务会计报告包括财务报表和其他应当在财务会计报告中披露的相关信息和资料,如图 9.1 所示。

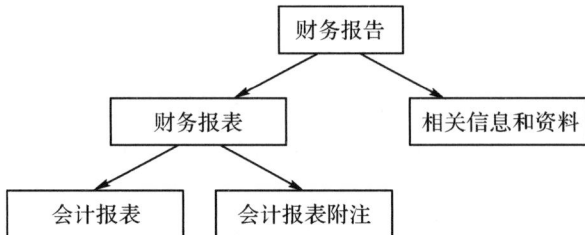

图 9.1 财务会计报告的构成

(一)会计报表①

企业对外提供的会计报表至少应当包括下列组成部分:资产负债表、利润表、现金流量表、所有者权益(或股东权益)变动表。小企业编制的报表可以不包括现金流量表。

1. 资产负债表

资产负债表是反映企业在某一特定日期的财务状况的会计报表。企业编制资产负债表的目的是通过反映企业所拥有的资产、需偿还的债务以及股东(投资者)拥有的净资产及结构情况,帮助信息使用者评价企业资产的质量、短期和长期偿债能力,以及利润分配能力等。

2. 利润表

利润表是反映企业在一定会计期间的经营成果的会计报表。企业编制利润表的目的是通过反映企业实现的收入、发生的费用以及应计入当期利润的利得和损失等金额及结余情况,帮助信息使用者分析企业的利润或亏损情况,评价企业的盈利能力及其构成与质量。

3. 现金流量表

现金流量表是反映企业在一定会计期间的现金和现金等价物流入和流出情况的会计报表。企业编制现金流量表的目的是通过反映企业各项活动的现金流入、流出情况,帮助信息使用者评价企业的现金流和资金周转情况。

4. 所有者权益变动表

所有者权益变动表反映企业年末所有者权益(或股东权益)增减变动情况的报表。所有者权益变动表应当全面反映一定时期所有者权益变动的情况,不仅包括所有者权益总量的变动,还包括所有者权益增减变动的重要结构性信息,尤其要反映直接计入所有者权益的利

---

① 注:需要注意的是,财务报表不同于会计报表,两者不是一个概念,财务报表是会计报表和会计报表附注的统称,即"四表一注",而会计报表仅指"四表"。财务报表是财务报告的核心内容,本章主要介绍与会计报表有关的内容。

得和损失，让报表使用者准确理解所有者权益增减变动的根源。

(二)会计报表附注

会计报表附注是财务报告不可或缺的组成部分，是对在资产负债表、利润表、现金流量表和所有者权益变动表等报表中列示项目的文字描述或明细资料，以及对未能在这些报表中列示项目的说明等。企业编制会计报表附注的目的是通过对财务报表本身作补充说明，以便更加全面、系统地反映企业财务状况、经营成果和现金流量的全貌，从而有助于向会计信息使用者提供更为有用的决策信息，帮助其作出更加科学合理的决策。

(三)其他应当在财务报告中披露的相关信息和资料

除了财务报表和附注之外，财务报告还应当包括其他相关信息。其他应当在财务报告中披露的相关信息和资料，具体可以根据有关法律法规的规定和外部使用者的信息需求而定。如企业可以在财务报告中披露其承担的社会责任、对社区的贡献、可持续发展能力等信息。

三、会计报表的种类

不同性质的经济单位由于会计核算的内容不一样，经济管理的要求及其所编制会计报表的种类也不尽相同。就企业而言，其所编制的会计报表也可按不同的标志划分为不同的类别。

(一)按照会计报表所反映的经济内容分类

会计报表按其所反映的经济内容分类，可分为财务状况报表和经营成果报表两类。

1. 财务状况报表

(1)反映一定日期企业资产、负债及所有者权益等财务状况的报表，如资产负债表。

(2)反映一定时期企业财务状况变动情况的报表，如现金流量表。

(3)反映一定时期企业构成所有者权益的各组成部分增减变动情况的报表，如所有者权益变动表。

2. 经营成果报表

经营成果报表是反映一定时期企业经营成果的报表，如利润表。

以上四类报表可以划分为静态报表和动态报表，前者为资产负债表，后者为利润表、所有者权益变动表和现金流量表。

(二)按照会计报表报送对象分类

会计报表按其报送对象分类，可分为对外报送的会计报表和对内报送的会计报表两类。

(1)对外报送的会计报表，包括资产负债表、利润表、所有者权益变动表和现金流量表等。这些报表可用于企业内部管理，但更偏向于现在和潜在投资者、贷款人、供应商和其他债权人、顾客、政府机构、社会公众等外部使用者的信息要求。这类报表一般有统一格式和编制要求。

(2)对内报送的会计报表是根据企业内部管理需要编制的，主要用于企业内部成本控制、定价决策、投资或筹资方案的选择等，这类报表无规定的格式和种类。

（三）按照会计报表编制会计主体分类

会计报表按其编报的会计主体分类，可分为个别会计报表和合并会计报表两类。这种划分是在企业对外单位进行投资的情况下，由于特殊的财务关系所形成的。

（1）个别会计报表是指只反映对外投资企业本身的财务状况和经营情况的会计报表，包括对外和对内会计报表。

（2）合并会计报表是指一个企业在能够控制另一个企业的情况下，将被控制企业与本企业视为一个整体，将其有关经济指标与本企业的数据合并而编制的会计报表。合并会计报表所反映的是企业与被控制企业共同的财务状况与经营成果。合并会计报表一般只编制对外会计报表。

（四）按照会计报表编制的时间分类

会计报表按其编制的时间分类，可分为定期会计报表和不定期会计报表。其中，定期会计报表又可分为年度会计报表（年报）、季度会计报表（季报）和月份会计报表（月报）三类。年报是年终编制的报表，它是全面反映企业财务状况、经营成果及其分配、现金流量等方面的报表；季报是每一季度末编制的报表，种类比年报少一些；月报是月终编制的报表，只包括一些主要的报表，如资产负债表、利润表等。月度会计报表、季度会计报表称为中期报告。

不定期会计报表是企业在某种特殊情况下需编制的，例如在企业宣布破产时应编制和报送破产清算会计报表。

（五）按照会计报表编制单位分类

会计报表按其编制的单位分类，可分为单位会计报表和汇总会计报表两类。

单位会计报表是指由独立核算的会计主体编制的，用以反映某一会计主体的财务状况、经营活动成果和费用支出及成本完成情况的报表。汇总会计报表是指由上级主管部门将其所属各基层经济单位的会计报表，与其本身的会计报表汇总编制的，用以反映一个部门或一个地区经济情况的会计报表。

三、我国对会计信息质量的要求

会计信息质量要求是对企业财务报告中所提供会计信息质量的基本要求，是使财务报告中所提供的会计信息对投资者等使用者决策有用应具备的基本特征，它主要包括可靠性、相关性、可理解性、可比性、实质重于形式、重要性、谨慎性和及时性等，如图9.2所示，具体内容参见第一章。

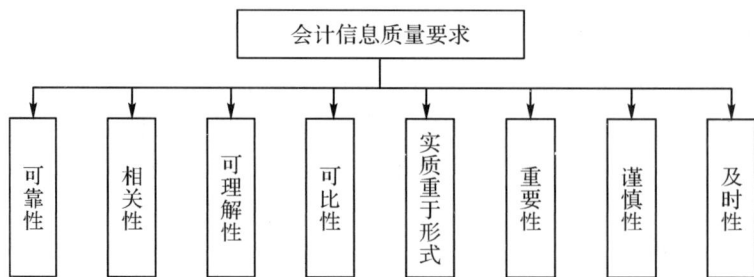

图9.2 会计信息质量要求原则

第二节　资产负债表

资产负债表是总括反映企业在某一特定日期(月末、季末或年末)全部资产、负债和所有者权益情况的会计报表。它是根据资产、负债和所有者权益之间的相互关系,按照一定的分类标准和顺序,把企业一定日期的资产、负债和所有者权益各项目予以适当排列,并对日常工作中形成的大量数据进行高度浓缩整理而成的。

一、资产负债表的内容和作用

(一)资产负债表的内容

我国资产负债表的左侧为资产,一般按照资产的流动性大小排列。右侧为负债和所有者权益。负债一般按要求的清偿时间的先后顺序排列,所有者权益按永久性程度的高低顺序排列。

实事要实说——资产负债表(1)

资产负债表主要反映以下三个方面的内容。

1. 资产

资产反映企业在某一特定日期企业所拥有的经济资源,即某一特定日期企业所拥有或控制的各项资产的余额。资产负债表中的资产按其流动性大小排列,分为流动资产和非流动资产。一般企业的流动资产包括货币资金、交易性金融资产、应收票据、应收账款、预付款项、应收股利、应收利息、其他应收款、存货等项目,非流动资产包括持有至到期投资、投资性房地产、长期股权投资、固定资产、无形资产、长期待摊费用等项目。

2. 负债

负债反映企业在某一特定日期所承担的债务。资产负债表中的负债按照偿还期的长短分为流动负债和非流动负债。一般企业的流动负债包括短期借款、应付票据、应付账款、预收账款、应付职工薪酬、应付利息、应付股利、其他应付款等项目,非流动负债包括长期借款、应付债券、长期应付款等项目。

3. 所有者权益

所有者权益反映企业投资者在某一特定日期所拥有的净资产,资产负债表中的所有者权益按永久性程度的高低顺序排列。这实质上也是按所有者权益的不同来源和特定用途进行的分类,包括实收资本(或股本)、资本公积、盈余公积和未分配利润等项目。

(二)资产负债表的作用

资产负债表总括地提供了企业的经营者、投资者和债权人等各方面所需要的信息,其具体作用如下:

(1)通过资产负债表可以了解企业在某一特定日期(月末、季末、年末)的资产总额及结构,包括企业拥有或控制的经济资源及其分布情况。

(2)通过资产负债表可以了解企业在某一特定日期(月末、季末、年末)的负债总额及结构,分析企业未来需要用多少资产或劳务清偿债务以及清偿时间。

（3）通过资产负债表可以了解所有者在某一特定日期（月末、季末、年末）所拥有的权益，据以判断资本保值、增值的情况以及对负债的保障程度。

（4）可以生成财务分析的基本资料，表明企业的变现能力、偿债能力和资金周转能力，从而有利于报表使用者作出经济决策。

二、资产负债表的结构

资产负债表是依据"资产＝负债＋所有者权益"这一会计等式的基本原理设置的，资产负债表的结构分为账户式和报告式。

账户式资产负债表，是将资产负债表分为左方和右方，左方列示资产各项目，右方列示负债和所有者权益各项目，资产各项目的合计等于负债和所有者权益各项目的合计。通过账户式资产负债表，反映资产、负债和所有者权益之间的内在关系，并达到左方和右方平衡。其格式如表9.1所示。我国企业的资产负债表采用的是账户式结构。

报告式资产负债表，是将资产负债表项目自上而下排列，首先列示资产的数额，然后列示负债的数额，最后再列示所有者权益的数额。

在我国，资产负债表按账户式反映，通常包括表头、表身和表尾。

表9.1 资产负债表

编制单位： 　　　　　年　月　日　　　　　单位：元

资　产	期末余额	年初余额	负债和所有者权益	期末余额	年初余额
流动资产：			流动负债：		
货币资金			短期借款		
交易性金融资产			交易性金融负债		
应收票据			应付票据		
应收账款			应付账款		
预付款项			预收账款		
应收利息			应付职工薪酬		
应收股利			应交税费		
其他应收款			应付利息		
存货			应付股利		
一年内到期的非流动资产			其他应付款		
其他流动资产			一年内到期的非流动负债		
流动资产合计			其他流动负债		
非流动资产：			流动负债合计		
其他债权投资			非流动负债：		
其他权益工具投资			长期借款		
债权投资			应付债券		
长期应收款			长期应付款		
长期股权投资			专项应付款		
投资性房地产			预计负债		
固定资产			递延所得税负债		
工程物资			其他非流动负债		
在建工程			非流动负债合计		
固定资产清理			负债合计		
生产性生物资产			所有者权益：		
油气资产			实收资本		

资　　产	期末余额	年初余额	负债和所有者权益	期末余额	年初余额
无形资产 开发支出 商誉 递延所得税资产 其他非流动资产 非流动资产合计			资本公积 减:库存股 盈余公积 未分配利润 所有者权益合计		
资产			负债和所有者权益		
总计			总计		

三、资产负债表的编制方法

资产负债表中"年初余额"栏各项的数字,应按上年年末资产负债表中"期末余额"栏中的数字填列。资产负债表各项目"期末余额"栏的填列方法,总的来说,根据会计期末各总账账户及所属明细账户余额填列,如表9.2所示。

实事要实说——资产负债表(2)

表 9.2　资产负债表各项目"期末余额"栏的填列方法

填列依据	填列方法
总账期末余额	①根据总账科目余额直接填列
	②根据总账科目余额计算填列
明细账期末余额	③根据明细科目余额计算填列
总账期末余额＋明细账期末余额	④根据总账科目和明细科目余额分析计算填列

下面是上述四种填列方法在资产负债表"期末余额"栏中一些主要项目的编制说明。

(1)"货币资金"项目,反映企业库存现金、银行结算户存款、外埠存款、银行汇票存款、银行本票存款、信用卡存款、信用证保证金存款等的合计数。本项目应根据"库存现金""银行存款""其他货币资金"科目的期末余额合计数填列。

(2)"交易性金融资产"项目,反映企业为交易目的所持有的债券投资、股票投资、基金投资、权证投资等交易性金融资产的公允价值。本项目应根据"交易性金融资产"科目的期末余额填列。

(3)"应收票据"项目,反映企业因销售商品、提供劳务等而收到的商业汇票,包括商业承兑汇票和银行承兑汇票。本项目应根据"应收票据"科目的期末余额填列。已向银行贴现和已背书转让的应收票据不包括在本项目内,其中已贴现的商业承兑汇票应在会计报表附注中单独披露。

(4)"应收账款"项目,反映企业因销售商品、提供劳务等经营活动而应向购买单位收取的款项。本项目应根据"应收账款"和"预收款项"科目所属各明细科目的期末借方余额合计数,减去"坏账准备"科目中有关应收账款计提的坏账准备期末余额后的金额填列。如"应收账款"科目所属明细科目期末有贷方余额的,应在本表"预收款项"项目内填列。

(5)"预付款项"项目,反映企业按合同规定预付给供应单位的款项。本项目应根据"预付账款"和"应付账款"科目所属各明细科目的期末借方余额合计数,减去"坏账准备"科目中有关预付账款计提的坏账准备期末余额后的金额填列。如"预付账款"科目所属有关明细科目期末有贷方余额的,应在本表"应付账款"项目内填列。

(6)"其他应收款"项目,反映企业除应收票据、应收账款、预付账款、应收股利、应收利息等经营活动以外的其他各种应收、暂付的款项。本项目应根据"其他应收款"科目的期末余额,减去"坏账准备"科目中有关其他应收款计提的坏账准备期末余额后的金额填列。

(7)"存货"项目,反映企业期末在库、在途和在加工中的各项存货的可变现净值。本项目应根据"在途物资""原材料""周转材料""库存商品""发出商品""委托加工物资""生产成本"等科目的期末余额合计减去"存货跌价准备"科目期末余额后的金额填列。材料采用计划成本核算,以及库存商品采用计划成本或售价核算的企业,还应按加或减材料成本差异、商品进销差价后的金额填列。

(8)"固定资产"项目,反映企业的各种固定资产的净值。本项目应根据"固定资产"科目的期末余额,减去"累计折旧""固定资产减值准备"科目期末余额后的金额填列。

(9)"在建工程"项目,反映企业期末各项未完工程的实际支出,包括交付安装的设备价值,未完建筑安装工程已经耗用的材料、工资和费用支出、预付出包工程的价款、已经建筑安装完毕但尚未交付使用的工程等的可收回金额。本项目应根据"在建工程"科目的期末余额,减去"在建工程减值准备"科目期末余额后的金额填列。

(10)"工程物资"项目,反映企业各项工程尚未使用的工程物资的实际成本。本项目应根据"工程物资"科目的期末余额填列。

(11)"无形资产"项目,反映企业持有的各项无形资产的期末可收回金额,包括专利权、非专利技术、商标权、著作权、土地使用权等的可收回金额。本项目应根据"无形资产"科目的期末余额,减去"累计摊销""无形资产减值准备"科目期末余额后的金额填列。

(12)"短期借款"项目,反映企业向银行或其他金融机构等借入的尚未归还的期限在1年期以下(含1年)的各种借款。本项目应根据"短期借款"科目的期末余额填列。

(13)"应付票据"项目,反映企业因购买材料、商品和接受劳务等而开出、承兑的商业汇票,包括银行承兑汇票和商业承兑汇票。本项目应根据"应付票据"科目的期末余额填列。

(14)"应付账款"项目,反映企业因购买原材料、商品和接受劳务供应等经营活动而应付给供应单位的款项。本项目应根据"应付账款"和"预付账款"科目所属各有关明细科目的期末贷方余额合计填列;如"应付账款"科目所属各明细科目期末有借方余额,应在本表"预付款项"项目内填列。

(15)"预收款项"项目,反映企业按合同规定预收购买单位的款项。本项目应根据"预收账款"和"应收账款"科目所属各有关明细科目的期末贷方余额合计数填列。如"预收账款"科目所属有关明细科目有借方余额的,应在本表"应收账款"项目内填列。

(16)"应付职工薪酬"项目,反映企业根据有关规定应付给职工的工资、职工福利、社会保险费、住房公积金、工会经费、职工教育经费、非货币性福利、辞退福利等各种薪酬。本项目应根据"应付职工薪酬"科目期末贷方余额填列。如"应付职工薪酬"科目期末为借方余额,以"一"号填列。

(17)"应交税费"项目,反映企业按照税法规定计算应交纳的各种税费,包括增值税、消费税、所得税、资源税、土地增值税、城市维护建设税、房产税、土地使用税、车船税、教育费附加、矿产资源补偿税等。企业代扣代缴的个人所得税,也通过本项目列示。企业交纳的税费不需要预计应交数的,如印花税、耕地占用税等,不在本项目列示。本项目应根据"应交税费"科目的期末贷方余额填列;如"应交税费"科目期末为借方余额,以"一"号填列。

(18)"应付利息"项目,反映企业按照规定应付的利息,包括分期付息到期还本的长期借款应支付的利息、企业发行的企业债券应支付的利息等。本项目应根据"应付利息"科目的期末贷方余额填列。

(19)"应付股利"项目,反映企业分配的现金股利,企业分配的股票股利,不通过本项目列示。本项目应根据"应付股利"科目的期末余额填列。

(20)"其他应付款"项目,反映企业除应付票据、应付账款、预收账款、应付职工薪酬、应付股利、应付利息、应交税费等经营活动以外的其他各项应付、暂收的款项。本项目应根据"其他应付款"科目的期末余额填列。

(21)"长期借款"项目,反映企业向银行或其他金融机构等借入尚未归还的期限在1年期以上(不含1年)的借款本息。本项目应根据"长期借款"科目的期末余额扣除将在一年内到期的长期借款的金额填列。

(22)"实收资本(或股本)"项目,反映企业各投资者实际投入的资本(或股本)总额。本项目应根据"实收资本(或股本)"科目的期末余额填列。

(23)"资本公积"项目,反映企业资本公积的期末余额。本项目应根据"资本公积"科目的期末余额填列。

(24)"盈余公积"项目,反映企业盈余公积的期末余额。本项目应根据"盈余公积"科目的期末余额填列。

(25)"未分配利润"项目,反映企业尚未分配的利润。本项目应根据"本年利润"科目和"利润分配"科目的余额计算填列。未弥补的亏损,在本项目内以"一"号填列。

综上可见,资产负债表各项目"期末余额"栏的填列方法中,使用最多的是第一种方法:根据总账科目余额直接填列。也就是说,资产负债表各项目中的大多数项目"期末余额"栏都是根据总账科目余额直接填列的。

四、资产负债表编制方法举例

下面举例说明一般企业资产负债表某些项目的编制方法。

【例9-1】 甲公司年末有关科目资料,如表9.3所示。

现将上列资料经归纳分析后填入资产负债表。

(1)将"库存现金""银行存款""其他货币资金"科目余额合并列入货币资金项目(70 000+250 000+205 000＝525 000),共计525 000元;

(2)将坏账准备项目6 000元从应收账款项目中减去;将应收账款明细账中的贷方余额10 000元列入"预收款项"项目。计算结果,应收账款项目的账面价值为360 000元(356 000-6 000+10 000＝360 000);"预收款项"项目为30 000元(20 000+10 000＝30 000)。

表 9.3　甲公司 20××年 12 月 31 日有关账户余额表　　　　单位:元

账户名称	借方余额	贷方余额	账户名称	借方余额	贷方余额
库存现金	70 000		短期借款		235 000
银行存款	250 000		应付票据		220 000
其他货币资金	205 000		应付账款		500 000
交易性金融资产	25 000		预收账款		20 000
应收票据	35 000		应付职工薪酬		135 000
应收股利	35 000		应付股利		120 000
应收利息	10 000		应交税费		45 000
应收账款	356 000		其他应付款		35 000
坏账准备		6 000	长期借款		500 000
预付账款	60 000		实收资本		1 500 000
其他应收款	10 000		资本公积		89 000
原材料	350 000		盈余公积		256 000
库存商品	165 000		利润分配		12 5000
生产成本	185 000				
其他权益工具投资	350 000				
长期股权投资	140 000				
长期股权投资减值准备		20 000			
固定资产	2 000 000				
累计折旧		650 000			
在建工程	120 000				
无形资产	90 000				
	4 456 000	676 000			3780 000

说明:以上资料中有三个账户,经查明应在列表时按规定予以调整:在"应收账款"账户中有明细账贷方余额 10 000 元;在"应付账款"账户中有明细账借方余额 20 000 元;在"预付账款"账户中有明细账贷方余额 5 000 元。

(3)将应付账款明细账中的借方余额 20 000 元列入"预付款项"项目;将"预付账款"账户明细账中的贷方余额 5 000 元列入应付账款项目。计算结果,"预付款项"项目的余额为 85 000 元(60 000+20 000+5 000=85 000),应付账款项目的余额为 525 000 元(500 000+20 000+5 000=525 000)。

(4)将"原材料""库存商品""生产成本",即其他存货账户余额合并为存货项目(350 000+165 000+185 000=7 000 000),共计 700 000 元。

(5)从"长期股权投资"账户中减去"长期股权投资减值准备"20 000 元,长期股权投资项目的余额为 120 000 元(140 000-20 000=120 000)。

(6)其余各项目按账户余额表数字直接填入报表。

现试编该企业资产负债表,如表 9.4 所示。

表 9.4 资产负债表

编制单位：　　　　　　　　　　　20××年 12 月 31 日　　　　　　　　　　　单位:元

资 产	期末余额	年初余额	负债和所有者权益	期末余额	年初余额
流动资产:			流动负债:		
货币资金	525 000		短期借款	235 000	
交易性金融资产	25 000		交易性金融负债	0	
应收票据	35 000		应付票据	220 000	
应收账款	360 000		应付账款	525 000	
预付款项	85 000		预收款项	30 000	
应收利息	10 000		应付职工薪酬	135 000	
应收股利	35 000		应交税费	45 000	
其他应收款	10 000		应付利息	0	
存货	700 000		应付股利	120 000	
一年内到期的非流动资产	0		其他应付款	35 000	
其他流动资产	0		一年内到期的非流动		
流动资产合计	1785 000		负债	0	
非流动资产:			其他流动负债	0	
其他权益工具投资	350 000	(略)	流动负债合计	1 345 000	(略)
长期应收款	0		非流动负债:		
长期股权投资	120 000		长期借款	500 000	
投资性房地产	0		应付债券		
固定资产	1 350 000		长期应付款		
在建工程	120 000		专项应付款		
工程物资	0		预计负债		
固定资产清理	0		递延所得税负债		
无形资产	90 000		其他非流动负债		
商誉	0		非流动负债合计	500 000	
长期待摊费用	0		负债合计	1 845 000	
递延所得税资产	0		所有者权益:		
其他非流动资产	0		实收资本	1 500 000	
非流动资产合计	2 030 000		资本公积	89 000	
			盈余公积	256 000	
			未分配利润	125 000	
			所有者权益合计	1 970 000	
资产总计	3 815 000		负债及所有者权益总计	381 5000	

第三节　利润表

利润表,是总括反映企业在一定时期(年度、季度或月份)内经营成果的会计报表,用以反映企业一定时期内利润(或亏损)的实际情况,是一张动态的报表。

一、利润表的作用

(1)可以反映企业在一定会计期间取得的全部收入情况,包括营业收入、投资收益和营业外收入的数额等。

(2)可以反映企业在一定会计期间发生的全部费用和支出情况,包括营业成本、税金及附加、销售费用、管理费用、财务费用和营业外支出的数额等。

(3)可以反映企业一定会计期间生产经营活动的成果,即净利润的实现情况,并据以判断资本保值、增值等情况。

(4)将利润表中的信息与资产负债表中的信息相结合,还可以生成财务分析的基本资料,从而反映企业资金的周转情况及企业的盈利能力和水平,便于报表使用者判断企业未来的发展趋势,作出经济决策。

盈亏曝光台
——利润表

可见,通过利润表可以了解企业利润(或亏损)的形成情况,据以分析、考核企业经营目标及利润计划的执行结果,分析企业利润增减变动的原因,以促进企业改善经营管理,不断提高管理水平和盈利水平;通过利润表可以评比对企业投资的价值和报酬,判断企业的资本是否保全;根据利润表提供的信息可以预测企业在未来期间的经营状况和盈利趋势。

二、利润表的结构

利润表一般包括表首和正表两部分。其中,表首概括说明报表名称、编制单位、编制日期、报表编号、货币名称、计量单位;正表示利润表的主体,反映形成经营成果的各个项目和计算过程。

正表的格式一般有两种:单步式利润表和多步式利润表。单步式利润表是将当期所有的收入列在一起,然后将所有的费用列在一起,两者相减得出当期净损益。多步式利润表是通过对当期的收入、费用、支出项目按性质加以归类,按利润形成的主要环节列示一些中间性的利润指标,如营业利润、利润总额、净利润,分步计算当期净损益。利润表的格式如表9.5所示。

表 9.5　利润表

会企 02 表

编报单位:　　　　　　　　　　　　年　　月　　　　　　　　　　　　单位:元

项　　　　目	本期金额	上期金额
一、营业收入		
减:营业成本		
税金及附加		
销售费用		
管理费用		
研发费用		
财务费用		
其中:利息费用		
利息收入		
资产减值损失		
加:其他收益		
投资收益(损失以"一"号填列)		

项　　目	本期金额	上期金额
其中:对联营企业和合营企业的投资收益		
公允价值变动收益(损失以"－"号填列)		
资产处置收益(损失以"－"号填列)		
二、营业利润(亏损以"－"号填列)		
加:营业外收入		
减:营业外支出		
三、利润总额(亏损总额以"－"号填列)		
减:所得税费用		
四、净利润(净亏损以"－"号填列)		
(一)持续经营净利润(净亏损以"－"号填列)		
(二)终止经营净利润(净亏损以"－"号填列)		
五、其他综合收益的税后净额		
六、综合收益总额		
七、每股收益:		
(一)基本每股收益		
(二)稀释每股收益		

三、利润表的编制方法

由于利润分三个层次,所以我国利润表具体主要分三步进行计算:

第一步,以营业收入为基础,减去营业成本、税金及附加、销售费用、管理费用、财务费用、资产减值损失,加上其他收益、其他收益公允价值变动收益(减去公允价值变动损失)和投资收益(减去投资损失)、资产处置收益、资产处置收益,计算出营业利润。

第二步,以营业利润为基础,加上营业外收入,减去营业外支出,计算出利润总额。

第三步,以利润总额为基础,减去所得税费用,计算出净利润(或亏损)。

(一)利润表各项目的填列

利润表各项目均需填列"上期金额"和"本期金额"两栏。

"上期金额"栏内各项数字,应根据上年该期利润表的"本期金额"栏内所列数字填列。如果上年该期利润表规定的各个项目名称和内容与本期不相一致,应对上年该期利润表各项目名称和数字按本期规定进行调整,再填入利润表"上期金额"栏内。

"本期金额"栏内各项数字,一般应根据损益类科目年初至本月的累计发生额分析或计算填列。也可以根据本月损益类科目发生额分析计算后,与上月利润表相同项目之和填列。1月利润表只根据本月损益类科目发生额分析计算填列。

利润表的"本期金额"填列方法可归纳为以下两种:

(1)根据账户的发生额分析填列。利润表中的大部分项目都可以根据账户的发生额分析填列,如销售费用、税金及附加、管理费用、财务费用、营业外收入、营业外支出、所得税等。

(2)根据报表项目之间的关系计算填列。利润表中的某些项目需要根据项目之间的关系计算填列,如营业利润、利润总额、净利润等。

(二)具体项目的编制说明

(1)"营业收入"项目,反映企业经营活动所取得的收入总额。本项目应根据"主营业务收入""其他业务收入"等科目的发生额分析填列。

(2)"营业成本"项目,反映企业经营活动发生的成本总额。本项目应根据"主营业务成本""其他业务成本"等科目的发生额分析填列。

(3)"税金及附加"项目,反映企业经营活动应负担的消费税、城市维护建设税、资源税、土地增值税和教育费附加等。本项目应根据"税金及附加"科目的发生额分析填列。

(4)"销售费用"项目,反映企业在销售商品过程中发生的包装费、广告费等费用,以及为销售本企业商品而专设的销售机构的职工薪酬、业务费等经营费用。本项目应根据"销售费用"科目的发生额分析填列。

(5)"管理费用"项目,反映企业为组织和管理生产经营而发生的费用。本项目应根据"管理费用"科目的发生额分析填列。

(6)"财务费用"项目,反映企业筹集生产经营所需资金等而发生的费用。本项目应根据"财务费用"科目的发生额分析填列。

(7)"资产减值损失"项目,反映企业确认的各项资产发生的减值损失。本项目应根据"资产减值损失"科目的发生额分析填列。

(8)"公允价值变动收益"项目,反映企业确认的交易性金融资产或交易性金融负债的公允价值变动收益。本项目应根据"公允价值变动损益"科目的发生额分析填列。如为净损失,本项目以"-"号填列。

(9)"投资收益"项目,反映企业以各种方式对外投资所取得的收益。本项目应根据"投资收益"科目的发生额分析填列;如为投资损失,以"-"号填列。

(10)"资产处置收益"项目,反映企业因核算固定资产、无形资产、在建工程等因出售、转让等原因产生的处置利得或损失。本项目应根据"资产处置损益"科目的发生额分析填列。如为净损失,本项目以"-"号填列。

(11)"营业外收入"项目和"营业外支出"项目,反映企业发生的与其生产经营无直接关系的各项收入和支出。这两个项目应分别根据"营业外收入"科目和"营业外支出"科目的发生额分析填列。

(12)"利润总额"项目,反映企业实现的利润总额。如为亏损总额,以"-"号填列。

(13)"所得税费用"项目,反映企业按规定从本期利润总额中扣除的所得税费用。本项目应根据"所得税费用"科目的发生额分析填列。

(14)"净利润"项目,反映企业实现的净利润。如为净亏损,以"-"号填列。

四、利润表编制方法举例

下面举例说明一般企业利润表的编制方法。

【例9-2】 甲公司20××年度利润表有关科目的累计发生额,如表9.6所示。

表 9.6 利润表有关科目累计发生额　　　　　　　　　单位:元

科目名称	借方发生额	贷方发生额
主营业务收入		12 500 000
其他业务收入		230 000
投资收益		3 200 000
营业外收入		2 850 000
主营业务成本	8 500 000	
税金及附加	550 000	
其他业务成本	0	
销售费用	200 000	
管理费用	1 050 000	
财务费用	1 000 000	
资产减值损失	20 000	
营业外支出	2 000 000	
所得税费用	1 800 000	

根据以上账户记录,编制甲公司 20××年度利润表,如表 9.7 所示。

表 9.7 利润表　　　　　　　　　　　　　　　　会企 02 表

编报单位:　　　　　　　　　20××年×月　　　　　　　　　　单位:元

项　目	本期金额	上期金额
一、营业收入	12 730 000	(略)
减:营业成本	8 500 000	
税金及附加	550 000	
销售费用	200 000	
管理费用	1 050 000	
财务费用	1 000 000	
资产减值损失	20 000	
加:公允价值变动收益(损失以"－"号填列)	0	
投资收益(损失以"－"号填列)	3 200 000	
其中:对联营企业和合并企业的投资收益	0	
资产处置收益(损失以"－"号填列)	4 610 000	
二、营业利润(亏损以"－"号填列)	2 850 000	
加:营业外收入	2 000 000	
减:营业外支出	0	
其中:非流动资产处置损失	5 460 000	
三、利润总额(净亏损以"－"号填列)	1 800 000	
减:所得税费用	5 280 000	
四、净利润		
五、每股收益		
(一)基本每股收益		
(二)稀释每股收益		

【复习思考题】

1. 什么是会计报表？编制会计报表有何意义？
2. 会计报表有哪些种类？编制会计报表有哪些要求？
3. 试述资产负债表的定义、结构及其作用。
4. 资产负债表的编制方法有哪些？
5. 试述利润表的定义、结构和编制方法。

【测一测】

在线测试

第十章

账务处理程序

通过本章的学习,要求了解会计核算程序的概念,能够理解合理建立会计核算形式的意义和基本要求;熟悉记账凭证核算程序和科目汇总表核算程序的内容、特点和使用范围;掌握记账凭证核算程序和科目汇总表核算程序的应用,特别是重点掌握科目汇总表核算程序的应用。

■■■ 关键知识点

账务处理程序的概述、记账凭证核算程序、科目汇总表核算程序。

■■■ 案例导入

【会计实操经验】 审计中需要清楚的账务处理知识

科学、合理地选择适用于本单位的账务处理程序,对于提高会计核算工作效率,保证会计核算工作质量,有效地组织会计核算具有重要意义。一是保证会计记录正确及时、完整。二是保证会计工作有条不紊地进行,提高工作效率,迅速提供财务信息。三是保证会计核算资料的质量,为企业的经营管理提供准确、可靠的会计信息。

一个适用的、合理的账务处理程序,一般应满足以下要求:

(1)要适合本单位的性质和生产经营管理活动的特点,有利于会计机构内部的分工协作和加强岗位责任制。

(2)能及时提供本单位经济活动真实、完整的资料,以满足企业提高经营管理的需要。

(3)在保证及时和完整地提供会计资料的前提下,应尽可能地简化会计核算手续,提高会计工作的效率,节约核算费用。

■■■ 思 考

1.我国常用的账务处理程序有哪几种?

2.企业选用账务处理程序时应考虑哪些因素?

第一节　账务处理程序概述及分类

一、账务处理程序的意义

账务处理程序,也称会计核算形式,是指从取得原始凭证到产生会计信息的步骤和方法。其主要内容包括整理、汇总原始凭证,填制记账凭证,登记各种账簿,编制会计报表这一整个过程的步骤和方法。简言之,就是指会计凭证、账簿、会计报表和账务处理程序相互结合的方式。不同的账务处理程序,规定了填制会计凭证,登记账簿、编制会计报表的不同步骤和方法。

一个单位由于业务性质、规模大小和经济业务的繁简程度各异,决定了其适用的账务处理程序也不同。为此,科学地组织账务处理程序,对提高会计核算质量和会计工作效率,充分发挥会计的核算和监督职能,具有重要意义。

二、会计核算程序的选择

合理的、适用的会计核算形式,一般应符合以下三个要求:

(1)要适应本单位的经济活动特点、规模的大小和业务的繁简情况,有利于会计核算的分工,建立岗位责任制。

(2)要能够及时、准确、全面、系统地提供会计信息,满足各会计信息使用者对会计信息的需要。

(3)要在保证核算资料正确、及时和完整的前提条件下,尽可能地简化会计核算手续,提高会计工作效率,节约人力物力,节约核算费用。

三、账务处理程序的种类

目前,我国企业、事业、机关等单位会计核算一般采用的主要账务处理程序有六种,这六种账务处理程序的主要区别,即各自的特点主要表现在登记总账的依据和方法不同,如表10.1所示。

表 10.1　账务处理程序分类表

会计核算主要步骤	总账登记依据	账务处理程序
会计凭证	记账凭证	记账凭证账务处理程序
	科目汇总表	科目汇总表账务处理程序
账簿	汇总记账凭证	汇总记账凭证账务处理程序
	日记总账	日记总账账务处理程序

会计核算主要步骤	总账登记依据	账务处理程序
会计报表	多栏式日记账	多栏式日记账账务处理程序
	通用日记账	通用日记账账务处理程序

以上六种账务处理程序既有共同点,又有各自的特点。其中,记账凭证账务处理程序是最基本的一种,其他账务处理程序都是由此发展、演变而来的。在实际工作中,各经济单位可根据实际需要选择其中一种账务处理程序,也可将多种账务处理程序的优点结合起来使用,以满足本单位经营管理的需要。

第二节　记账凭证账务处理程序

一、记账凭证账务处理程序的设计要求

记账凭证账务处理程序是最基本的一种账务处理程序,其特点是:直接根据记账凭证,逐笔登记总分类账。

二、记账凭证账务处理程序设置的会计凭证

在记账凭证账务处理程序下,需设置收款凭证、付款凭证和转账凭证三种形式,也可采用通用记账凭证。

三、记账凭证账务处理程序设置的账簿

在记账凭证账务处理程序下,需设置库存现金日记账、银行存款日记账、总分类账和明细分类账。日记账和总分类账可采用三栏式;明细分类账可根据需要采用三栏式、数量金额式和多栏式。

四、记账凭证账务处理程序的基本内容

记账凭证账务处理程序见图 10.1,其基本内容如下:
①根据原始凭证或原始凭证汇总表填制记账凭证;
②根据收款凭证、付款凭证和转账凭证逐笔登记库存现金日记账和银行存款日记账;
③根据原始凭证、原始凭证汇总表或记账凭证登记各种明细分类账;
④根据记账凭证逐笔登记总分类账;
⑤月末,将库存现金日记账、银行存款日记账的余额,以及各种明细分类账的余额合计数,分别与总分类账中相关账户的余额核对相符;
⑥月末,根据核对无误的总分类账和明细分类账的相关资料,编制会计报表。

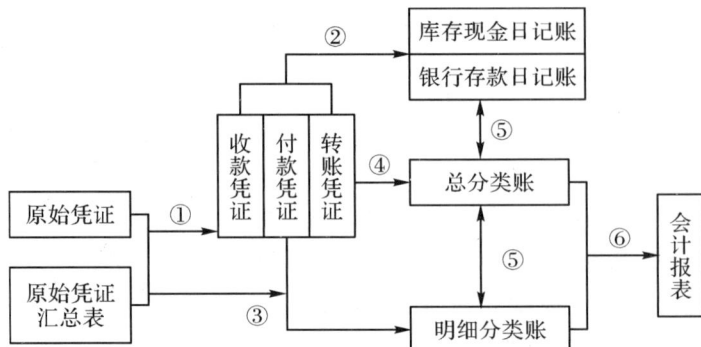

图 10.1　记账凭证账务处理程序

■■■ **知识小卡片：** 记账凭证按照反映经济业务内容的不同有专用和通用两种，以上流程图中设置的是专用记账凭证，也可以设置为通用记账凭证，不再分收款、付款、转账三种专用凭证。实际上，只有当企业采用汇总记账凭证账务处理程序时，设置专用记账凭证才有意义。

五、记账凭证账务处理程序的优缺点及适用范围

记账凭证账务处理程序的主要优点是简单明了，方法易学，总分类账能详细反映经济业务状况，方便会计核对与查账；但登记总分类账的工作量较大，也不利于分工。因此，该程序一般适用于规模较小、经济业务较简单的企业。

第三节　科目汇总表账务处理程序

一、科目汇总表账务处理程序的设计要求

科目汇总表账务处理程序的特点是：定期地将所有记账凭证汇总编制成科目汇总表，然后再根据科目汇总表登记总分类账。

采用科目汇总表账务处理程序时，其账簿设置、各种账簿的格式以及记账凭证的种类和格式基本上与记账凭证账务处理程序相同。但应增设科目汇总表，以作为登记总分类账的依据。

二、科目汇总表的填制方法

科目汇总表（其格式见表 10.2）的填制方法是：根据一定时期内的全部记账凭证，按科目进行归类编制。在科目汇总表中，分别计算出每一个总账科目的借方发生额合计数、贷方发生额合计数。由于借贷记账法的记账规则是"有借必有贷，借贷必相等"，所以在编制的科目汇总表内，全部总账科目的借方发生额合计数与贷方发生额合计数相等。试算无误后，据以登记总分类账。

科目汇总表可以每月汇总一次编制一张,也可视业务量大小每 5 天或每 10 天汇总一次,每月编制一张。

表 10.2　科目汇总表

年　　　月

总账账户	1—10 日发生额		11—20 日发生额		21—30 日发生额		合计	
	借方	贷方	借方	贷方	借方	贷方	借方	贷方
合计								

三、科目汇总表账务处理程序的基本内容

科目汇总表账务处理程序见图 10.2,其基本内容如下:

①根据原始凭证或原始凭证汇总表填制记账凭证;

②根据收款凭证、付款凭证和转账凭证逐笔登记库存现金日记账和银行存款日记账;

③根据原始凭证、原始凭证汇总表或记账凭证登记各种明细分类账;

④根据记账凭证定期编制科目汇总表;

⑤月末,根据编制的科目汇总表登记总分类账;

⑥月末,将库存现金日记账、银行存款日记账的余额,以及各种明细分类账的余额合计数,分别与总分类账中相关账户的余额核对相符;

⑦月末,根据核对无误的总分类账和明细分类账的相关资料,编制会计报表。

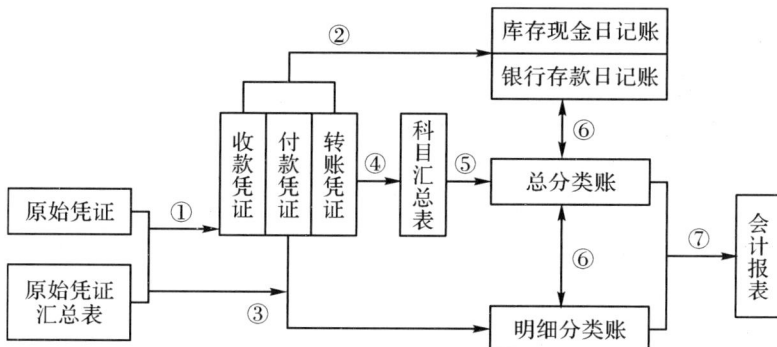

图 10.2　科目汇总表财务处理程序

四、科目汇总表账务处理程序的优缺点及适用范围

科目汇总表账务处理程序的主要优点是:首先,根据定期编制的科目汇总表登记总分类

账,可大大简化总分类账的登记工作;其次,通过科目汇总表的编制,可进行发生额试算平衡,及时发现差错。但由于科目汇总表是定期汇总计算每一账户的借方、贷方发生额,并不考虑账户间的对应关系,因而在科目汇总表和总分类账中,不能明确反映账户的对应关系,不便于了解经济业务的具体内容。其主要适用于经济业务量较大的企业。

五、科目汇总表账务处理程序举例

现以华盛公司20××年12月份经济业务为例,说明科目汇总表账务处理程序下各种记账凭证和科目汇总表的填制方法,以及根据科目汇总表登记总分类账等的具体应用方法。

(一)华盛公司20××年12月有关资料

1.12月各总账期初余额(见表10.3)

表10.3 12月各总账期初余额 单位:元

账户名称	期末数	账户名称	期末数
库存现金	2 788	短期借款	60 000
银行存款	58 800	应付账款	17 600
应收票据	19 600	应付票据	22 500
应收账款	15 800	应付职工薪酬	4 500
预付账款	20 000	应交税费	1 700
库存商品	47 800	实收资本	199 000
原材料	37 200	资本公积	13 744
固定资产	197 920	盈余公积	5 277
减:累计折旧	65 000	利润分配	
无形资产	17 000	本年利润	27 587
合　计	351 908	合　计	351 908

2.12月份发生的经济业务

(1)1日,向宏达公司购入甲材料300吨,单价120元,计36 000元,增值税进项税额为6 120元,款项未付,材料已验收入库;

(2)2日,职工王永出差借支800元,以现金支付;

(3)3日,开出转账支票,支付上月增值税1 700元;

(4)3日,易通公司的应收票据19 600元到期,已通过银行收款;

(5)4日,销售给华新公司A产品200件,单价300元,计60 000元,销项税额10 200元,款项未收;

(6)5日,收到华新公司前欠货款45 800元,已存银行;

(7)6日,生产A产品领用甲材料200吨,共计24 000元;

(8)8日,以银行存款偿付宏达公司账款17 600元;

(9)9日,王永出差回来,报销差旅费750元,交回余款50元;

(10)10日,职工李某报销住院医药费1 000元,以现金支付;

(11)12日,以银行存款支付行政办公用品费800元;

(12)15 日,从银行提取现金 22 500 元,以备发工资;

(13)15 日,发放本月职工工资 22 500 元;

(14)18 日,让售乙材料 100 千克,价值 7 000 元,应交增值税税率 17%,计 1 190 元,款项已收到,存入银行;

(15)18 日,结转出售乙材料的实际成本 5 000 元;

(16)20 日,以银行存款支付本月水电费 1 000 元,其中生产耗用 800 元,行政管理部门耗用 200 元;

(17)20 日,以银行存款支付罚款 1 500 元;

(18)29 日,计算本月应付工资 22 500 元,其中:A 产品工人工资 16 000 元,车间管理人员工资 3 000 元,行政管理人员工资 3 500 元;

(19)29 日,提取本月固定资产折旧费 4 800 元,其中:生产用固定资产折旧费 4 000 元,管理用固定资产 800 元;

(20)31 日,结转本月制造费用 7 800 元;

(21)31 日,结转完工 200 件 A 产品成本 47 800 元;

(22)31 日,结转已销 A 产品销售成本 47 800 元;

(23)31 日,结转本月损益类科目;

(24)31 日,按本月利润总额的 25% 计算本月应交所得税,并结转;

(25)31 日,结转 1—12 月份本年利润;

(26)31 日,按税后利润的 10% 计提盈余公积。

(二)科目汇总表账务处理过程

1. 相关会计分录

根据华盛公司 12 月的经济业务填制记账凭证,为简便起见,这里以表格形式列出会计分录,如表 10.4 所示。

表 10.4　华盛公司 20××年 12 月份会计分录　　　　　单位:元

| 20××年 | | 记账凭证号数 | 摘　要 | 账户名称 | | 金　额 | |
月	日			总账账户	明细账户	借方	贷方
12	1	转字 01 号	购入甲材料 300 吨,款未付	原材料 应交税费 应付账款	甲材料 应交增值税 宏达公司	36 000 6 120	 42 120
	2	现付 01 号	王永出差借支	其他应收款 库存现金	王永	800	 800
	3	银付 01 号	支付上月增值税	应交税费 银行存款	应交增值税	1 700	 1 700
	3	银收 01 号	应收票据到期,收到款项	银行存款 应收票据		19 600	 19 600

续 表

20××年		记账凭证号数	摘 要	账户名称		金 额	
月	日			总账账户	明细账户	借方	贷方
12	4	转字02号	销售A产品150件,款未收	应收账款 主营业务收入 应交税费	华新公司 应交增值税	70 200	60 000 102 00
	5	银收02号	收到华新公司前欠货款	银行存款 应收账款	 华新公司	45 800	45 800
	6	转字03号	领用甲材料200吨	生产成本 原材料	A产品 甲材料	24 000	24 000
	8	银付02号	支付宏达公司账款	应付账款 银行存款	宏达公司	17 600	17 600
	9	现收01号	王永报销差旅费,交回余款	库存现金 管理费用 其他应收款	 王永	50 750	800
	10	现付02号	李某报销医药费	应付职工薪酬 库存现金	职工福利	1 000	1 000
	12	银付03号	支付行政办公用品费	管理费用 银行存款	办公费	800	800
	15	银付04号	提取现金	库存现金 银行存款		22 500	22 500
	15	现付03号	发放工资	应付职工薪酬 库存现金		22 500	22 500
	18	银收03号	出售乙材料100千克,款存银行	银行存款 其他业务收入 应交税费	 应交增值税	8 190	7 000 1 190
	18	转字04号	结转已售乙材料成本	其他业务成本 原材料	 乙材料	5 000	5 000
	20	银付04号	支付水电费	制造费用 管理费用 银行存款		800 200	1 000
	20	银付05号	支付罚款	营业外支出 银行存款		1 500	1 500
	29	转字05号	计提本月职工工资	生产成本 制造费用 管理费用 应付职工薪酬	A产品	16 000 3 000 3 500	22 500

20××年		记账凭证号数	摘 要	账户名称		金 额	
月	日			总账账户	明细账户	借方	贷方
12	29	转字06号	计提本月折旧费	制造费用 管理费用 累计折旧		4 000 800	 4 800
	31	转字07号	结转制造费用	生产成本 制造费用	 A产品	7 800	 7 800
	31	转字08号	结转完工产品成本:A产品200件	库存商品 生产成本	A产品 A产品	47 800	 47 800
	31	转字09号	结转已售产品销售成本	主营业务成本 库存商品	 A产品	47 800	 47 800
	31	转字10号	结转本月损益类科目	本年利润 主营业务收入 其他业务收入		 60 000 7 000	67 000
	31	转字11号	结转本月损益类科目	主营业务成本 其他业务成本 管理费用 营业外支出 本年利润		 60 350	47 800 5 000 6 050 1 500
	31	转字12号	计提应交所得税	所得税费用 应交税费	 应交所得税	1 662.50	 1 662.50
	31	转字13号	结转所得税	本年利润 所得税费用		1 662.50	 1 662.50
	31	转字14号	结转1—12月份本年利润	本年利润 利润分配		32 574.50	 32 574.50
	31	转字15号	提取盈余公积	利润分配 盈余公积		3 257.45	 3 257.45

2.编制科目汇总表

根据记账凭证定期编制科目汇总表,该公司按旬汇总,每月编制一张"科目汇总表",汇总结果应显示借贷方发生额相等,其格式与结果如表10.5所示。

表10.5 华盛公司科目汇总表 单位:元

账户名称	1—10日发生额		11—20日发生额		21—31日发生额		合 计	
	借方	贷方	借方	贷方	借方	贷方	借方	贷方
库存现金	50	1 800	22 500	22 500			22 550	24 300
银行存款	65 400	19 300	8 190	25 800			73 590	45 100
应收账款	70 200	45 800					70 200	45 800

续　表

账户名称	1—10 日发生额		11—20 日发生额		21—31 日发生额		合　计	
	借方	贷方	借方	贷方	借方	贷方	借方	贷方
其他应收款	800	800					800	800
应收票据		19 600						19 600
原材料	36 000	24 000	5 000				36 000	29 000
生产成本	24 000				23 800	47 800	47 800	47 800
制造费用			800		7 000	7 800	7 800	7 800
库存商品					47 800	47 800	47 800	47 800
累计折旧						4 800		4 800
应付账款	17 600	42 120					17 600	42 120
应付职工薪酬	1 000		22 500			22 500	23 500	22 500
应交税费	7 820	10 200		1 190		1 662.50	7820	13 052.50
盈余公积						3 257.45		3 257.45
利润分配					3 257.45	3 2574.50	3 257.45	32 574.50
本年利润					94 587	67 000	9 4587	67 000
主营业务收入		60 000			60 000		60 000	60 000
主营业务成本					47 800	47 800	47 800	47 800
管理费用	750			1 000	4 300	6 050	6 050	6 050
所得税费用					1 662.50	1 662.50	1 662.50	1 662.50
其他业务收入				7 000	7 000		7 000	7 000
其他业务成本			5 000			5 000	5 000	5 000
营业外支出			1 500			1 500	1 500	1 500
合　计	223 620	223 620	61 490	61 490	297 206.95	297 206.95	582 316.95	582 316.95

需要说明的是,实现会计电算化的单位和各个会计科目的汇总金额,由计算机自动生成;采用手工记账的单位,可以采用 T 形账的格式编制科目汇总表工作底稿,并据以编制科目汇总表。

3.根据编制的科目汇总表登记总分类账

月末,根据所编制的科目汇总表,登记各有关总分类账,下面以"原材料"和"应交税费"两个账户为例,结果分别如表 10.6 和表 10.7 所示,其他账户从略。

表 10.6　总分类账

会计科目:原材料　　　　　　　　　　　　　　　　　　　　　　　　　　　　单位:元

20××年		凭证号数	摘　要	借方	贷方	借或贷	余额
月	日						
12	1		期初余额			借	37 200
	10	汇12	1—10日发生额	36 000	24 000	借	49 200
	20	汇12	11—20日发生额		5 000	借	44 200
12	31		本月合计	36 000	29 000	借	44 200

表 10.7　总分类账

会计科目:应交税费　　　　　　　　　　　　　　　　　　　　　　　　　　　单位:元

20××年		凭证号数	摘　要	借方	贷方	借或贷	余额
月	日						
12	1		期初余额			贷	1 700
	10	汇12	1—10日发生额	7 820	10 200	贷	4 080
	20	汇12	11—20日发生额		1 190	贷	5 270
	31	汇12	21—31日发生额		1662.50	贷	6932.50
12	31		本月合计	7 820	13 052.50	贷	6 932.50

【复习思考题】

1.简述账务处理程序的概念与意义。

2.简述账务处理程序的种类及各自特征。

3.试比较记账凭证账务处理程序和科目汇总表账务处理程序的基本内容、特点及其适用范围。

【测一测】

在线测试

第十一章

会计法律制度与会计职业道德

■■■ 学习目标

通过本章的学习,要求掌握会计法律制度的概念和构成,会计职业道德的内容和基本要求,会计法律制度和会计职业道德的区别和联系。

■■■ 关键知识点

会计法律制度的构成、会计职业道德的内容。

■■■ 案例导入

2019 年 11 月,大宏公司因产品销售不畅,新产品研发受阻。公司财会部预测公司本年度将发生 800 万元亏损。刚刚上任的公司总经理责成总会计师王某千方百计实现当年盈利目标,并说:"实在不行,可以对会计报表做一些会计技术处理。"总会计师很清楚公司本年度亏损已成定局,要完成总经理的盈利目标,只能在财务会计报告上做手脚。总会计师感到左右为难,如果不按总经理的意见去办,自己以后在公司不好待下去,如果按照总经理的意见办,对自己也有风险。为此,总会计师思想负担很重,不知如何是好。

■■■ 思 考

1. 如果你是总会计师,你会怎么做?

2. 总经理的要求是否违反了会计法律制度?

3. 总会计师若按总经理的要求执行,违背了哪些会计职业道德?

第一节　会计法律制度

一、会计法律制度的概念

会计法律制度是指国家权力机关和行政机关制定的各种会计规范性文件的总称，包括会计法律、会计行政法规、会计规章等。它是调整会计关系的法律规范。

任何一个经济组织的活动都不是独立存在的。作为经济管理工作的会计，首先表现为单位内部的一项经济管理活动，即对本单位的经济活动进行核算和监督。在处理经济业务事项中，必然会影响有关方面的经济利益。例如，供销关系、债权债务关系、信贷关系、分配关系、税款征纳关系、管理与被管理关系，等等。会计机构和会计人员在办理会计事务过程中以及国家在管理会计工作过程中发生的经济关系称为会计关系。处理上述各种经济关系，就需要用会计法律制度来规范。

有法必依
——会计法
律制度

二、会计法律制度的构成

党的二十大报告强调："全面依法治国是国家治理的一场深刻革命，关系党执政兴国，关系人民幸福安康，关系党和国家长治久安。必须更好发挥法治固根本、稳预期、利长远的保障作用，在法治轨道上全面建设社会主义现代化国家。"

我国会计法律制度的基本构成如下。

（一）会计法律

会计法律是指由全国人民代表大会及其常委会经过一定立法程序制定的有关会计工作的法律。例如，1999年10月31日九届全国人大常委会第十二次会议修订通过了《中华人民共和国会计法》，它是会计法律制度中层次最高的法律规范，是制定其他会计法规的依据，也是指导会计工作的最高准则。

（二）会计行政法规

会计行政法规是指由国务院制定并发布或者国务院有关部门拟订并经国务院批准发布，调整经济生活中某些方面会计关系的法律规范。例如，国务院发布的《企业财务会计报告条例》《总会计师条例》等。会计行政法规的制定依据是《中华人民共和国会计法》。

（三）国家统一的会计制度

国家统一的会计制度是指国务院财政部门根据《中华人民共和国会计法》制定的关于会计核算、会计监督、会计机构和会计人员以及会计工作管理的制度，包括会计部门规章和会计规范性文件。会计部门规章是根据《中华人民共和国立法法》规定的程序，由财政部制定，并由部门首长签署命令予以公布的制度办法，例如，2000年5月以财政部第26号部长令签发的《会计从业资格管理办法》、2001年2月20日以财政部第10号部长令签发的《财政部门实施会计监督办法》和2006年2月15日以财政部第33号部长令签发的《企业会计准则——基本准则》等。会计规范性文件是指主管全国会计工作的行政部门即国务院财政部门以文件形式印发的制度办法。例如，2006年2月15日财政部印发的《企业会计准则第1号——存货》等38项具体准则及2006年10月30日印发的《企业会计准则——应用指南》《企业会计制度》《金融企业会计制度》《小企业会计制度》《会计基础工作规范》《会计从业资格管理办法》，以及财政部与国家档案局联合发布的《会计档案管理办法》等。会计规范性文件的制定依据是会计法律、会计行政法规和会计规章。

(四)地方性会计法规

地方性会计法规是指省、自治区、直辖市人民代表大会及其常委会在与会计法律、会计行政法规不相抵触的前提下制定的地方性会计法规。它也是我国会计法律制度的重要组成部分。

第二节　会计职业道德

一、会计职业道德概述

(一)会计职业道德的概念

操守为重
——会计职业道德

会计职业道德是指在会计职业活动中应当遵循的、体现会计职业特征的、调整会计职业关系的职业行为准则和规范。其含义包括以下几个方面：

第一，会计职业道德是调整会计职业活动中各种利益关系的手段。会计工作的性质决定了在会计职业活动中要处理方方面面的经济关系，包括单位与单位、单位与国家、单位与投资者、单位与债权人、单位与职工、单位内部各部门之间及单位与社会公众之间等经济关系，这些经济关系的实质是经济利益关系。在我国社会主义市场经济建设中，当各经济主体的利益与国家利益、社会公众利益发生冲突的时候，会计职业道德不允许通过损害国家和社会公众利益而获取违法利益，但允许个人和各经济主体获取合法的自身利益。会计职业道德可以配合国家法律制度，调整职业关系中的经济利益关系，维护正常的经济秩序。

第二，会计职业道德具有相对稳定性。会计是一种专业技术性很强的职业。在其对单位经济事项进行确认、计量、记录和报告中，会计标准的设计、会计政策的制定、会计方法的选择，都必须遵循其内在的客观经济规律和要求。由于人们面对的是共同的客观经济规律，因此，会计职业道德在社会经济关系不断的变迁中，始终保持自己的相对稳定性。在会计职业活动中诚实守信、客观公正等是对会计人员的普遍要求。没有任何一个社会制度能够容忍虚假会计信息，也没有任何一个经济主体会允许会计人员私自向外界提供或者泄露单位的商业秘密。

第三，会计职业道德具有广泛的社会性。会计职业道德的社会性是由会计职业活动所生成的产品决定的。特别是在所有权和经营权分离的情况下，会计不仅要为政府机构、企业管理层、金融机构等提供符合质量要求的会计信息，而且要为投资者、债权人及社会公众服务，因其服务对象涉及面很广，提供的会计信息是公共产品，所以会计职业道德的优劣将影响国家和社会公众利益。像银广夏、郑百文、蓝田股份等会计造假丑闻就是典型例子，会计造假致使广大股东遭受了巨大的损失,严重干扰了社会经济的正常秩序。可见,会计信息质量直接影响着社会经济的发展和社会经济秩序的健康运行,会计职业道德必然受社会关注,具有广泛的社会性。

(二)会计职业道德的特征

会计作为社会经济活动中的一种特殊职业,除了具有职业道德的一般特征外,与其他职业道德相比还具有如下特征。

1. 具有一定的强制性

法律是具有强制性的,它要求人们"必须这样或那样做";而道德一般不具有强制性,它要求人们"应该这样或那样做"。但在我国,会计职业道德和其他道德不一样,许多内容都直接纳入了会计法律制度,如《中华人民共和国会计法》《会计基础工作规范》等都规定了会计职业道德的内容和要求。因此,会计职业道德是一种"思想立法",它已经超出"应该怎样做"的界限,跨入"必须这样做"的范围。如果不按照"守则""准则""条例"去做,有的虽谈不上犯罪,但也是违反职业纪律的,更是职业道德所不允许的。会计职业道德的这种独特的强制性,是由会计工作在市场经济活动中的特殊地位所决定的。当然,会计职业道德的许多非强制性内容仍然存在,而且也在发挥着作用。例如,会计职业道德中的提高技能、强化服务、参与管理、奉献社会等内容虽然是非强制性要求,但其直接影响专业胜任能力、会计信息质量和会计职业的声誉,也要求会计人员遵守。

2. 较多关注公众利益

会计职业的一个显著特征是会计职业活动与社会公众利益密切联系。在会计工作中,会计确认、计量、记录和报告的程序、标准和方法,在选择和运用上发生任何变化,都会引起与经济主体有关的各方经济利益受到直接的影响。由于会计人员自身的经济利益往往与其所处的经济主体的利益一致,当经济主体利益与国家利益和社会公众利益出现矛盾时,会计人员的利益指向如果偏向经济主体,那么国家和社会公众的利益就会受损,便产生了会计职业道德危机。因此,会计职业的特殊性,对会计职业道德提出了更高的要求,要求会计人员客观公正,在会计职业活动中,发生道德冲突时要坚持准则,把社会公众利益放在第一位。

(三)会计职业道德的作用

第一,会计职业道德是规范会计行为的基础。动机是行为的先导,有什么样的动机就有什么样的行为。会计职业道德对会计的行为动机提出了相应的要求,如诚实守信、客观公正等,引导、规劝、约束会计人员树立正确的职业观念,建立良好的职业品行,从而达到规范会计行为的目的。

第二,会计职业道德是实现会计目标的重要保证。从会计职业关系角度讲,会计目标就是为会计职业关系中的各个服务对象提供真实、可靠的会计信息。会计职业活动既是技术性的处理过程,同时又涉及对多种经济利益关系的调整。会计目标能否顺利实现,既取决于会计从业者的专业技能水平,也取决于会计从业者能否严格履行职业行为准则。如果会计从业者故意或非故意地提供了不真实、不可靠的会计信息,就会导致服务对象的决策失误,甚至导致社会经济秩序混乱。因此,依靠会计职业道德规范约束会计从业者的职业行为,是实现会计目标的重要保证。

第三,会计职业道德是对会计法律制度的重要补充。在现实生活中,人们的很多行为很难由法律作出规定。例如,会计法律只能对会计人员不得违法的行为作出规定,不宜对他们如何爱岗敬业、诚实守信、提高技能等提出具体要求,但是,如果会计人员缺乏爱岗敬业的热情和态度,缺乏诚实守信的做人准则,没有必要的职业技能,则很难保证会计信息达到真实、完整的法定要求。很显然,会计职业道德是其他会计法律制度所不能替代的,会计职业道德是对会计法律规范的重要补充。

二、会计职业道德的内容

(一)爱岗敬业

1.爱岗敬业的含义

爱岗敬业指的是忠于职守的事业精神,这是会计职业道德的基础。爱岗就是会计人员应该热爱自己的本职工作,安心于本职岗位,稳定、持久地在会计天地中耕耘,恪尽职守地做好本职工作。敬业就是会计人员应该充分认识本职工作在社会经济活动中的地位和作用,认识本职工作的社会意义和道德价值,具有会计职业的荣誉感和自豪感,在职业活动中具有高度的劳动热情和创造性,以强烈的事业心、责任感,从事会计工作。

爱岗敬业是爱岗和敬业的总称。爱岗和敬业互为前提,相互支持、相辅相成。“爱岗”是“敬业”的基石,“敬业”是“爱岗”的升华。如果会计人员对所从事的会计工作不热爱,工作中就难以做到兢兢业业,就不会主动刻苦钻研业务,更新专业知识,提高业务技能;就不会珍惜会计这份工作,努力维护会计职业的声誉和形象;就无法具备与其职务相适应的业务素质和能力,更谈不上坚持准则、客观公正、文明服务,维护国家和集体的利益,为国家和企业承担责任。反之,会计人员虽有热爱会计职业的一腔热情,但如果没有勤奋踏实的工作作风和忠于职守的实际行动,敬业也就成为一句空话。

2.爱岗敬业的基本要求

第一,正确认识会计职业,树立职业荣誉感。爱岗敬业精神,自始至终都是以人们对职业的认识程度以及所采取的态度作为行动的指导并体现在实际工作中的。如果会计人员对所从事的会计职业缺乏正确的认识,认为会计不过是简单的“写写算算”“收收支支”的琐碎工作,或者有“会计难当,职权难用,成绩难见,违纪难免”的想法,就必然会自觉或不自觉地把这些意识反映到其工作行动之中,就会表现出“懒”“惰”“拖”的不良行为,给会计职业及其声誉造成不良影响。会计人员只有正确地认识会计本质,明确会计在经济管理工作中的地位和重要性,树立职业荣誉感,才有可能去爱岗敬业。这是做到爱岗敬业的前提,也是首要要求。

第二,热爱会计工作,敬重会计职业。热爱一项工作,首先就意味着对这项工作有一种职业的荣誉感,有自信心和自尊心;其次是对这项工作抱有浓厚的兴趣,把职业生活看成是一种乐趣。于是平凡的甚至是琐碎的日常工作,就成为生活中不可缺少的内容,并且能在工作中时时感受到它的乐趣。只要人们是根据自己的爱好、兴趣和特长来选择职业,通常都对所选职业充满情感,喜爱这一职业。但是,任何社会、任何时候都难以绝对保证人们所选择的职业是自己满意的。因而,在所从事的职业与自己的兴趣、爱好不一致时,要求人们对其所从事的职业有一个正确的认识态度。如果做了会计,就应该热爱会计工作,敬重会计职业,即使对会计职业并不感兴趣。

在我国,各行各业无数职业道德标兵的先进事迹告诉我们,对自己的工作是否热爱,对自己的岗位是否敬重,是做好本职工作的前提。会计人员只要树立了"干一行爱一行"的思想,就会发现会计职业中的乐趣;只有树立"干一行爱一行"的思想,才会刻苦钻研会计业务技能,才会努力学习会计业务知识,才会发现在会计核算、企业理财领域中有许多值得人们去研究探索的东西。有了对本职工作的热爱,就会激发出一种敬业精神,自觉自愿地执行职业道德的各种规范,不断改进自己的工作,在平凡的岗位上作出不平凡的业绩。

第三,安心工作,任劳任怨。安心本职工作,就是以从事会计工作为"乐",而不是"这山望着那山高"。只有安心本职工作,才能潜下心来"勤学多思,勤问多练",才能对会计工作中不断出现的新问题去探索和研究,也才能真正做到敬业。任劳任怨,要求会计人员具有不怕吃苦的精神和不计较个人得失的思想境界。会计人员在进行会计事项的处理中,有时会出现两难的境地,当集体利益与职工个人利益或国家利益与单位利益发生冲突时,会计人员如果维护了国家利益或集体利益,就可能不被人们理解甚至抱怨;反之,则会有道德危机。会计职业道德要求会计人员既任劳也任怨。

第四,严肃认真、一丝不苟。从业者对自己本职工作的热爱,必定会体现在对工作所必需的职业技能的态度上,体现在对自己工作成果的追求上,这就是对工作严肃认真、一丝不苟,对技术精益求精。会计工作是一项严肃细致的工作,没有严肃认真的工作态度和一丝不苟的工作作风,就容易出现偏差。对一些损失浪费、违法乱纪的行为和一切不合法不合理的业务开支,要严肃认真地对待,把好费用支出关。严肃认真、一丝不苟的职业作风贯穿于会计工作的始终,不仅要求数字计算准确,手续清楚完备,而且绝不能有"都是熟人不会错"的麻痹思想和马马虎虎的工作作风。

第五,忠于职守,尽职尽责。忠于职守,不仅要求会计人员认真地执行岗位规范,而且要求会计人员在各种复杂的情况下,能够抵制各种诱惑,忠实地履行岗位职责。尽职尽责具体表现为会计人员对自己应承担的责任和义务所表现出的一种责任感和义务感,这种责任感和义务感包含两方面的内容:一是社会或他人对会计人员规定的责任;二是会计人员对社会或他人所负的道义责任。

在现代经济生活中,会计职业因其所处的环境具有其特殊性,不同的岗位要求承担的责任和义务不尽相同。注册会计师接受单位委托对委托者进行审计、鉴证或咨询,要维护委托人的权益,保守商业秘密,依法出具审计报告。单位内部会计人员不仅要尽职尽责地履行会计职能,客观真实地记录反映服务主体的经济活动状况,负责其资金的有效运作,积极参与经营和决策,而且还应抵制不当的开支,防止有人侵占单位资产,保护财产安全完整。在对单位(或雇主)的忠诚与国家及社会公众利益发生冲突时,会计人员应该忠实于国家、忠实于社会公众,承担起维护国家和社会公众的责任。单位会计人员应对外提供有关服务主体真实可靠的会计信息;注册会计师不仅要对委托人负责,更应对广大的信息使用者负责,对被审计单位的财务状况和经营成果作出客观、公允的审计报告。

(二)诚实守信

1.诚实守信的含义

党的二十大报告提出"加快建设法治社会""弘扬社会主义法治精神,传承中华优秀传统法律文化",要贯彻党的二十大精神,构建会计诚信体系。诚实是指言行跟内心思想一致,不弄虚作假、不欺上瞒下,做老实人,说老实话,办老实事。守信就是遵守自己所作出的承诺,讲信用、重信用,信守诺言,保守秘密。诚实守信是做人的基本准则,是人们在古往今来的社会交往中产生出的最根本的道德规范,也是会计职业道德的精髓。

诚实与守信具有内在的因果联系,一般来说,诚实即为守信,守信就是诚实。有诚无信,道德品质得不到推广和延伸;有信无诚,信就失去了根基,德就失去了依托。诚实必须守信。

中国现代会计学之父潘序伦先生认为,"诚信"是会计职业道德的重要内容。他终身倡导"信以立志,信以守身,信以处事,信以待人,毋忘'立信',当必有成",并将其作为立信会计学院的校训。为突显并倡导会计职业的诚信,潘序伦先生一生的实业,皆冠之以"立信",如立信会计事务所、立信会计学院、立信会计出版社等。

人无信不立,国无信不强。在现代市场经济社会,"诚信"尤为重要。市场经济是"信用经济""契约经济",注重的就是"诚实守信"。可以说,信用是维护市场经济步入良性发展轨道的前提和基础,是市场经济社会赖以生存的基石。

2.诚实守信的基本要求

第一,做老实人,说老实话,办老实事,不搞虚假。做老实人,要求会计人员言行一致,表里如一,光明正大。说老实话,要求会计人员说话诚实:有一说一,有二说二,不夸大,不缩小,不隐瞒,如实反映和披露单位经济业务事项。办老实事,要求会计人员工作踏踏实实,不弄虚作假,不欺上瞒下。总之,会计人员应言行一致,实事求是,如实反映单位经济业务活动情况,不为个人和小集团利益,伪造账目,弄虚作假,损害国家和社会公众利益。

近年来,在财政部进行的会计信息质量抽查中,假凭证、假账簿、假报表比较普遍。而虚假信息均是出自单位管理层和会计人员之手,并且一些注册会计师也扮演了不光彩的角色,严重影响了会计职业的社会信誉。会计人员要树立良好的职业形象,就必须恪守诚实守信的基本道德准则。

第二,保密守信,不为利益所诱惑。所谓保守秘密,就是指会计人员在履行自己的职责时,应树立保密观念,做到保守商业秘密,对机密资料不外传、不外泄,守口如瓶。在市场经济中,秘密可以带来经济利益,严守单位的商业秘密是极其重要的,它往往关系到单位的生死存亡。而会计人员因职业特点经常接触到单位和客户的一些秘密,如单位的财务状况、经营情况、成本资料及重要单据、经济合同等。因而,会计人员应依法保守单位秘密,这是会计人员应尽的义务,也是诚实守信的具体体现。

泄密,不仅是一种不道德的行为,也是违法行为,是会计职业的大忌。会计人员在没有得到法律规定或经单位规定程序批准外,不能以任何借口或方式把单位商业秘密泄露出去。我国有关法律制度对会计人员保守秘密作了相关的规定。如《中华人民共和国注册会计师法》第十九条规定:"注册会计师对执行业务中知悉的商业秘密,负有保密义务。"财政部印发的《会计基础工作规范》第二十三条规定:"会计人员应当保守本单位的商业秘密。除法律规定和单位领导人同意外,不能私自向外界提供或者泄露单位的会计信息。"

会计人员如果泄露本单位的商业秘密,不仅会对单位的利益产生威胁,同时也将会损害会计人员自身的形象和利益。一是会计人员是单位里的一分子,泄露单位的商业秘密后会使单位利益受损,单位的损失最终将不同程度地反映到每位员工身上,会计人员因此也会身受其害。二是泄露商业秘密属于违法行为,一旦查出,泄露秘密的会计人员将承担法律责任。三是会计人员泄露商业秘密将对整个会计职业的社会声誉产生负面影响,使会计职业信誉"受到怀疑",整个行业的利益将会蒙受损失。在这一点上,对注册会计师的影响尤为显著。

会计人员要做到保密守信,就要注意不在工作岗位以外的场所谈论、评价企业的经营状况和财务数据,此外,在日常生活中会计人员也应保持必要的警惕,防止无意泄密。俗话说,说者无意,听者有心。人们在日常交流中经常会对熟知的事情脱口而出,而没有想到后果。为了防止这种情况的发生,会计人员要了解自己所知的信息中,哪些是商业秘密,哪些是无关紧要的事项,以防止无意泄密的情况发生。而且要抵制住各种各样的利益诱惑,绝对不能用商业秘密作为谋利的手段。

(三)廉洁自律

1.廉洁自律的含义

廉洁就是不贪污钱财,不收受贿赂,保持清白。自律是指自律主体按照一定的标准,自己约束自己、自己控制自己的言行和思想的过程。廉洁自律是会计职业道德的前提,也是会计职业道德的内在要求,这是由会计工作的特点决定的。

作为整天与钱财打交道的会计人员,必须两袖清风,不取不义之财,做到面对金钱不眼红。会计人员只有首先做到自身廉洁,严格约束自己,才能要求别人廉洁,才能理直气壮地阻止或防止别人侵占集体利益,正确行使会计职责,保证各项经济活动正常进行。

自律的核心就是用道德观念自觉地抵制自己的不良欲望。一个能自律的人,能保持清醒的头脑,把持住自我不迷失方向;而不能自律的人则头脑昏昏,丧失警惕,终将成为权、财的奴隶。在我们身边这方面事例有很多。惩治腐败,打击会计职业活动中的各种违法活动和违反职业道德的行为,除了要靠法制手段,会计人员严格自律,防微杜渐,构筑思想道德防线,也是防止腐败和非职业道德行为的有效手段。

会计人员的廉洁是会计职业道德自律的基础,而自律是廉洁的保证。自律性不强就很难做到廉洁,不廉洁就谈不上自律。

"吃了人家的嘴软,拿了人家的手短。"会计人员必须既廉洁又自律,两者不可偏废。

2.廉洁自律的基本要求

第一,树立正确的人生观和价值观。廉洁自律,首先要求会计人员必须加强世界观的改造,树立正确的人生观和价值观。人生观是人们对人生的目的和意义的总的观点和看法。价值观是指人们对于价值的根本观点和看法,它是世界观的一个重要组成部分,包括对价值的本质、功能、创造、认识、实现等一系列问题的基本观点和看法。会计人员要树立科学的人生观和价值观,自觉抵制享乐主义、个人主义、拜金主义等错误思想,这是在会计工作中做到廉洁自律的思想基础。

第二,公私分明,不贪不占。公私分明就是指严格划分公与私的界线,公是公,私是私。如果公私分明,就能够廉洁奉公,一尘不染,做到"常在河边走,就是不湿鞋"。如果公私不分,就会出现以权谋私的腐败现象,甚至出现违法违纪行为。

廉洁自律的天敌就是"贪""欲"。在会计工作中,由于大量的钱财要经过会计人员之手,因此,很容易诱发会计人员的"贪""欲"。一些会计人员贪图金钱和物质上的享受,利用职务之便,自觉或不自觉地行"贪"。有的被动受贿,有的主动索贿,有的贪污、挪用公款,有的监守自盗,有的集体贪污。究其根本原因是这些会计人员忽视了世界观的自我改造,放松了道德的自我修养,弱化了职业道德的自律。

第三,遵纪守法,尽职尽责。遵纪守法,正确处理会计职业权利与职业义务的关系,增强抵制行业不正之风的能力,是会计人员廉洁自律的又一个基本要求。会计人员的权利和义务在《中华人民共和国会计法》中作了明确规定。会计人员不仅要遵纪守法,不违法乱纪、以权谋私,做到廉洁自律;而且要敢于、善于运用法律所赋予的权利,尽职尽责,勇于承担职业责任,履行职业义务,保证廉洁自律。

(四)客观公正

1.客观公正的含义

客观是指按事物的本来面目去反映,不掺杂个人的主观意愿,也不为他人意见所左右。公正就是平等、公平、正直,没有偏失。但公正是相对的,世上没有绝对的公正。客观公正是会计职业道德所追求的理想目标。

对于会计职业活动而言,客观主要包括两层含义:一是真实性,即以实际发生的经济活动为依据,对会计事项进行确认、计量、记录和报告;二是可靠性,即会计核算要准确,记录要可靠,凭证要合法。

在会计职业活动中,由于涉及对多方利益的协调处理,因此,公正就是要求各企事业单位管理层和会计人员不仅应当具备诚实的品质,而且应公正地开展会计核算和会计监督工作,即在履行会计职能时,摒弃单位、个人私利,公平公正,不偏不倚地对待相关利益各方。作为注册会计师在进行审计鉴证时,应以超然独立的姿态,进行公平公正的判断和评价,出具客观、适当的审计意见。

客观是公正的基础,公正是客观的反映。要达到公正,仅仅做到客观是不够的。公正不仅仅单指诚实、真实、可靠,还包括在真实、可靠中作出公正选择。这种选择尽管是建立在客观的基础之上,还需要在主观上作出公平合理的选择。是否公平、合理,既取决于客观的选择标准,也取决于选择者的道德品质和职业态度。

2.客观公正的基本要求

第一,端正态度。坚持客观公正原则的基础是会计人员的态度、专业知识和专业技能。没有客观公正的态度,不可能尊重事实。有了正确的态度之后,没有扎实的理论功底和较高的专业技能,工作也会出现失误,感到力不从心。

第二,依法办事。依法办事,认真遵守法律法规,是会计工作保证客观公正的前提。当会计人员有了端正的态度和专业知识技能之后,必须依据《中华人民共和国会计法》《企业会计准则》《企业会计制度》等法律、法规和制度的规定进行会计业务处理,并对复杂疑难的经济业务,作出客观的会计职业判断。总之,只有熟练掌握并严格遵守会计法律法规,才能客观公正地处理会计业务。

第三,实事求是,不偏不倚。社会经济是复杂多变的,会计法律制度不可能对所有的经济事项作出规范,所以会计人员对经济事项的职业判断,就可能会出现偏差。因此,客观公正是会计工作和会计人员追求的目标,通过不断提高专业技能,正确理解、把握并严格执行会计准则、制度,不断消除非客观、非公正因素的影响,做到最大限度的客观公正。

在实际生活中,要做到"客观公正",最根本的是要有"实事求是"的科学态度。没有实事求是的严谨态度,主观地、片面地、表面地看问题,就无法做到"情况明",也就无法根据客观情况来公正地处理问题。即使主观上想"客观公正",客观上也无从实现。

客观公正应贯穿于会计活动的整个过程:一是在处理会计业务的过程中或进行职业判断时,应保持客观公正的态度,实事求是、不偏不倚。二是会计人员对经济业务的处理结果是公正的。例如,某人因公出差丢失了报销用的车票,在业务处理时,不能因为无报销凭证就不能报销,也不能随意报销,而是要求出差人员办理各种合法合理的证明手续后,才能报销,即最终结果是客观公正地进行会计处理,不能报销或随意报销,都是不客观公正的。总之,会计核算过程的客观公正和最终结果的客观公正都是十分重要的,没有客观公正的会计核算过程作为保证,结果的客观公正性就难以保证;没有客观公正的结果,业务操作过程的客观公正就没有意义。

注册会计师的职业特征是维护国家和社会公众的利益。注册会计师在进行职业判断时,将会涉及多方的利益,在处理这些复杂的利益关系时,绝不能采取折中的态度和方法。注册会计师应始终站在第三者的独立立场上,不偏不倚地对待有关利益各方,不以牺牲一方利益为条件而使另一方受益,超然独立地对企业遵守会计准则、制度的具体情况进行客观公正的评价并作出恰当的审计意见。只有这样,财务报告的使用者才能确定企业财务报告的可信度,并作出适当的投资决策或信贷决策。

第四,保持独立性。客观公正是会计职业者的一种工作态度。它要求会计人员对会计业务的处理,对会计政策和会计方法的选择,以及对财务会计报告的编制、披露和评价,必须独立进行职业判断,做到客观、公平、理智、诚实。

保持独立性,对于注册会计师行业尤为重要。由于工作关系和经济利益等问题,决定了单位会计人员在形式上或实质上都难以保证绝对的独立性。所以这里所说的独立性主要是指注册会计师在执行审计业务的过程中,与相关利益当事人应保持独立。独立是客观、公正的基础,也是注册会计师行业存在的基础。根据《中国注册会计师职业道德规范指导意见》,注册会计师保持其独立性应当做到以下两点:

一是注册会计师应当回避可能影响独立性的审计事项,实现形式上的独立。注册会计师在履行其职责时,保持独立性固然十分重要,但财务报表的使用者对这种独立性的信任也很重要。如果审计人员在执业过程中实质上是独立的,但报表的使用者认为他们是客户的辩护人,则审计职业的大部分价值将随之丧失。

二是注册会计师应当恪守职业良心,保持实质上的独立。形式上独立是实质上独立的必要条件,形式上不独立,就不能保证实质上独立,而形式上独立也不一定能够保持实质上独立。注册会计师更重要的是保持实质上的独立。

(五)坚持准则

1.坚持准则的含义

坚持准则是指会计人员在处理业务过程中,要严格按照会计法律制度办事,不为主观或他人意志左右。这里所说的"准则"不仅指会计准则,而且包括会计法律、法规、国家统一的会计制度以及与会计工作相关的法律制度。坚持准则是会计职业道德的核心。

会计人员在进行核算和监督的过程中,只有坚持准则,才能以准则作为自己的行动指南,在发生道德冲突时,应坚持准则,以维护国家利益、社会公众利益和正常的经济秩序。注册会计师在进行审计业务时,应严格按照独立审计准则的有关要求和国家统一会计制度的规定,出具客观公正的审计报告。

现实生活中经常会出现单位、社会公众和国家利益发生冲突的情况。面对不同的情况会计人员应如何处理,国际会计师联合会发布的《职业会计师道德守则》提出了如下建议:

第一,如遇到严重的职业道德问题时,职业会计师首先应遵循所在组织的已有政策加以解决;如果这些政策不能解决道德冲突,则可私下向独立的咨询师或会计职业团体寻求建议,以便采取可能的行动步骤。

第二,若自己无法独立解决,可与最直接的上级一起研究解决这种冲突的办法。

第三,若仍无法解决,则在通知直接上级的情况下,可请教更高一级的管理层。若有迹象表明,上级已卷入这种冲突,职业会计师必须和更高一级的管理当局商讨该问题。

第四,如果在经过内部所有各级审议之后道德冲突仍然存在,那么对于一些重大问题,如舞弊,职业会计师可能没有其他选择。作为最后手段,他只能诉诸辞职,并向该组织的适当代表提交一份信息备忘录。

国际会计师联合会发布的《职业会计师道德守则》中提出的道德冲突解决的途径值得借鉴。我国会计人员如果遇到道德冲突时,首先要对发生的事件作出"是""非"判断,如涉及严重的道德冲突时,应维护国家和社会公众利益。

2. 坚持准则的基本要求

第一,熟悉准则。熟悉准则是指会计人员应了解和掌握《中华人民共和国会计法》和国家统一的会计制度及与会计相关的法律制度,这是遵循准则、坚持准则的前提。只有熟悉准则,才能按准则办事,才能遵纪守法,才能保证会计信息的真实性、完整性。

第二,遵循准则。遵循准则即执行准则。准则是会计人员开展会计工作的外在标准和参照物。会计人员在会计核算和监督时要自觉地严格遵守各项准则,将单位具体的经济业务事项与准则相对照,先作出是否合法合规的判断,对不合法的经济业务不予受理。在实际工作中,由于经济的发展和社会环境的变化,会计业务日趋复杂,因而准则规范的内容也会不断变化和完善。这就要求会计人员不仅要经常学习、掌握准则的最新变化,了解本部门、本单位的实际情况,准确地理解和执行准则,还要在面对经济活动中出现的新情况、新问题以及准则未涉及的经济业务或事项时,通过运用所掌握的会计专业理论和技能,作出客观的职业判断,予以妥善地处理。

第三,坚持准则。市场经济是利益经济。在会计工作中,常常由于各种利益的交织,引起会计人员道德上的冲突。如果会计人员为了自己的个人利益不受影响,放弃原则,做"老好人",就会使会计工作严重偏离准则,会计信息的真实性、完整性就无法保证,作为会计人员,也应当承担相应责任。如果会计人员坚持准则,往往会受到单位负责人和其他方面的阻挠、刁难甚至打击报复。

为了切实维护会计人员的合法权益,《中华人民共和国会计法》强化了单位负责人对单位会计工作的法律责任,赋予了会计人员相应的权利,改善了会计人员的执法环境。会计人员应认真执行国家统一的会计制度,依法履行会计监督职责,发生道德冲突时,应坚持准则,对法律负责,对国家和社会公众负责,敢于同违反会计法律法规和财务制度的现象作斗争,确保会计信息的真实性和完整性。

（六）提高技能

1. 提高技能的含义

会计人员是会计工作的主体。会计工作质量的好坏，一方面受会计人员职业技能水平的影响；另一方面受会计人员道德品行的影响。会计人员的道德品行是会计职业道德的根本和核心，会计人员的职业技能水平是会计人员职业道德水平的保证。会计工作是一门专业性和技术性很强的工作，从业人员必须"具备一定的会计专业知识和技能"，才能胜任会计工作。作为一名会计工作者必须不断地提高其职业技能，这既是会计人员的义务，也是在职业活动中做到客观公正、坚持准则的基础，是参与管理的前提。

职业技能，也可称为职业能力，是人们进行职业活动、承担职业责任的能力和手段。就会计职业而言，职业技能包括会计理论水平，会计实务操作能力，职业判断能力，自动更新知识能力，提供会计信息能力，沟通交流能力以及职业经验等。提高技能就是指会计人员通过学习、培训和实践等途径，持续提高上述职业技能，以达到和维持足够的专业胜任能力的活动。遵守会计职业道德客观上需要不断提高会计职业技能。

会计人员在对会计事项进行确认、计量、记录和报告以及对单位内部会计控制制度设计中都需要有扎实的理论功底和丰富的实践经验；在进行具体业务处理时对会计处理方法的选择、会计估计的变更、会计信息电算化的处理、网络化传输等都是技术性很强的工作。没有娴熟的专业技能，是无法开展会计工作、履行会计职责的。特别是我国加入世界贸易组织以后，中国经济逐渐融入全球经济体系，要求会计准则、会计制度与国际会计惯例充分协调，需要会计人员不断地学习新的会计理论和新的准则制度，熟悉和掌握新的法律法规。会计人员只有不断地学习，才能保持持续的专业胜任能力、职业判断能力和交流沟通能力，不断地提高会计专业技能，以适应我国深化会计改革和会计国际化的要求。

2. 提高技能的基本要求

第一，具有不断提高会计专业技能的意识和愿望。随着市场经济的发展、全球经济一体化以及科学技术日新月异，会计在经济发展中的作用越来越明显，对会计的要求也越来越高，会计人才的竞争也越来越激烈。会计人员要想生存和发展，就必须具有不断提高会计专业技能的意识和愿望，才能不断进取，才会主动地求知、求学，刻苦钻研，使自身的专业技能不断提高，使自己的知识不断更新，从而掌握过硬的本领，在会计人才的竞争中立于不败之地。

第二，具有勤学苦练的精神和科学的学习方法。专业技能的提高和学习不可能是一劳永逸之事，必须持之以恒，不间断地学习、充实和提高，"活到老学到老"。只有锲而不舍地"勤学"，同时掌握科学的学习方法，在学中思，在思中学，在实践中不断锤炼，才能不断地提高自己的业务水平，才能推动会计工作和会计职业的发展，以适应不断变化的新形势和新情况的需要。

谦虚好学、刻苦钻研、锲而不舍，是练就高超的专业技术和过硬本领的唯一途径，也是衡量会计人员职业道德水准高低的重要标志之一。

（七）参与管理

1.参与管理的含义

参与管理简单地讲就是参加管理活动，为管理者当参谋，为管理活动服务。会计管理是企业管理的重要组成部分，在企业管理中具有十分重要的作用。但会计工作的性质决定了会计在企业管理活动中，更多的是从事间接管理活动。参与管理就是要求会计人员积极主动地向单位领导反映本单位的财务、经营状况及存在的问题，主动提出合理化建议，积极地参与市场调研和预测，参与决策方案的制订和选择，参与决策的执行、检查和监督，为领导的经营管理和决策活动，当好助手和参谋。如果没有会计人员的积极参与，企业的经营管理就会出现问题，决策就可能出现失误。会计人员特别是会计部门的负责人，必须强化自己参与管理、当好参谋的角色意识和责任意识。

2.参与管理的基本要求

第一，努力钻研业务，熟悉财经法规和相关制度，提高业务技能，为参与管理打下坚实的基础。娴熟的业务，精湛的技能，是会计人员参与管理的前提。会计人员只有努力钻研业务，不断提高业务技能，深刻领会财经法规和相关制度，才能有效地参与管理，为改善经营管理，提高经济效益服务。钻研业务、提高技能，首先，要求会计人员要有扎实的基本功，掌握会计的基本理论、基本方法和基本技能，做好会计核算的各项基础性工作，确保会计信息真实、完整。其次，要充分利用掌握的大量会计信息，运用各种管理分析方法，对单位的经营管理活动进行分析、预测，找出经营管理中的问题和薄弱环节，提出改进意见和措施，把管理结合在日常工作之中，从而使会计的事后反映变为事前的预测和事中的控制，真正起到当家理财的作用，成为决策层的参谋助手。

第二，熟悉服务对象的经营活动和业务流程，使管理活动更具针对性和有效性。会计人员应当了解本单位的整体情况，特别是要熟悉本单位的生产经营、业务流程和管理情况，掌握单位的生产经营能力、技术设备条件、产品市场及资源状况等。只有如此，才能充分利用会计工作的优势，更好地满足经营管理的需要，才能在参与管理的活动中有针对性地拟定可行性方案，从而提高经营决策的合理性和科学性，更有效地服务于单位的总体发展目标。

（八）强化服务

1.强化服务的含义

强化服务就是要求会计人员具有文明的服务态度、强烈的服务意识和优良的服务质量。服务态度是服务者的行为表现，"文明服务，以礼待人"，不仅仅是对服务行业提出的道德要求，而且是对所有职业活动提出的道德要求。在我们的社会生活中，各岗位上的就业者都处于服务他人和接受他人服务的地位。在服务他人的过程中，人们承担对他人的责任和义务的同时，也接受着他人的服务。

会计工作虽不能说是"窗口"行业，但其工作涉及面广，又往往需要服务对象和其他部门的协作及配合，而且会计工作的政策性又很强，在工作交往和处理业务过程中，容易同其他部门及服务对象发生利益冲突或意见分歧。这样会计人员待人处世的态度直接关系到工作能否顺利开展和工作的成效。这就要求会计人员不仅要有热情、耐心、诚恳的工作态度，待人平等礼貌，而且遇到问题要以商量的口吻，充分尊重服务对象和其他部门的意见，做到大事讲原则,小事讲风格,沟通讲策略,用语讲准确,建议看场合。

强化服务的结果,就是奉献社会。任何职业的利益、职业劳动者个人的利益都必须服从社会的利益、国家的利益。如果说爱岗敬业是职业道德的出发点,那么,强化服务、奉献社会就是职业道德的归宿点。

2. 强化服务的基本要求

第一,强化服务意识。会计人员要树立强烈的服务意识,为管理者服务、为所有者服务、为社会公众服务、为人民服务。不论服务对象的地位高低,都要摆正自己的工作位置,管钱管账是自己的工作职责,参与管理是自己的义务。只有树立了强烈的服务意识,才能做好会计工作,履行会计职能,为单位和社会经济的发展作出应有的贡献。

第二,提高服务质量。强化服务的关键是提高服务质量。单位会计人员的服务质量表现在,是否真实地记录单位的经济活动,向有关方面提供可靠的会计信息,是否积极主动地向单位领导反映经营活动情况和存在的问题,提出合理化建议,协助领导决策,参与经营管理活动。注册会计师的服务质量表现在,是否以客观、公正的态度正确评价委托单位的财务状况、经营成果,出具恰当的审计报告,为社会公众及信息使用者提供良好的服务。

需要注意的是,在会计工作中提供上乘的服务质量,并非是无原则地满足服务主体的需要,而是在坚持原则、坚持准则的基础上尽量满足用户或服务主体的需要。

三、会计职业道德与会计法律制度的关系

会计职业道德与会计法律制度都属于会计人员行为规范的范畴,两者既有联系,也有区别。

(一)会计职业道德与会计法律制度的联系

会计职业道德与会计法律制度有着共同的目标、相同的调整对象,承担着同样的职责,两者联系密切。主要表现在以下方面。

1. 两者在作用上相互补充、相互协调

在规范会计行为中,我们不可能完全依赖会计法律制度的强制功能而排斥会计职业道德的教化功能,会计行为不可能都由会计法律制度进行规范,不需要或不宜由会计法律制度进行规范的行为,可通过会计职业道德规范来实现。同样,那些基本的会计行为必须运用会计法律制度强制遵守。

2. 两者在内容上相互渗透、相互重叠

会计法律制度中含有会计职业道德规范的内容,同时,会计职业道德规范中也包含会计法律制度的某些条款。

3. 两者在地位上相互转化、相互吸收

最初的会计职业道德规范就是对会计职业行为约定俗成的基本要求,后来制定的会计法律制度吸收了这些基本要求,便形成了会计法律制度。

总之,会计法律制度和会计职业道德在实施过程中相互作用,会计职业道德是会计法律规范实施的重要的社会和思想基础,会计法律制度是促进会计职业道德规范形成和遵守的制度保障。

（二）会计职业道德与会计法律制度的区别

会计职业道德与会计法律制度的主要区别表现在以下方面。

1. 两者的性质不同

会计法律制度反映统治者的意志和愿望，因而在同一社会内，只允许存在一种会计法律制度，并通过国家机器强制执行。

凡违法者，轻者被罚款，重者触犯刑律的则被判刑，失去人身自由乃至失去生命。会计法律具有很强的他律性。而会计职业道德并不都代表统治者的意志，很多来自职业习惯和约定俗成。在同一社会里，会计职业道德不是唯一的。会计职业道德依靠会计从业人员的自觉性，自愿地执行，并依靠社会舆论和良心来实现，基本上是非强制执行的，具有很强的自律性。

2. 两者的作用范围不同

会计法律制度侧重于调整会计人员的外在行为和结果的合法化，具有较强的客观性。会计职业道德不仅要求调整会计人员的外在行为，还要调整会计人员内在的精神世界，其调节的范围远比法律广泛。会计人员某些错误的行为，只要它还不到触犯会计法律的地步，法律可以不予追究、制裁，但从道德方面来说，却要受到社会舆论的批评、谴责。可以这么说，受到会计职业道德谴责的，不一定受到会计法律的制裁；而受到会计法律制裁的，一般都会受到道德的谴责（某些过失犯罪除外）。

3. 两者的表现形式不同

会计法律制度是通过一定的程序由国家立法部门或行政管理部门制定和颁布的，其表现形式是具体的、正式形成文字的成文条款。而会计职业道德源自会计人员的职业生活和职业实践，日积月累、约定俗成。其表现形式既有明确成文的规定，也有不成文的只存在于会计人员内心的意识和信念。即使是那些成文的会计职业道德，与会计法律制度相比，在表现形式上也缺乏具体性和准确性，通常只是指出会计人员应当做或不应当做某种行为的一般原则和要求。

4. 实施的保障机制不同

会计法律制度由国家强制力保障实施；会计职业道德既有国家法律的相应要求，又需要会计人员自觉地遵守。

5. 两者的评价标准不同

会计法律是以会计人员享有的权利和义务为标准来判定其行为是否违法。会计法律规定会计人员享有一定的权利，如果这种权利遭受侵犯，造成不良后果，那么侵权者就要受到会计法律制裁；会计法律同时规定了会计人员要承担的义务，如果会计人员不尽义务，造成不良后果，同样要受到会计法律的制裁。而会计职业道德则以善恶为标准来判定人们的行为是否违背道德规范。如果一个会计人员的职业行为符合会计职业的道德规范，就是善的，就会受到社会舆论的赞扬、鼓励，自己内心也会受到激励；反之，就是恶的、不道德的，就会受到社会舆论的批评、谴责，其内心将是痛苦的，感到内疚不安。一般地说，道德重在确认人们的义务，而不讲权利，即不以谋取个人某种权利作为履行义务的前提和归宿，这点与兼顾权利与义务的法律规范也是不同的。

【复习思考题】

1.会计的法律制度由哪些构成?

2.会计职业道德主要有哪些内容?

3.会计职业道德与会计法律制度的联系和区别有哪些?

【测一测】

在线测试